JN311052

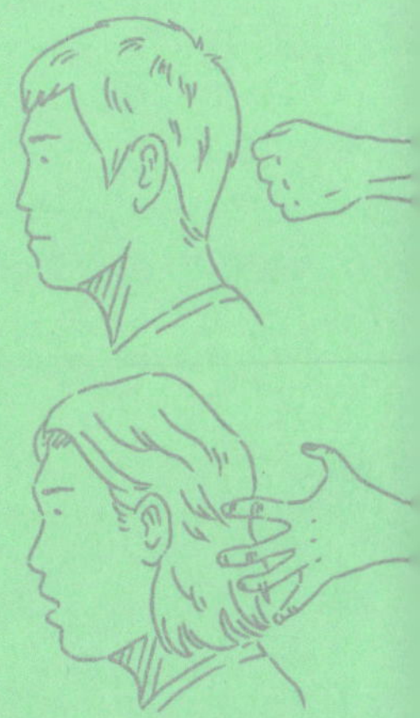

THE ZOMBIE SURVIVAL GUIDE

COMPLETE PROTECTION FROM THE LIVING DEAD

ゾンビサバイバルガイド

MAX BROOKS

マックス・ブルックス

翻訳：卯月音由紀

翻訳監修：森瀬繚

ゾンビサバイバルガイド

For Mom and Dad.
And for Michelle,
who makes life worth fighting for.

母と父に。
そして、人生を戦う価値のあるものにしてくれた、
マイケルに。

CONTENTS

［1281年］
中国
［1523年］
メキシコ、オアハカ
［1554年］
南米
［1579年］
太平洋中部
［1583年］
シベリア
［1587年］
ノースカロライナ州、ロアノーク島
［1611年］
日本、江戸
［1690年］
大西洋南部
［1762年］
カリブ海、セントルシア島、カストリーズ
［1807年］
フランス、パリ
［1824年］
アフリカ南部
［1839年］
アフリカ東部
［1848年］
ワイオミング州、アウル・クリーク山地
［1852年］
メキシコ、チアパス
［1867年］
インド洋
［1882年］
オレゴン州、ピエモンテ
［1888年］
ワシントン州、ヘイワード
［1893年］
フランス領北アフリカ、ルイ・フィリップ要塞
［1901年］
台湾、廬山
［1905年］
ドイツ領東アフリカ、タンガニーカ、タボラ
［1911年］
ルイジアナ州、ヴィトレ
［1913年］
スリナム、パラマリボ
［1923年］
セイロン（現スリランカ）、コロンボ
［1942年］
太平洋中部
［1942-45年］
満州国、哈爾浜（ハルビン）
［1943年］
フランス領北アフリカ

はじめに
INTRODUCTION

屍者が我々の周りをうろついている。ゾンビ、グール——呼び方が何であれ——あの夢遊病者どもは人類最大の脅威だ。人類自身を除けば、ではあるが。

奴らを捕食者、我々を餌食（えじき）と呼ぶのは、正確ではない。奴らは疫病で、人類はその罹患（りかん）者なのだ。

幸運な犠牲者は、むさぼり喰われ、骨を綺麗にそぎ落とされ、肉を喰い尽されるだけで済む。不運な者は腐り果てた人喰いの怪物へと変質し、奴らの尖兵となってしまう。

この化け物を相手に従来の戦術、従来の考え方は無意味だ。我々が誕生してからずっと発展と改良を続けてきた生命を絶つための科学では、終わるべき「生命」を持たない敵たちから我々を守ることはできない。

これは、生ける屍者が無敵であることを意味するのか？ ノー。

奴らを食い止めることはできるのか？ イエス。

不死者たちの最強の味方は我々の無知であり、最悪の敵は奴らについての知識だ。あの残酷な野獣たちから生き残るために必要な知識を提供すること——それが、この本が書かれた理由なのである。

「生存」こそが心に留めておくべきキーワードだ——勝利ではなく、征服でもなく、生き残ることなのである。

この本はプロのゾンビ・ハンターになるすべを教えるためのもので

はない。そうした職能に命を捧げたいという者は、よそで訓練してくれる相手を探すべきだ。

この本は警察、軍隊、その他様々な政府機関の職員に向けて書かれたものではない。こうした組織は、脅威を認識し、それに備えることを選択したならば、一般市民よりはるかに多くの情報に触れることができる。このサバイバルガイドは、時間も資金も不足しているが、それでも犠牲者になることを拒む一般市民のためのものである。

もちろん、生ける屍者たちに遭遇したときには多くの技術――野外での生存術、リーダーシップのとりかた、基礎的な医療処置まで――が必要とされる。既存の解説書が手に入るので、これらについて本書では触れていない。このマニュアルを補足するために何を学ぶべきなのかは、常識の命ずるところに従ってほしい。そのため、直接生ける屍者に関係ない事柄は、本書では省いてある。

本書では、敵を認識すること、正しい武器を選ぶこと、殺しの技術、防衛・逃走・攻撃のための準備と即応などについて学べるだろう。また、生ける屍者たちが人類になりかわってこの惑星の支配者になるという終末のシナリオの可能性についても議論されている。

本書のいかなる部分も、仮定のドラマだとして読み飛ばしたりはしないでほしい。わずかな知識すらも困難な調査と経験に基づいて蓄積されたものなのだ。歴史的な資料、研究室での実験、実地調査、そして（著者ら関係者も含む）目撃証言が本書を完成させるために集約されている。終末のシナリオですら、こうした現実の出来事から推定して作り上げられたものなのだ。

また、実在の事件が数多く《ゾンビ襲撃記録》の章（第７章）に収められている。この章を読めば、本書の解説がどれも歴史的事実に基づいたものだとわかるだろう。

とはいえ、知識は生存闘争のために必要なものの一部に過ぎない。残りはあなたの中から生み出さねばならないのだ。

屍者が復活し始めたときには、個人の選択、生存への意志、それこそが最も重要なものだ。他にあなたを守ってくれるものはない。

この本を最後まで読んだら、自身に問いかけてみてほしい。自分はどうするのか——あきらめを受け入れて自身の存在を消し去ってしまうのか、それとも立ち上がり、「奴らの犠牲にはならない! 生き延びてやる!」と叫ぶのか。

選ぶのは、あなただ。

著者による注記
AUTHOR'S NOTE

本書はアメリカ合衆国の市民によって書かれたものであるため、「アメリカ風」な面について特に言及している箇所がある。たとえば、自動車と拳銃への崇拝などはおそらく異様に思えるだろうし、国際的な危機が迫ったときには役に立ちすらしないだろう。

確かに、アメリカを例にした話のいくつかは場合によっては不適当かもしれないが、その裏に隠された教訓はそうではない!

本書の哲学は、まったくアメリカ人的なもの、というわけではない。本書の戦術や戦略は、生き残ろうという意志を持った人間にとって、国籍や居住地に関係なくどこであれ適用できるものだ。

ゾンビの脅威とはまさに、国際的な脅威なのだ。人口密度が高く、重犯罪も(比較的)少なく、2世代にもわたって平和と安定、経済的繁栄が続いている西ヨーロッパやブリテン島の住人は、ひょっとしたらこの地の歴史上かつてないほど、生ける屍者の襲撃に対して脆いかもしれない。ゾンビの襲撃を、EUの議会がタンクローリー運転手のストライキでも処理するみたいに簡単に解決してくれると思っている者は、欧州で疫病が最後に大流行した頃について学び直したほうがよい。スペインのアンダルシア地方に現れたわずか5体のゾンビから大発生が始まり、3週間後には数千体にまでふくれあがってイングランド北部の湖水地方にまで達するかもしれないのだ。

同様に、オーストラリアやニュージーランドのような地理的に隔絶された国に住んでいる人間も、間違った安全認識に騙(だま)される危険がある。《ゾンビ襲撃記録》(第7章)の章では、物理的な距離は抑止力になりえないということが述べられている。こうした国の住人は、人の住まない広大な荒野に安全な居場所を求めるかもしれない。それは理論上は正しく、オーストラリアの荒野(アウトバック)やニュージーランドの南アルプス山脈は適切な防御拠点となってくれるかもしれないが、どうやってそこにたどり着き、どうやってそこで生き、もしゾンビたちがすでにそこにいたときにはどうすればいい?

グラスゴーからケープタウンまで、ダブリンからホバートまで、どこにいようと本書は用いることができる。人工的な境界線など忘れ、絶滅の危機という共通の脅威に対して、手を取り合い立ち向かう時が来たのだ。不毛で時代遅れのナショナリズムなどを抱えている場合ではない。生ける屍者は我々の世界すべてに対する脅威であり、生き残るためには、世界すべてがひとつになるしかないのだ。

第1章

不死者：伝説と真実

THE UNDEAD : MYTHS AND REALITIES

其は墓穴より這い出でて、其の体は蛆虫と汚物の家。眼には生の光なく、肌の温もりなく、胸の鼓動なし。其の魂は、夜空の如き虚ろな闇のうちに。刃の一撃を笑い伏し、弓矢の一射に唾を吐き捨て、其の体は傷つくことなし。生者の甘き血を嗅ぎつけ、大地を歩きさまようことは永劫のうちに、犠牲者の骨を喰らう。心せよ、其は生ける屍者なり。

――名もなきヒンドゥー語の文献、紀元前1000年頃

[ZOM-BIE(Zom'be)またはZOM-BIES]

1.生者の肉を喰らう動く屍体。

2.ヴードゥー教の屍者を蘇らせるための魔術。

3.ヴードゥー教の蛇神。

4.「ゾンビのように」動き、または演じるもの。

(西アフリカに起源を持つ言葉)

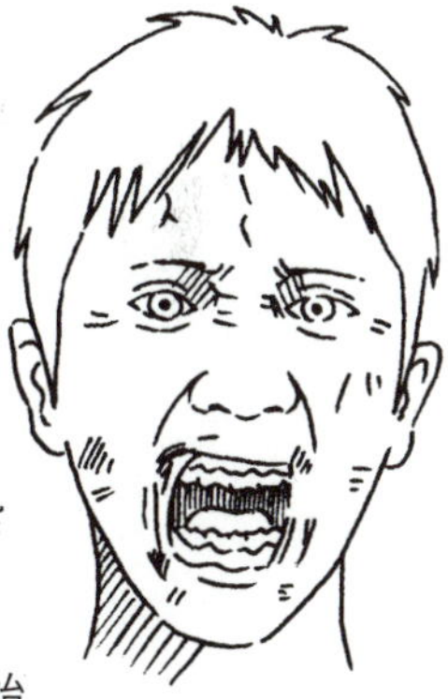

ゾンビとは何か? いかにして生まれたのか? その強さ、弱点は何か?

奴らの求めるもの、欲望とは何か? なぜ奴らは人類に牙をむくのか?

様々な生存術を語る前に、何に対して生き残るのかをまず学ぶべきだ。

架空の物語と現実とを分けるところから始めよう。歩く屍者は「黒魔術」の力で生まれたものでも、その他の超自然的な力の産物でもない。その根幹は、この病害を最初に「発見」した

ヤン・ヴァンダーヘイヴン博士
によって用いられたラテン語
「ソラニュウム」として
知られるウィルスだ。

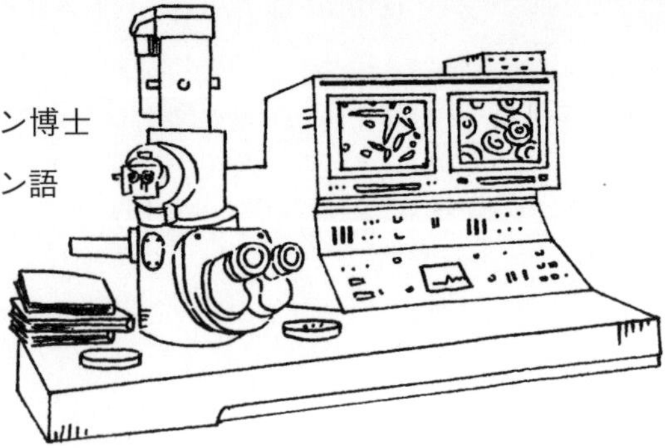

ソラニュウム：ウィルス

ソラニュウムは、体内に入った箇所から脳まで血流に運ばれ、活動を始める。

具体的な方法については不明な点が多いが、ウィルスは前頭葉の細胞を利用して増殖し、その過程で前頭葉を破壊する。この間に、全身の機能は低下していく。心臓の停止をもって感染対象は「死亡」する。しかし、ウィルスが細胞を新たな器官に完全に変容させるまで、脳は休眠状態ながら生き続ける。

新たな器官の最も決定的な特徴は、酸素への依存がないことだ。この極めて重要なエネルギーへの欲求が取り除かれることで、不死者の脳は人体の持つ複雑な生命維持機能から解き放たれるや、そうした機能を利用することができるようになる。ひとたび変質が完了すると、新たな器官は（少なくとも生理学的には）元の身体から大きく変化したものとして蘇る。いくつかの身体機能はそのまま残り、それ以外の機能は新たに限界点が調整され、残りの部分は完全に停止する。

この新たな生命体こそがゾンビ――生ける屍者の一員なのだ。

1. 発生源

広範な調査が行われてはいるものの、自然界に存在する独立したソラニュウムのサンプルは、残念ながらいまだ発見されていない。世界のいたる所にある自然環境内の水、空気、土壌はいずれも陰性で、植物相からも動物相からも見つからない。本書の執筆中にも、調査は続いている。

2. 症状

以下に示すタイムテーブルは、感染した人間の経過を描き出したものだ（数時間ほどの個人差が存在する）。

✶1時間後　感染箇所の痛みと変色（紫がかった土気色）。傷口が即座に凝固（傷口から感染した場合）。

✶5時間後　発熱（華氏99-103度［37.2-38.9度］）、寒気と軽度の譫(せん)妄(もう)状態、嘔吐、関節の鋭い痛み。

✶8時間後　四肢と感染箇所の痙攣(けいれん)、発熱の上昇（華氏103-106度［39.4-41.1度］）、譫妄状態の進行、筋協調性の消失。

✶11時間後　下半身の麻痺、全身の痙攣、脈拍の低下。

✶16時間後　昏睡。

✶20時間後　心停止。脳波の停止。

✶23時間後　蘇生。

3. 伝染

ソラニュウムは100パーセントの感染率と、100パーセントの致死率を持つ。人類にとっては幸運なことに、このウィルスは水媒介でも空気媒介でも感染しない。人間が自然界からこのウィルスに感染した例はかつてない。感染は体液の直接接触によってのみ起こる。直接接触の、最も知られている例はゾンビの噛みつきだが、それが唯一というわけではない。人間は、開放性の傷口にゾンビの体液が触れたり、爆発によって飛び散った体液を浴びたりすることによっても感染する。しかし感染した肉体を摂取(口腔内に開放性の傷口がないときに限る)した場合、感染せず、完全な死に至る。感染者の肉には高い毒性があると実証されているのだ。

歴史的にも、実験的にも、あるいは他の手段によっても——屍者の類との性的接触が何をもたらすかについては、何の情報もない。だが、前述したとおり、ソラニュウムの性質は感染の危険性が高いことを示唆している。このような行為に対する警告など、そもそも自身の安全など一顧だにしないほど取り乱した人間しか試みないものなので、無駄かもしれないが。

不死者の体液は凝固しているため、噛みつき以外での接触による感染の危険性は低いのではないかという議論はある。しかし、たったひとつの細胞からでさえ感染が始まる危険があることも、また事実である。

4. 種族間の感染

ソラニュウムは、体の大きさや種、環境に関係なく、あらゆる生物に致命傷をもたらす。だが、蘇生が行われるのは人間だけだ。

研究によれば、人間以外の種に感染し、脳に到達したソラニュウムは、数時間のうちに宿主に死を引き起こすものの、その屍体は安全に扱うことができるという。人間以外の動物が感染しても、ウィルスが体全体を再生する前に死んでしまうのだ。

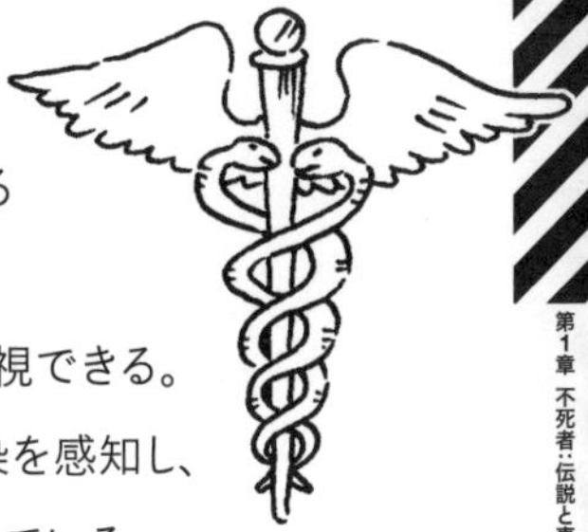

蚊などの虫刺されによる感染も、ほぼ無視できる。実験によれば、寄生種の昆虫は宿主の感染を感知し、100パーセントそれを避けることが証明されている。

5. 治療

人間がひとたび感染してしまったら、彼ないし彼女を救うためにできることはほとんどない。なぜなら、ソラニュウムは細菌ではなくウィルスなので、抗生物質は効果がないからだ。ウィルスに対する唯一の防衛手段である免疫作用もソラニュウムには効果がなく、ほんのわずかなウィルスが身体に入るだけで、常に大規模な感染が起きてしまう。

遺伝子の研究は進行中である。その目標は、耐性細胞構造のより強力なヒト抗体から、ソラニュウムを識別、破壊することのできる対抗ウィルスの開発まで多岐にわたる。こうした手法、あるいはさらに革新的な治療法はまだ研究の初期段階で、今のところ実現の見込みはない。戦場で編み出された対処法として、感染した部位の手足を即時切断するというものがあるが、これも効果があるかどうか疑わしく、成功率も10パーセント未満である。感染者はたぶん、ウィルスが彼もしくは彼女の体内に侵入した時点で、待ちうける運命を避けられないのである。

感染した人間が自殺の道を選ぶというのなら、まずは脳を最初に破壊すべきだと覚えておいたほうがいい。直接の死因がウィルス自体でないにも関わらず、死後に蘇生した最近の感染者の事例が記録されている。そのようなケースは、感染から5時間後に死亡した場合にしばしば発生する。ともかく、不死者に噛まれたり、他の方法で感染した後に死亡したすべての人間は、即座に処理されるべきなのだ(「屍体処理」の項を参照：42ページ)。

6. 屍者の蘇生

死んで間もない新鮮な人間の屍体にソラニュウムをもたらすと、蘇生させることができるという説がある。これは誤りだ。

ゾンビは屍肉を相手にしないので、ウィルスも転移しない。第二次世界大戦の戦中や戦後に行われた実験(《ゾンビ襲撃記録》の章を参照：318-320ページ)では、屍体にソラニュウムを注入しても、血流が止まっていて脳にウィルスが運ばれず無意味であることがわかっている。死んだ細胞はウィルスに反応しないため、屍体の脳にウィルスを直に注入するのも、同様に無駄だった。

ソラニュウムは生命を作り出さない——変容させるのだ。

ゾンビの性質・特徴

1. 身体能力

あまりにもしばしば、不死者は超人的な能力を持つとされてきた——尋常でない怪力、稲妻のように素早く、テレパシーを持つ、などなど。空を飛ぶゾンビを見たとか、蜘蛛(くも)のように垂直な面を這い上ったという噂もある。こうした特徴は作り話を魅惑的にするかもしれないが、実在のグールたちは、魔術的な全能の魔物の姿からはほど遠い。

実際問題として、不死者の肉体が人間だということを忘れてはならない。違いといえば、この新たに蘇った肉体は、いまや感染した脳によって操られているということだ。人間が空を飛べないなら、ゾンビだって空を飛べるわけがない。念力や瞬間移動、固形物をすり抜けたり、オオカミに変身したり、炎を吐いたり、その他もろもろの謎めいた能力を歩く屍者たちが行使できないのも、同じ理由によるものだ。

人間の体を、ある種の道具箱だと考えてほしい。あの夢遊病者たちの脳もまたそれらの道具を持っているが、それらの道具しか持たないのである。新たな道具を空中から取り出したりはできないのだ。しかし、これから説明するように、それは型にはまらない組み合わせでその道具を使ったり、普通の人間の耐久限界を超えた使い方をしたりするのである。

A. 視覚　ゾンビの眼は普通の人間のものと変わらない。視覚信号を脳に伝達する役割を（腐敗がどれだけ進行しているかにもよるが）果たし続けてはいるが、その信号を脳がどう処理しているかはまた別の問題だ。

ゾンビの視覚能力についての研究は決定的なものはない。奴らは人間と同じくらい遠くから獲物を見

つけることができるが、人間と自分の同族とを区別して認識しているかどうかは、いまだ議論の的となっている。ある説によると、不死者の動きよりも素早く滑らかな人間の動きが、ゾンビの注意を引きつけるのだという。動きを真似して混乱させるため、よろよろ歩きをしたり足を引きずったりしてグールに近づく実験も行われた。現時点で、これらの試みはいずれも成功しなかった。

夜間に狩りを行う能力を持つため、ゾンビは夜目が利くのでは、という説も浮上した。この説は、あらゆるゾンビが、眼を持たない者ですらも優れた夜の捕食者だという事実の前に否定された。

B. 聴覚　ゾンビが優れた聴覚を持っていることに疑いの余地はない。音のした方向を知るだけでなく、奴らはその距離までもわかる。

基本的な可聴範囲は、人間と変わらないようだ。極端な高周波と低周波を用いた実験では、否定的な結果が得られている。ゾンビは生物の立てる音に限らず、あらゆる音に反応するという実験結果もある。生きた人間なら無視してしまうような音に、グールが反応したという記録もある。

証明されたわけではないが、最も有りそうな説明は、ゾンビはどの知覚にも同じように依存している、というものだ。

人間は生まれつき視覚を優先し、他の知覚を第一に頼るのは視覚が失われたときくらいだ。しかし歩く屍者は、そうしたハンディキャップをも持た

ないようなのだ。もしそうならば、まったくの暗闇の中での奴らの狩り、戦闘、捕食の優れた能力について説明できるだろう。

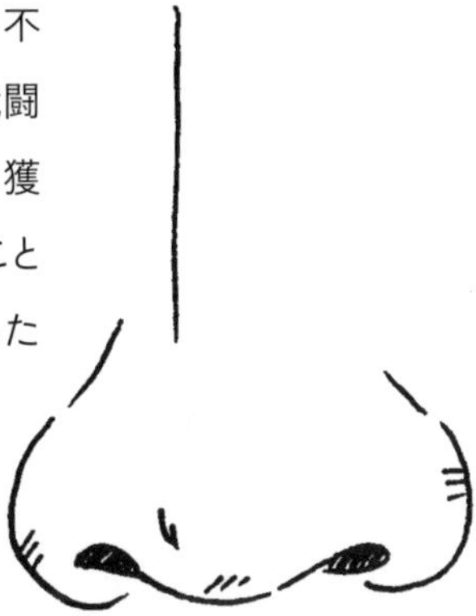

C. 嗅覚 音と違い、においについて、不死者は的確に嗅ぎ分けて反応する。戦闘状況下でも実験室でも、奴らは生きた獲物のにおいを他のにおいと区別することができた。理想的な風向きの下でならたいてい、ゾンビは何マイルも先から新鮮な屍体のにおいを嗅ぎつけることで知られている。

もう一度言うが、グールたちが人間と比べて優れた嗅覚を持っているわけでなく、単にそれに大きく依存しているということなのだ。

獲物を見つけるために、どの分泌物——汗、フェロモン、血など——を特に用いているのか、正確なところはわかっていない。過去には、ゾンビのいる地域で奴らに見つからず移動しようとするときには、香水、デオドラント、その他強いにおいのする化学物質を用いて人間のにおいを「覆う」べきだと思われていた。どれもうまくいかなかったが。

生物のにおいを再現し、おとりとして、あるいはゾンビよけの薬として用いるための実験はいまだ進行中だ。製品化に成功するのはまだ何年も先のことになるだろう。

D. 味覚 歩く屍者たちの変質した味蕾（みらい）については、ほとんどわかっ

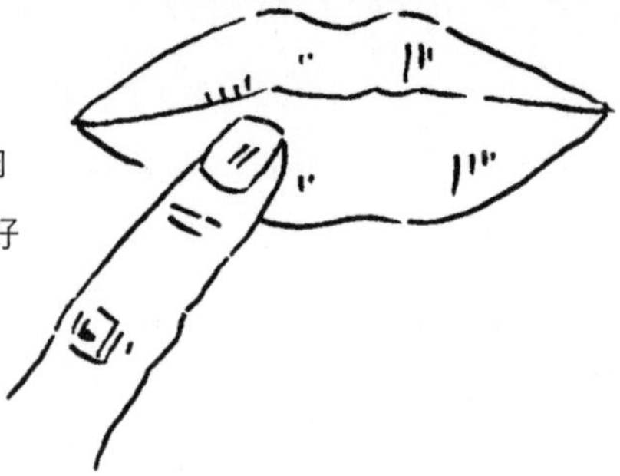

ていない。

　ゾンビには人間と他の動物の肉とを区別する能力があり、前者を好む。また、グールは死んですぐの新鮮な肉を好み、腐肉を選んで拒絶する驚くべき能力も持つ。死んで12〜18時間経った人間の肉は、食料としては拒まれるのだ。防腐処置をしたり、その他の方法で保存された屍体についても同じ反応だ。ゾンビが「味」によって屍肉を見分けているのかどうかは、不明である。においや、たぶん別のまだわかっていない本能も関わっているのかもしれない。なぜゾンビが人間の肉を好むのかも正確なところは不明で、科学は、混乱を呼びいらだちの募るこの恐るべき問題の答えを見つけるには至っていない。

E. 触覚　ゾンビは、文字通り、物理的な感覚を持たない。すべての神経受容体は死から蘇ったときに破壊されてしまっている。これこそが、生者に対する奴らの最大にして、最も恐ろしいアドバンテージだ。

　我々人間は、身体の損傷の信号として、物理的な痛みを知覚する能力を持つ。我々の脳はこうした感覚を分類し、これまでに経験したものと比較して、未来に受けるだろう痛みへの警告として蓄積しておくのだ。それは、種として生き延びるために持ちあわせている生来の生理学的感覚だ。だからこそ逆に、痛みに耐えることが美徳とされたり、危険を顧みないアクションパフォーマーが人気を博したりするのだ。

痛みを認識したり、回避したりする能力の欠如が、歩く屍者たちを手強い存在にしている。負傷などは気にも留められず、それゆえ攻撃も止まらない。肉体に深刻なダメージを負ったとしても、ゾンビは体がバラバラになるまで攻撃をやめないだろう。

F. 第六感　歴史的な研究、および実験室や実地観察におけるデータからわかったように、歩く屍者たちはすべての感覚器官を損傷するか、または完全にそれらが腐敗してしまっても、攻撃をやめないことがわかっている。

これはゾンビが第六感を持つことの証拠になるのだろうか？ そうかもしれない。生きている人間は脳の５パーセントほどしか活用できていない。ウィルスの作用が進化の過程で忘れ去られてしまった古い知覚を呼び覚ましている可能性はないだろうか？ この説は、不死者たちとの戦いに関するものの中でも、最も盛んに議論されている話題のひとつだ。その是非を裏付ける科学的証拠は、今のところまだ見つかっていない。

G. 回復力　不死者の生理学は、伝説や過去の民話が述べるところとは違い、奴らに傷の再生能力がないことを証明している。損傷を受けた細胞はそのままだ。その大きさや性質に関わらず、あらゆる負傷は屍体が蘇っている最中も残ったままである。

捕獲されたグールに対し、回復力を刺激するために様々な医療処置が施されたが、どれもうまくいかなかった。

我々生ける者に本来備わっている自己回復力の欠如は、不死者の大きな弱点だ。たとえば、我々が体を鍛錬すると、筋肉は傷つけられる。時間が経つとその部分の筋肉は以前より強くなって回復する。グールの筋力は損なわれっぱなしで、使われるたびに力が減っていくのだ。

H. 腐敗　一般的なゾンビの「寿命」は——完全な腐敗をする前にどれだけ動けるかということだが——３年から５年と見積もられている。人間の屍体が自然の腐敗の進行を退けるという現象は一見すると奇妙だが、実はこれも基本的な生物学に基づいている。人間が死亡すると、その肉体は即座に数十億もの微生物の襲撃を受ける。こうした微生物は外部環境に、肉体内部に、どこにでも存在する。生きているうちは、免疫系が微生物の攻撃から身を守るための防壁となっているのだ。死亡すれば、この防壁は取り除かれる。そうなると微生物は、体を食べながら指数関数的に増殖し、やがて屍体を細胞レベルまで分解してしまう。腐敗した肉のにおいと変色は、これらの微生物の活動による生物学的プロセスなのである。

「熟成した」ステーキを注文するとしよう。これは、腐敗を開始し、固かった繊維組織を微生物が柔らかくした肉を注文するということなのだ。少し経つと、このステーキは人間の屍体と同じく微生物の活動によって分解を開始し、たとえば骨、歯、爪、髪のような硬い部位や栄養価の低い部位を残して消滅してしまうだろう。これは通常の生命サイクルであり、自然界が食物連鎖の中で栄養をリサイクルする方法なのだ。この過程を停止させ、死亡した組織を保存するためには、細菌の生存に向かないような超低温や超高温、あるいは、ホルムアルデヒドのように毒性の強い化学物質の中といった環境に置く必要がある。この場合は、ソラニュウムで飽和したような環境だ。

人間の屍体が腐敗する過程に関係している通常の微生物種はほぼすべて、ソラニュウム・ウィルスに感染した肉を忌避するので、ゾンビの体は効果的に保存される。そうでなければ、生ける屍者との戦いは数週間、あるいは数日程度逃げ回り、腐って骨だけになるのを待てばよいだけということになる。調査によっても、こうした状況を引き起こす正確な原因はまだ発見されていない。

このことから、少なくともいくつかの微生物種はソラニュウムを忌避しない、という結論が導かれる——さもなくば、不死者の体は永遠に完全なままで保存されてしまうことになる。また、湿度や温度などの自然条件もゾンビの腐敗に大きな役割を果たしていることが分かっている。ルイジアナの入り江をうろつく不死者たちは、寒く乾いたゴビ砂漠にいるものほど長く活動はできないだろう。理論上は、極めて低温の状態あるいは保存用の液体の中のような極限状態においては、不死者の標本を永久に保存できるはずである。こうした技術でゾンビの生体機能を数十年間、ときには数世紀も保存できることが知られている(《ゾンビ襲撃記録》の章を参照: 280-281ページ)。

腐敗とは、歩く屍者が単に倒れることを意味しない。腐敗は体の様々な部分を違うタイミングで襲うだろう。脳は無傷だが体はほぼバラバラの状態で発見された例がある。あるいは脳が部分的に腐敗し、体の機能をいくらか制御できてはいるものの、それ以外はほとんど麻痺していたものもある。

最近流行して一般的になった説は、エジプトのミイラはゾンビを保

第1章 不死者:伝説と真実

存しようとした初の試みだった、というものだ。エジプト王朝は、その保存技術によって、埋葬後数千年にもわたってゾンビを保存したのだという。古代エジプトについて少しでも基本的な知識を持っているなら、この話がどれほど馬鹿馬鹿しいかわかる。ファラオの埋葬における、最も重要で複雑な手順は、脳を除去することなのだから!

I. 消化　最近の研究によって、人間の肉が不死者たちのエネルギー源だという説は完全にとどめを刺された。ゾンビの消化器系は完全に停止している。食物を消化し、栄養を抽出し、排泄をするという複雑なシステムは、ゾンビの生理機能には関わっていない。

　無力化した不死者を解剖した結果、「食物」がそのままの形で残っており、各部位も消化されていなかったことが確認された。噛み痕がついた肉は、ゆっくりと胃の中で腐り続け、ゾンビが新たな犠牲者を喰うたびに蓄積されてゆき、最終的には肛門からむりやり排出されたり、胃袋などの内臓を破裂させることになる。これほど劇的な非消化の例は極めて珍しいが、不死者の膨張した腹については多くの目撃報告がある。捕獲され、解剖に付されたある標本は、消化器系の中に211ポンド[約95キログラム]もの肉が入っていた! より珍しい証言としては、内側から消化器系が爆発した後もゾンビが肉を食べ続けた例が確認されている。

J. 呼吸　不死者の肺は、空気を取り込み排出するという機能を維持し続けている。この機能によってゾンビは象徴的なうめき声を上げる。ゾンビの肺と肉体は、酸素を取り込んで二酸化炭素を排出する化学作用を失っている。ソラニュウム・ウィルスがこの両方の機能の必要性を取り除いてしまっていることを考えれば、人体の呼吸器系はグールにとって無用の長物だ。このことから、生ける屍者が「水中を歩ける」ことや、人間にとっては致命的な環境でも生き延びられることを説明できる。前述したとおり、奴らの脳は酸素を必要としないのだ。

K. 血液循環　ゾンビに「ハート」がない、というのは正確ではない言い方だ。心臓はある。正確には、ゾンビは心臓を使っていない、となるだろう。不死者の血液循環器系は、凝固した血液が詰まった役立たずのチューブでしかない。リンパ液系も他の体液が凝固してしまうせいで同様の状態だ。この変質作用は不死者にとっても有利な面はあるが、一方で人類に天の恵みともいえる利点を生みだしている。固形化した体液はウィルスの転移を妨げる。そうでないとしたら、近接距離での戦闘をゾンビに仕掛けるのは不可能に近い。人間は血液やその他の体液がゾンビから飛び散るのを防がねばならないのだから。

L. 繁殖　ゾンビは子孫を残せない生物だ。生殖器は壊死し、性的に不能な状態になっている。

ゾンビの卵子を抽出して人間の精子を授精する試み、あるいはその逆も行われたことがある。どれも成功しなかった。不死者たちは、同族に対しても、生きた人間に対しても、性的な欲望がある様子を見せることはない。研究が進み、新たな事実が浮上しない限り、我々人間が最も恐れていること、すなわち屍者が新たな屍者を出産するという悪夢については、ありえないこととして安心してよいだろう。

M. 筋力　暴力の行使に関して、グールは生きた人間と同等の力を持っている。その腕力の強さは個々のゾンビによって異なる。生きていたときに持っていた人間の筋肉組織を、死んだあともそのまま受け継ぐことになるからだ。生きている人間と違って、アドレナリンの増強効果が屍者に影響を与えた例は知られておらず、我々人間がときどき発揮する瞬間的な馬鹿力をゾンビが発揮することはない。

生ける屍者が持つ最大のアドバンテージは、驚くべき持久力だ。トレーニング、あるいはその他の肉体労働を想像してほしい。やがて痛みと疲労で力が出なくなるだろう。こうした要素は屍者には無関係だ。奴らは筋肉が文字通りバラバラになるまで、変わることのない精力でもって攻撃を続けるだろう。グールの体は徐々に傷ついていくものの、それまでは恐るべき筋力を発揮する。普通の人間が3、4人でようやく破壊できるバリケードも、ゾンビがその気になれば1体で打ち破ってしまうことだろう。

N. 速度　「歩く」屍者は、うつむき、足を引きずっているのが常だ。負傷がなかったり腐敗が進んでいなかったりしても、奴らは手足の連携が下手で、それゆえ歩調は一定しない。速度は基本的に脚の長さで決定される。背の高いグールは背の低いものに比べて長い歩幅を持つ。また、ゾンビは走ることができないようだ。最も速かった例でも、1歩に1秒半程度であった。

筋力の場合と同様に、ゾンビの人間に対するアドバンテージは疲れ知らずな点だ。追ってくるゾンビから逃げ切れると信じているならば、ウサギとカメの昔話を思い出したほうがいい。童話と違って、カメに追いつかれたら喰われてしまうことも忘れずに。

O. 敏捷性　平均的な人間と最強のグールを比べた場合、器用さでは人間が90パーセント以上も上回る。これは死んだ筋肉組織がこわばっているせいだ（奴らのぎこちない歩き方も同様の理由による）。また、奴らの脳の基本的な機能にも原因がある。ゾンビは手と目の連携があまりうまくなく、これが最大の弱点のひとつなのだ。

ある地点から別の地点へ飛び移るだけでなく、単にその場で跳ねることを含め、ゾンビのジャンプが目撃された例はない。狭い場所でバランスをとるようなことも同様に、奴らの能力を超えている。泳ぐことも生者にだけ与えられた能力だ。理論上は、不死者の屍体が膨らんで水面に浮かんだ場合、一種のゾンビ機雷になることも考えられる。ただしこれは稀なケースだ。水中で歩いたり沈んだりしているゾンビは、行くあてもなく、やがて自身が溶解するまで水底をさまよい続けることが多い。

ゾンビは坂を登ることはできるが、特定の場合に限られる。ゾンビが頭上、たとえば家の２階に獲物を発見した場合、常にそこを目指そうとする。ゾンビはどれほど急な、場合によっては不可能な壁面でも登ろうとする。最も簡単な場合を除き、そうした試みは失敗する。単純な手の動きが必要なだけのハシゴでも、ゾンビの４体に１体が登るのに成功する程度だ。

2. 行動パターン

A. 知能　歴史を通じて繰り返し証明されてきたことだが、不死者に対する我々の最大のアドバンテージは、思考能力だ。一般的なゾンビの理解力は虫以下だと考えられている。奴らが論理的な思考能力を発揮したことは一度もない。

問題を解決しようとするとき、失敗したらその間違いの理由を考えて新たな問題に応用する、という能力をたいていの動物が持っているが、歩く屍者たちにはそれが欠けている。研究室での実験によると、ゾンビは齧歯(げっし)動物レベルの知能テストにも繰り返し間違い続けるのだという。

あるケースでは、落ちた橋の一方に人間が、もう一方にゾンビの群れがいた。歩く屍者は１体また１体と、人間を目指して無意に橋から落ちていったという。最後の１体に至るまで、ゾンビは状況を認識して行動を変更することはなかった。

伝説や推測と違い、いかなる種類であれゾンビが道具を使っている様子は確認されたことはない。落ちている岩を武器として使うことすら、奴らの理解の外にある。こうした単純な作業からも、ゾンビの中には素手よりも岩の方がより効果的な武器だと認識するという、基礎的な思考プロセスが存在しないことが分かる。

皮肉なことに、人工知能の時代になったことで、我々の「原始的な」祖先よりもゾンビの精神のほうが理解しやすいものとなった。稀な例外を除き、最も先進的なコンピュータもそれ自身では思考力を持たない。コンピュータはただプログラムされたように働くだけで、それ以上のことはできない。たったひとつの命令しか実行できないコンピュータを想像してほしい。この命令は停止も、修正も、消去もできない。新たなデータも蓄積されない。次の命令が与えられることもない。このコンピュータはただひとつの命令を繰り返し実行し続け、やがて電源が切れてしまう。

これがゾンビの脳だ。修正不可能で、止めるには破壊するほかない、本能のまま動く単機能の機械だ。

B. 感情　歩く屍者たちの感情については、いかなる種類のものも知られてはいない。

奴らに対するあらゆる精神的な攻撃は、怒らせようとすることから哀れみを引き起こそうとするものまで、すべて失敗に終わった。喜び、悲しみ、信頼、不安、愛、嫌悪、恐怖——その他幾千もの、人間の「ハート」を揺り動かす感情は、生ける屍者の同じ名の臓器と同様、無為なものだ。これは人間の大いなる弱点か、それとも長所なのか? 議論は続いており、おそらく終わることはないだろう。

C. 記憶　近代に入って生まれた奇説の中に、ゾンビは生前の知識を保持しているのだ、というものがある。屍者たちがかつての住まいや職場に戻ってきたり、慣れ親しんでいた装置を使ったり、家族たちに慈悲を見せたりするという話も聞いたりする。

実のところ、こうした希望にあふれた考えを証明するような証拠は存在しない。ゾンビが意識的にも無意識的にも、生前の記憶を保持することは不可能である。そもそもゾンビには、意識や無意識というものが存在しないからだ! グールは、飼っていたペット、かつての隣人、なじみの環境などによって心を乱されることはない。かつて生きていた頃にどのような人間であったとしても、その人間は死に、獲物を喰らう以外の本能を持たぬ、心のない自動人形に置き換わってしまったのである。

ここで疑問が持ち上がる。なぜゾンビは田舎よりも都市部を好むのか? 第一に、屍者は都市を好むわけではなく、ただ単にそこで蘇生することが多いというだけだ。第二に、ゾンビが田舎のほうに出て行くより都市部に居続ける傾向がある主な理由は、都市部には奴らの獲物が高密度で集中しているからである。

D. 生理的欲求　飢えを除いて(これについては後述する)、屍者はその生涯の間ずっと、生理的欲求を見せることはない。いかなる環境においても、ゾンビが眠ったり休んだりするところは目撃されていない。極端な高温や低温にも奴らは反応を示さない。過酷な天候でも隠れ場所を探したりしない。渇きのような単純な欲求さえも生ける屍者には関係ないようだ。ソラニュウムはあらゆる科学的法則に反して、完全な自己充足機能を持つ生命体、としか呼べないようなものを作り出した。

E. コミュニケーション　ゾンビは言語能力を持たない。声を発する声帯は機能しているが、脳にその機能が存在しないのである。

奴らが持つ唯一の発声機能は、喉の奥から響くうめき声を出すことだけのようだ。うめき声はゾンビが獲物を発見したときに発せられる。この音は目標と接触するまで、低く、長く続けられる。そのトーンと大きさは、ゾンビが攻撃を開始すると変わる。この不気味な音は歩く屍者の代表的なシンボルであり、他のゾンビを呼び集めるだけでなく、最近の発見によると、強力な精神兵器となりうる（《防御法》の章を参照：116-117ページ）。

F. 社会活動　不死者が軍隊としての機能を持つという説は枚挙に暇がない。サタンの軍勢なのだとか、社会性のある昆虫のようにフェロモンに動かされて群れを作るとか、最近ではテレパシーでそれぞれの連携をとっている、などという説まであるほどだ。

実際には、ゾンビの社会組織というべきものなどは存在しない。階級はなく、命令系統もなく、どのような集団化志向もない。その規模や様相に関わらず、不死者の群れは単なる個々の集まりだ。数百体のグールが犠牲者の周りに集まってきたとしても、奴らのそれぞれが本能に導かれた結果なのである。

ゾンビは自分以外のゾンビのことを気にかけないようである。独立した個体同士は、どんな距離でも、お互いを視界に認めてもこれといった反応を示さない。ここで、ゾンビの感覚について述べたときと同じ疑問が持ち上がる。ゾンビはどうやって、同族と獲物となる人間などを区別しているのか？ 答えはまだ見つかっていない。

ゾンビは、動かないものに対して興味を示さないのと同じように、同族を無視する。ゾンビ同士がぶつかったとしても、お互い何の接触もコミュニケーションもとろうとはしない。同じ獲物に食らいついているゾンビは、それぞれが勝手に肉を喰うだけで、競争相手を押しのけようとはしない。

唯一意思疎通に近い行為は、ゾンビが大群で押し寄せるときに見られる。他のグールを呼び寄せるうめき声である。このうめきを聞いた他の歩く屍者たちはほとんどすべて、その発信源に向かい始める。初期の研究では、これは熟慮のうえの行動であり、偵察役のゾンビが他のゾンビたちに攻撃の合図となるうめき声を上げていると考えられていた。しかし今では、これは偶然の産物なのだとわかっている。獲物を見つけたときにグールが上げるうめき声は本能的な反応であり、警報の類ではないのだ。

G. 狩り　ゾンビは移住を続ける生命体であり、縄張りや住み処といった概念を持たない。奴らは何マイルも移動し、時間さえかければ、獲物を求めて大陸を横断しさえするだろう。

奴らの狩猟行動は一定していない。グールは夜にも昼にも餌食を求める。獲物を探すというより、でたらめにあたりをうろつくうちに獲物と出合うのだ。もっと獲物がいそうな、特定の地域や建物を選び出すようなこともしない。たとえば、あるグループの個体たちが倉庫やそれに類する建物で獲物を探しているとき、グループの別の個体たちは見向きもしないでよそに行ったりする。都市部ではより探索に時間がかかり、それゆえ不死者はこうした地域に長くとどまるが、建物に優先順位があるわけではない。

ゾンビは周囲に対してまったく無関心なようだ。たとえば、新しい環境に踏み入っても情報を得ようと視線を巡らせたりはしない。足を引きずる音だけを立て、1000ヤード[900メートル]も先を見つめながら、獲物を発見するまで、自分がどこにいるのかも気にせずあてもなくさまよい続ける。

前述のとおり、不死者は獲物の正確な位置を嗅ぎつける不思議な能力を持っている。一度獲物を見つけたら、それまで静かなロボットのように動いていたゾンビは、まるで誘導ミサイルのような存在に変貌する。頭は即座に餌食のほうに向く。アゴは開き、唇はひっこみ、隔膜の奥からうめき声が響き渡る。こうなったら、ゾンビは他のものに気を散らされることはない。いつまでも獲物を追いかけ続け、止まるのは見失ってしまったときか、獲物を捕らえるのに成功したときか、あるいは破壊されたときだけだ。

H. 士気　なぜ不死者は生者を獲物に選ぶのか? 人間の肉は栄養目的で摂取されるのではないと証明されているのに、なぜ奴らは本能的に我々を殺戮(さつりく)しようとするのか? 真相は不明のままだ。

歴史的データに裏づけられた近代科学によると、生きた人間だけが不死者のお気に入りのメニューではないことがわかっている。感染地域に到着した救助チームは一貫して、生き残っているものはいないと報告してきた。その大きさや種に関わらず、あらゆる生物がゾンビによって喰い尽くされてしまう。

人間の肉はしかし、他の生物のものよりも特に好まれるようだ。ある実験において、捕らえたゾンビにふたつの肉片が与えられた。片方は人間の肉、もう片方は動物の肉だ。何度実験しても、ゾンビは繰り返し人間の肉を選んだ。その理由はいまだ不明のままだ。

今のところ疑念の余地なくわかっていることとしては、不死者は、発見したあらゆる生命を殺して喰い尽くせ、というソラニュウムに突き動かされた本能に従っているということだ。例外はないと思われる。

I. 屍者の破壊　ゾンビを破壊する方法は単純だが、簡単と言うにはほど遠い。

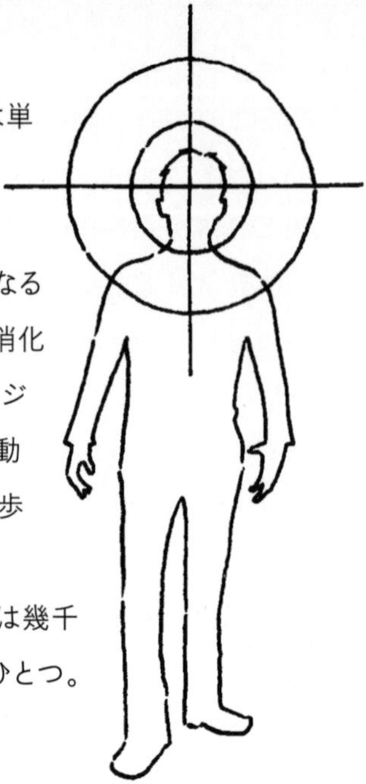

ここまで述べてきたとおり、ゾンビたちは人間が生き延びるのに必要な、いかなる生理的機能をも必要としない。循環器系、消化器系、呼吸器系を破壊したり深刻なダメージを与えたりしても、それらはすでに脳の活動を維持し続ける機能を持っていないため、歩く屍者には何の効果もないのだ。

単純に言うと、人間を殺すための方法は幾千もあるが――ゾンビを殺す手段はただひとつ。なんとしてでも脳を破壊せねばならない。

J. 屍体処理　研究の結果、退治したゾンビの体には、48時間以上ソラニュウムが残存しうることが判明している。

不死者の屍体を処理するのには細心の注意を必要とする。特に頭部はウィルスが高濃度で集中しているため非常に危険だ。防護された服装以外で、不死者の屍体を扱ってはならない。毒物や致死性の物質を扱っているつもりで対応せよ。

火葬は最も安全で効果的な処理の方法だ。屍体を燃やした火柱によってソラニュウムが煙に乗って拡散するという噂があるが、常識的に考えて高熱の中ではウィルスは生存できないし、直接火にさらされた場合は言うまでもない。

K. 家畜化?　繰り返しになるが、ゾンビの脳が学習というものを受け付けないことは証明されている。化学物質の投与や手術、電磁波にいたるまで多くの実験が行われ、どれも失敗に終わっている。行動修正療法などその他の手段によって、生ける屍者を家畜のように飼いならそうとする試みは、みな同じように失敗した。もう一度言う。奴らは配線のやり直しがきかない機械だ。そのままにしておくか、あるいは破壊してしまうかのふたつしかないのである。

ヴードゥー教におけるゾンビ

　ゾンビはウィルスが作り出したもので、黒魔術の仕業ではないとすると、屍者が墓から蘇って永遠に生者の奴隷として過ごすという「ヴードゥー教のゾンビ」はいったいどう説明されるのだろう?

　そう、「ゾンビ」とは、元々キムブンドゥ語において屍者の魂を意味する「ンズムベ nzúmbe」を語源に持っており、そしてそう、ゾンビとゾンビ化とは、アフリカ系カリブ人の間でヴードゥー教として知られる宗教の重要な一部なのだ。しかし、ヴードゥー教のゾンビとウィルス性のゾンビとの類似性は、その名称だけである。

　ヴードゥー教のオウンガン(司祭)は魔術によって人間をゾンビに変えることができると言われているが、実はこれは強固で否定しようのない科学に基づいているのだ。オウンガンは極めて強力な神経毒を含む(正確な成分は極めて固く秘密にされている)「ゾンビ・パウダー」と呼ばれる道具を使ってゾンビ化を行う。この毒は一時的に人間の神経系を麻痺させ、冬眠状態を作り出す。心臓、肺、その他のすべての身体機能を最小レベルまで低下させてしまうため、このことを知らずに見た入植者たちが、麻痺した者は死んでしまったと考えたのも無理はない。

多くはこの状態のままで埋葬され、棺桶の狭い暗闇の中で叫び声と共に目を覚ます。どうして生きた人間がゾンビとなってしまうのか？答えは簡単。脳に受けた損傷のせいだ。生きたまま埋葬された人間は棺桶の中の空気をすぐに呼吸して使い切ってしまう。（運良く）蘇った者もほとんどの場合、酸素の欠乏により脳に損傷を受けている。この哀れな犠牲者はわずかな認識力しか持たず、錯乱し、あるいは自由意思を失い、しばしば生ける屍者と間違えられる。

ヴードゥー教のゾンビと本物のゾンビを見分けるには？ 違いは明白なのだ。

1. ヴードゥー教のゾンビは感情を見せる

ゾンビ・パウダーにより脳に損傷を受けた人間も、普通の人間と同じく感情を持つ。彼らは笑い、泣き、傷ついたり挑発されたりしたら怒りの声を上げさえする（本物のゾンビなら決してしないようなことだ）。

2. ヴードゥー教のゾンビは思考力を発揮する

前述したとおり、本物のゾンビが獲物を発見したら即座に誘導爆弾のように追いかけてくるはずだ。ヴードゥー教のゾンビは少しためらって相手が何者か考えるだろう。こちらに向かってくるかもしれないし、逃げ出すかもしれない。あるいは、得られた情報を、損傷を受けた脳で分析しようと、観察を続けるかもしれない。またヴードゥー教のゾンビは腕を上げたり、アゴを大きく開いたり、うめき声を上げたり、こちらに向かってふらふらと歩いてきたりはしない。

3. ヴードゥー教のゾンビは痛みを感じる

ヴードゥー教のゾンビがつまずいたり転んだりしたら、間違いなく膝を押さえて痛がるだろう。同様に、傷を負ったら手当てをしたり、少なくとも傷口を気にしたりするだろう。ヴードゥー教のゾンビは本物のゾンビと違い、体についた深い傷を無視するようなことはない。

4. ヴードゥー教のゾンビは炎を認識できる

彼らが炎を恐れる、という意味ではない。脳に受けた深刻な損傷のせいで炎が何なのか思い出せない者もいるかもしれない。思い出すのをやめて触ろうとさえするかもしれないが、それが痛みを与えるものだと理解したらすぐ後ろに退がるだろう。

5. ヴードゥー教のゾンビは周囲の環境を認識できる

獲物だけを認識できる本物のゾンビと違い、ヴードゥー教のゾンビは明るさの急な変化、音、味、においに反応する。ヴードゥー教のゾンビがテレビやまたたく光を見つめるところ、音楽を聴くところ、雷におびえるところ、お互いを注視するところさえ目撃されている。

この最後の事実によって、致命的な誤解が解けたことがある。ある本物のゾンビと間違えられて殺されそうだったヴードゥー教のゾンビが、お互いに反応したために(お互いを見て、音を立て、顔を触りあったりさえした)、救われたのだ。

6. ヴードゥー教のゾンビは超感覚的な知覚を持たない

ゾンビ・パウダーの効果によって弱っている人間も、やはりまだ視覚に頼った人間なのだ。完全な暗闇の中で動いたり、500ヤード[450メートル]先から足音を聞きつけたり、風に乗った生物のにおいを嗅ぎつけたりはできない。ヴードゥー教のゾンビは後ろから近づいてきた人間に驚いたりする。とはいえ、忍び寄られて怒る者もいるだろうから、この確かめ方は、お勧めできない。

7. ヴードゥー教のゾンビは意思疎通ができる

すべてがそうだというわけではないが、それぞれの個体は映像的、音声的合図に反応することができる。単純な意味のものだけだが、多くは言葉を理解することができる。ヴードゥー教のゾンビの多くは簡単な言葉を話すのだ。もちろん、長い会話をできるものは稀である。

8. ヴードゥー教のゾンビは操ることができる

個体にもよるが、脳に損傷を受けた人間の多くは自己認識能力を失い、言われたことに従いやすい状態になる。ヴードゥー教のゾンビを遠ざけたいなら、単に立ち止まれとか失せろとか叫ぶだけで十分だ。

何も知らない人間がこの様子を見て、本物のゾンビを飼いならすことができると勘違いした、という危険な状況に陥ったことがある。ときには強情な人間が、単に生ける屍者たちに止まれと命令すればいいのだ、と主張したりした。冷たく腐りかけた手が彼らの四肢をつかみ、汚れ、折れかけた牙が肉に食い込み、何を相手にしているか気づいたときには、すでに遅かった。

以上のガイドラインは、ヴードゥー教のゾンビと本物のゾンビとを見分けるうえでよい指針となるだろう。

最後にもうひとつ追記しておく。たいていの場合ヴードゥー教のゾンビには、サハラ砂漠より南のアフリカ、カリブ海、中南米、アメリカ合衆国南部で遭遇する。他の地域でオウンガンによってゾンビに変えられた人間を見つけるのは、あり得ないとは言えないが、可能性は極めて薄いだろう。

ハリウッドにおけるゾンビ

生ける屍者がはじめて銀幕に登場して以来、奴らの最大の敵はゾンビ・ハンターでなく批評家たちとなった。学者、科学者、ゾンビに詳しい市民たちすらもみな、こうした映画のゾンビが、空想的でありえないと主張してきた。映像的にインパクトのある武器、物理的にありえないアクションシーン、英雄的な人間のキャラクター、そしてそれ以上に、魔術的だったり無敵だったり、果ては滑稽だったりするグールたちが、様々に「ゾンビ映画」を彩(いろど)ってきた。こうした、あの夢遊病者を「内容を伴わない描き方」で映画化する試みは先鋭的な批評家の議論の的となり、人々に間違った知識を植え付け、実際にゾンビに遭遇したときに誤って死に追いやるのではないかと危惧されてきた。

こうした真剣な批判に対しては真剣な反論が必要だろう。いくつかのゾンビ映画は実際の遭遇体験に基づいたものとはいえ(「事実に基づいた物語である」という文句を省略するよう求めた映画会社もあったが)、結局のところジャンルに関わらずすべての映画が目指しているのは、徹頭徹尾、娯楽なのだ。純粋なドキュメンタリー作品でない限り(それすらもかなり「和らげた」表現のものもあるが)、映画制作者たちは自分の美意識で、観客に好まれるものを作らねばならないのだ。実際の出来事に基づいた映画でさえ、物語のために純粋なリアリティを犠牲にすることになる。複数の実在の個人を交えて登場人物をキャスティングすることもあるだろう。また、いくつかの事柄を説明するため、プロットを組み立てるため、あるいはシーンに華を添えるために、完全に架空の登場人物が作られることもあるだろう。

芸術家の役割は、問題提起や教育、観客の啓蒙ではないか、と考える人もいるだろう。それは一面の真実ではあるが、しかし観客が映画の最初の10分間で席を立ったり寝入ってしまったりするようでは、教育もなにもないだろう。映画作りの基本であるこの法則を知っていれば、なぜハリウッドのゾンビ映画が、下敷きとなっている事実から離れたり、時には大きく脱線したりするかがわかるだろう。まとめるなら、映画は、その作り手が意図しているように、一時しのぎの気楽な娯楽として観るべきであって、サバイバルのお手本にすべきではないということだ。

大発生

　ゾンビの襲撃は、ゾンビの数、地勢状況、一般市民の反応などにおいて毎回違う様相を見せるが、その深刻さの度合いで4つの異なるレベルに分類することができる。

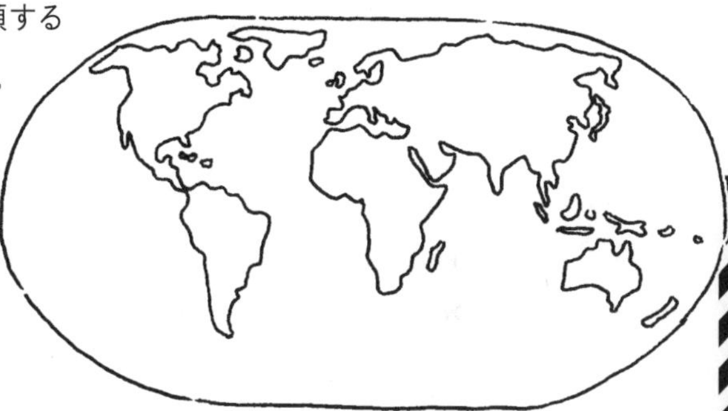

クラス1

　これは低レベルの大発生で、しばしば第三世界の国や第一世界の辺境域で発生する。

　このクラスにおいて発生するゾンビの数は1体から20体程度だ。犠牲者となる人間の数は（感染した者も含め）1人から50人ほど。発生の期間は、最初の犠牲者が出てから終息まで（わかる限りで）24時間から14日間だ。感染域は狭い範囲に限られ、半径20マイル[36キロメートル]を超えることはないだろう。多くの場合、自然の境界線がその範囲を規定することになる。

　必要な対応は軽度のもので、もっぱら市民自身か、地元の警察組織が加わることで事足りる。メディアの報道はあったとしても小規模だろう。報道を探すのであれば、よくある「一般的な殺人事件」か「事故死」が要注意だ。

これは最もよく起こるタイプの大発生で、誰にも知られることなく終わることも多い。

クラス2

都市部、あるいは人口が集中している辺境域で起きた大発生が、このレベルに含まれる。

ゾンビの総数は20体から100体。犠牲者数は数百人に達するかもしれない。クラス2の発生期間は、クラス1の大発生以下となることもある。大量のゾンビが現れた場合、素早い対応を誘発するからだ。辺境域においては、まばらに人口が散っているために感染拡大範囲は半径100マイル[160キロメートル]に及ぶこともあるが、都市部での大発生においては、数ブロックの範囲に限定されることもある。

抑制するためにはよく組織化された行動が必要だ。市民による連携行動は、地元の、州の、あるいは連邦レベルでの警察機構の行動に取って代わられるだろう。アメリカにおいては州軍、海外ではそれに相当する軍事組織の介入がないか注意せよ。たいていの場合、こうした組織はパニックを抑制するために、医療補助、群衆整理、輸送支援などの非軍事的な対応をとることになる。

クラス2の大発生はいつどこで発生してもほぼメディアの注目を集めることとなる。世界と完全に隔絶された地域や、メディアの活動が厳しく弾圧された国家でない限り、報道は行われるだろう。これはしかし、必ずしも事実が報道されることを意味しない。

クラス3

正真正銘の危機だ。

他の何にも増して、クラス3の大発生こそが、生ける屍者によって引き起こされる脅威の真の姿なのである。ゾンビの数は数千体にのぼり、感染は数百マイルに広がる。襲撃の続く期間と、それを片付けるために要する長さは数カ月にも及ぶ可能性がある。

もはや報道の差し止めや隠蔽は不可能だろう。メディアが注目しなくとも、大発生の中心部分から周囲に向けて目撃者たちが増えていく。

これは全面戦争であり、警察機構に代わって正規の軍隊が介入する。感染地域やその周辺には非常事態宣言が出されるだろう。戒厳令、移動の制限、食料配給制、連邦政府の介入、厳しい通信の監視が予想される。こうした処置が効果を発揮するにはしかし、時間がかかる。初期の段階においては、権力者が危機を把握し、制御できるようになるまで混沌が続く。暴動、略奪、拡大するパニックが状況把握を困難にし、効果的な対応をさらに遅らせることになる。この間、感染域にいる生存者の命は、不死者の手の内にあるだろう。隔離され、見捨てられ、グールに囲まれ、頼りになる者は自分たち自身よりほかにない状況である。

クラス4

(《ゾンビの支配する世界で》の章を参照:223-262ページ)

大発生の探知

その規模に関わらず、あらゆるゾンビの大発生には始まりがある。ここまででゾンビというものを理解しただろうから、次は早期に気づく方法を知るべきだ。どれだけゾンビについての知識があっても、大発生の始まりを知るのが遅れては役に立たない。といっても地下室に「対ゾンビ指揮所」を作ったり、地図に発生位置のピンを刺したり、短波ラジオの周りに集まったりする必要はない。必要なのは、訓練を積んでいない者が見逃してしまうような、ゾンビ発生の兆(きざ)しを見つけることだ。兆候は以下のようなものである。

1. ヘッドショットあるいは断首による殺人

大発生の開始に直面した人間が、自分たちで大発生を解決しようとした結果、幾度も起きたことである。たいていの場合、こうした人々は当局によって殺人犯として告発、起訴されることになる。

2. 行方不明者、特に荒野や住人の少ない地域におけるもの

捜索チームまでもが行方不明になっていないかどうか、確認を怠ってはならない。もし事件が映像や写真付きで報道されたなら、捜索チームの装備がどれほどのものだったか見極めよ。1グループに1人以上の射撃手が帯同していたら、それはもはや単なる救助活動ではない可能性が高い。

3. 家族や友人に対して、武器を使わず「狂乱して暴力」をふるったという事件

襲撃者が犠牲者に噛みついた、あるいは噛みつこうとしていたかどうかも確認せよ。もしそうなら、犠牲者たちはまだ病院にいるか? 犠牲者が噛みつかれて数日のうちに謎の死を遂げていないかどうか調べあげろ。

4. 暴動など市民による騒乱事件が、何らかの扇動や、その他、理解できる原因なしに起こったとき

一般常識から言えば、どんな市民層による暴動行為も、単純な人種間の緊張、政治行動、法の解釈の問題などの火種なしには、起こったりはしない。いわゆる「集団ヒステリー」ですら、たいがいその原因を特定できるものだ。それがわからないなら、答えは別のところに眠っているかもしれない。

5. 原因が未特定、あるいは極めて疑念が残ったりする、疾病による死亡事件

1世紀ほど前と比べ、工業化された現代においては感染病による死は稀だ。それゆえ、新たな流行病はたいていニュースで取り上げられる。正確な災害の原因が説明されないケースに目を光らせろ。また、「西ナイル熱」の流行だとか「狂牛病」災害といった疑わしい説明も警戒せよ。隠蔽工作の可能性もある。

6. 上記のいずれかについて、メディアの報道が禁じられている状況

すべての報道機関が停止してしまうようなことは、アメリカではめったに起こらない。もしそんなことが起きたなら、緊急警報が発せられたも同然と考えるべきだ。もちろん、原因は生ける屍者の襲撃以外のことかもしれない。しかし、いずれにせよ政府が、我々やメディアの注目を断ち切ろうとしているなら、警戒すべきだ。ゾンビであろうがなかろうが良い状況ではありえない。

もし事件がセンサーに引っかかったら、追い続けろ。場所と、自分の居場所からの距離を記録せよ。似たような事件がその周囲や近辺で起こっていないか気にかけろ。もし数日、あるいは数週間以内に起きていたら、より慎重に調査せよ。警察や政府機関の対応を記録しろ。事件の度に、対応が強硬になっているのであれば、大発生が広がり続けていると考えられる。

第2章

武器と戦闘技術

WEAPONS AND COMBAT TECHNIQUES

少なくとも15人から20人はいた。男も女も、ガキも。俺たちは70メートルか80メートルの距離で発砲を開始した。奴らの体から肉片が飛び散るのが見えたぜ。銃弾は間違いなく当たってた! それでも向かってきた、奴らはこっちに向かい続けてきた!

俺は奴らのうち1人に狙いを定め、BXPサブマシンガンのフルバーストを浴びせた。脊髄が砕けるのがわかった。そいつは枯葉のように倒れたからだ。だが、足をけいれんさせながら、そいつは俺の方に這い寄ってきやがる! 20メートルまで寄ってきたところでVektor(ベクター)ピストルを撃ち込んでやった。無駄だった! 奴の背中じゃ内臓が弾け骨が砕けてた。文字通り手足はもげてやがった。

SS77を知ってるか、史上最高の機関銃で、秒速840メートル、1分間に800発、それでも効果なしだ! グレネードでどうにか片付けたのは1人だけ。1人だけだぞ! そいつの体はめちゃくちゃに潰されて動かなくなってたが、首だけはまだ歯を鳴らしてやがった!

□(名前は伏せる)がRPGをぶっ放した。あの糞ロケットは奴ら「柔らかい」目標を貫通して、背後の岩まで飛んで行っちまった!

とうとう距離は5メートル、俺たちは火炎放射器に残った最後の燃料を使った! あの糞野郎どもは松明みたいに燃え上がったが、止まりゃしねえ! [redacted](名前は伏せる)が奴らの1人に捕まり、火に包まれながら首筋に噛みつかれた。俺たちがジャングルに逃げ込んでる途中に見たのは、奴らが集団で[redacted]を取り囲んでる姿で、燃える体が屈み込んで、叫びを上げる[redacted]を引き裂いてた。

くそったれ、どうにもなりゃしねえだろ!?!

——ザイール内戦に参加したセルビア人傭兵、1994年

適切な武器を複数(決してひとつだけを持ち歩いたりしてはいけない)選択することで、ゾンビの屍体を積み上げることになるか、奴らの一味になってしまうかの違いが生まれる。

不死者との戦いでは、スーパー兵士のような戦い方を想像してしまいがちだ。手に入る限りの最もでかくて強い武器で、奴らを「ぶっ飛ばす」というわけである。これはただ愚かだというだけではない——自殺行為だ。ゾンビは、逃亡する戦争捕虜の娯楽映画に出てくる、最初の見せ場で一網打尽にされる、間抜けな警備兵のような存在ではない。

ゾンビとの遭遇戦に備えて武装するためには、慎重な考察力、冷静な頭脳、そして関連する要素を実用的に判断する能力が必要とされる。

一般則

1. 法を遵守せよ!

銃火器や爆発物などの武器所持に関する規則は、各人の住む地域によって異なる。厳守すること。罰則は、重い罰金から収監にまで至るだろう。

犯罪歴によって行動の選択肢を制限されることは致命的だ! 屍者が蘇ったときには、警察からは信頼できて監視の必要がない模範的な市民として扱われるべきであり、事件が起きるとまず疑われるような経歴の持ち主と思われるのは好ましくない。

幸運なことに、この章を読めば

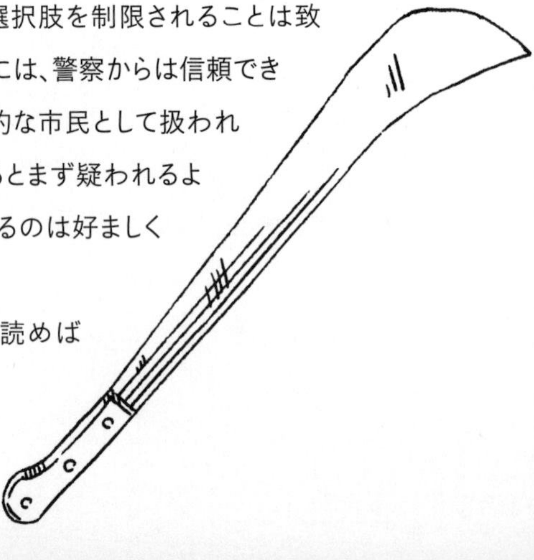

わかるように、単純で法に触れない武器のほうが、軍隊仕様の重火器などよりも役に立つのである。

2. 定期的な訓練を怠るな

単なる山刀(マチェット)からセミオート・ライフルまで、どの武器を選んだかに関わらず、自身の体の延長となるようにしなければならない。

できる限り頻繁に訓練をせよ。教えてくれる講座があるなら、ぜひとも参加すべきだ。資格を持つインストラクターに教えを受けることで、時間とエネルギーを大いに節約できるだろう。

分解できるタイプの武器を使っているのならば、すべてのピン、バネ、部品の曲面や角面の手触りを覚え、明るくても完全な暗闇でも分解と組み立てができるようにしておけ。

練習を重ねることで、ゾンビとうまく戦うために必要なふたつの能力、経験と自信を成長させることができるだろう。歴史が証明しているように、よく訓練された者は、たとえば岩のような原始的な武器しか持たなくとも、現代技術の粋を集めた武器を持つ素人よりも生き残る可能性が高い。

3. 武器の手入れをせよ

どれだけ単純なものだろうと、武器は生き物のように扱うべきだ。

銃火器を扱った経験があれば、点検とクリーニングが重要な通常使用手順の一部なのだと知っているだろう。これは近接戦闘用武器にも当てはまる。刃物は油を差して錆止めをする必要がある。柄の部分もチェックと手入れが必要だ。武器を酷使したり、不必要なダメージにさらしたりしてはならない。

可能なら、定期的に経験豊富なプロにチェックしてもらうことだ。こうした専門家たちは素人には発見できない軽微な不具合を見つけ出してくれるかもしれない。

4. 模造武器には注意せよ

多くの会社が刀剣や弓などの様々なレプリカ武器を販売しているが、単なる飾り物としての機能しかない。

自分の選んだ武器が実際の使用に堪えうるものなのか、常に抜かりなく、確実に調べておくことだ。簡単に売り手の言うことを信じてはいけない。「戦闘用」と書いてあっても、芝居や歴史劇での数回のチャンバラに耐えるようにしかできておらず、生きるか死ぬかの場面では一撃で真っぷたつに折れてしまうかもしれないのだ。もし予算が許すなら、複数を購入して、ひとつが壊れるまで使ってみるといい。その武器の能力に信頼を置くのはそれからだ。

5.「第一の武器」を磨き上げろ

しっかり手入れと訓練を施した人体こそが、世界最強の武器である。

アメリカ人の乱れた食生活と運動不足、そして面倒をはぶく技術への信仰は悪名高い。「カウチポテト族」という言い回しは、「家畜」と言い代えたほうが理解しやすい。太って、怠惰で気だるそうで、そして、いつかは殺されて喰われる。

我々の肉体という生物学的ツールこそが、誰にとっても第一の武器である。この武器を磨き上げれば、哀れな餌食(えじき)を捕食者へと変身させることができるし、そうしなければいけないのだ。厳しい食事制限と肉体鍛錬を心がけろ。単純に筋力を強くすることよりは、心肺(しんぱい)機能を強化することに集中せよ。健康状態のわずかな変化にも気を配れ。アレルギーくらいしか持病がなくても、きちんと治療を受けろ! しかるべき状況が来たときに、自分の肉体がどこまで動くのかを、しっかり把握しておかなければならない。

少なくとも1種類の格闘技を習い、習熟せよ。そして、攻撃するよりは敵の拘束から逃れることに重きを置け。ゾンビのしがみつきから逃れる術は、近接戦闘において最も重要な技術だ。

近接戦闘

どんなときも近距離での戦いは避けるべきだ。ゾンビは敏捷さに欠けるので、走って(あるいは早足で)逃走するほうが、立ち止まって戦うより簡単だからである。

とはいえ、近接距離でゾンビを撃退しなければならないこともままある。そうした状況では、一瞬のタイミングがすべてを分ける。誤った動作をしたり、わずかなためらいを見せたりすれば、冷たい手が腕をつかみ、折れかけた鋭い牙が肉に食い込むのを感じることになるだろう。

以上のような理由から、近接戦闘における武器の選択は、この章の他のどの箇所よりも重要である。

1. 殴打武器

鈍器を戦闘に用いるにあたって、最終的な目的は脳の破壊である（忘れるな、ゾンビを殺す唯一の方法は脳を破壊することだ）。だが、言うは易く行うは難し。人間の頭蓋骨は、自然界で最も頑丈で耐久性のある部位のひとつなのだ。むろん、ゾンビの頭蓋骨についても同様だ。

頭蓋骨を粉砕し尽くすどころか、骨折させるにも強力な力が必要だ。とはいえたったの一撃で、しかも正確な位置に打撃を加えなければならない。目標を外したり破壊するのに失敗したりした場合、チャンスはもうないと思え。

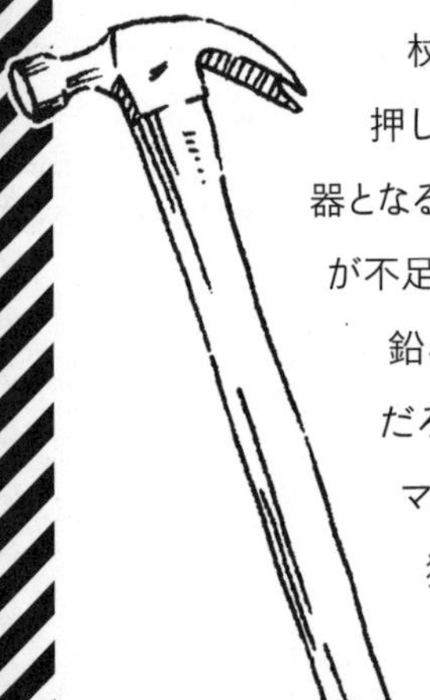

杖や斧の柄、その他の木製の棍棒は、ゾンビを押しのけたり一対一の戦いに用いるのならいい武器となるだろう。だが、一撃で仕留めるには重量と強度が不足している。

鉛パイプは一度きりの戦いならばうまく機能するだろうが、持ち歩くには重すぎる。建物解体用ハンマーも同様の欠点を持つうえに、動き回る標的を狙うには練習が必要だ。

アルミ製の金属バットは軽量で、数度なら戦えるが、すぐに曲がってしまい長くは使えな

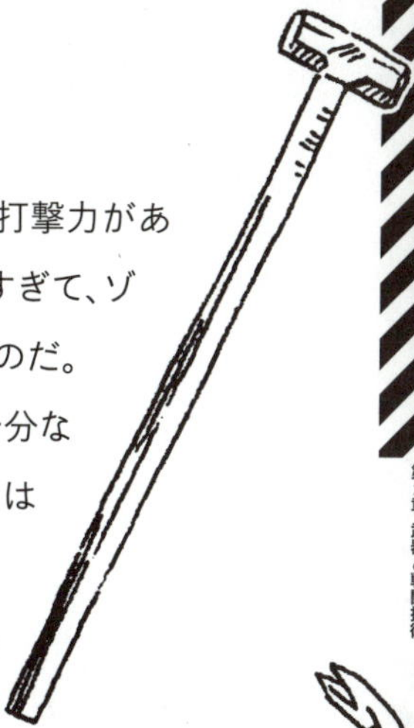

いという問題がある。

一般的な大工用の片手ハンマーは十分な打撃力があるが、リーチが極めて限られている。柄が短すぎて、ゾンビに腕をつかまれ、引きずり込まれてしまうのだ。

特殊プラスチック製の警棒は多くの場合十分な攻撃力があるが、一撃で致命傷を与える力には欠けている[**注:もともとそのように作られている**]。

最高の殴打武器は、鋼鉄製のクギ抜き(バール)だ。比較的軽量で耐久性があり、長引く近距離戦で用いるには理想的といえる。湾曲し尖った先端部によって、一撃で眼窩を突き刺しそのまま脳を破壊することすらできる。何人もの生存者が、この方法でゾンビを倒したと証言している。クギ抜き(バール)のさらなる利点は、ドアをこじ開けたり重いものを動かしたりといった本来の用途にも使えることだ。これまでに述べた他の武器では同じことはできない。チタン製のクギ抜き(バール)は、軽量さと耐久性で鋼鉄製のクギ抜き(バール)より勝っており、東欧諸国や旧ソ連から西側諸国に広がりつつある。

2. 刃を持つ武器

いかなるタイプの刃物にせよ、鈍器に比べ有利な点と不利な点とがある。

強力な刃であっても、頭蓋骨を直接割ろうとすると長持ちしない。そのため刃物での攻撃は、切断、特に断首が、鈍器での頭部攻撃と同じ意味を持つ[注:切断されたゾンビの首は噛みつく力を残しているため、まだ脅威として扱うべきだ]。

切断するための武器が鈍器に比べ勝っているのは、必ずしもゾンビを殺害しなくてもいいという点である。ときには手足や脊髄を切断することで、不死者の襲撃を食い止めることが可能だ[注:手足を切断することで、切断面からウィルスが拡散し感染する恐れもある]。

民間用の斧はゾンビの頭蓋骨を容易にかち割り、一振りで骨も脳も叩きつぶすことが可能だ。断首についても同様に容易で、それゆえに斧は何世紀も処刑人たちに愛用されてきたのである。しかし、動き回る相手の首を狙うことは困難だろう。さらに、繰り出した一撃が外れたならば、完全に体のバランスを失う危険も伴う。

より小さなものでは、片手用のナタは最後の手段としては有用な武器だ。壁際に追い詰められて大型の武器が振り回せないときには、ナタの一撃こそ相手にとって脅威となるだろう。

刀剣は理想的な斬撃武器だが、すべての種類がそうとはいえない。フルーレ、レイピア、あるいはそれに類したフェンシング用の武器は切り裂くのには向いていない。こうした武器の唯一の使用法は、眼窩に直接突き刺し、脳に素早くひねりを加えた一撃を与えることだ。しかし、この動作を成功させた例は一度きりで、しかも達人によるものだったため、推奨はできない。

片手用のロングソードは、ドアを開ける、盾で体を守るなど、空いた手で別の動作を行うことが可能である。欠点は振り回す力の不足だ。片手だけでは、頸骨をつなぐ軟骨を切り裂くだけの力を得られないだろう。もうひとつの欠点は、攻撃精度がひどく下がってしまうことだ。

生きた敵に対してなら、体のどこかに新しい傷をつけることは何らかの意味を持つだろう。しかしこの場合、首への正確な一撃以外は意味をなさない。

両手持ちの刀剣は完璧な断首を成し遂げるための力強さと正確さとを持ちあわせており、刀剣の中では最適の選択だろう。このタイプの武器としては、日本の侍が持つ刀が第一に挙げられる。その重量(3〜5ポンド[1.4〜2.3キログラム])は長期間の戦いに向いており、最も硬い天然の筋骨をも切り裂くことができる。

至近距離での戦いには、短い刃の武器が有利である。古代ローマ軍の用いたグラディウスもひとつの選択肢だが、戦闘に耐えうるレプリカを見つけるのは至難の業だ。

日本の忍者刀は両手でも扱える柄を持ち、純正のものは焼入れ鋼を使用していることで知られる。どちらの要素も、忍者刀を優れた武器たらしめている。

一般的な山刀(マチェット)は、その大きさ、重さ、使いやすさにおいて、おそらくは最高の選択肢と言える。可能ならば、陸軍の払い下げ品店でよく売られている軍用のものを手に入れよ。軍用品はより高い品質の鋼鉄で造られていることが多く、黒くツヤのない刃は夜間の隠密行動に向いている。

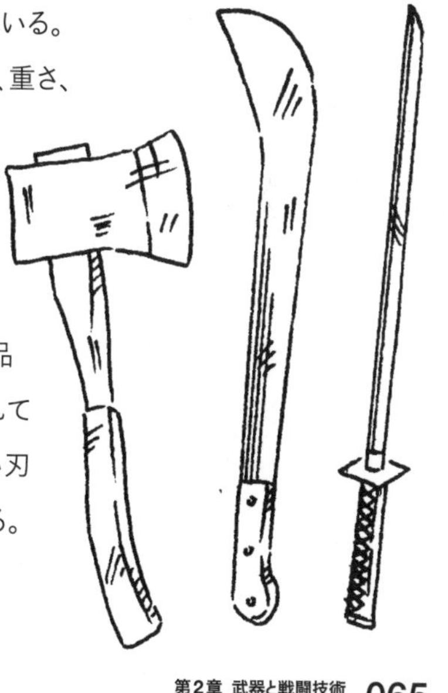

3. その他の手持ち武器

槍、矛、三叉矛(トライデント)などは、致命傷を与える必要はないが、ゾンビを串刺しにし、間合いをとりたい場合には役立つ。遠い距離から眼窩を突き刺すのは、可能とはいえ難しい。中世ヨーロッパのハルバード（斧と槍の合成武器）は敵を薙ぎ払う用途に用いることも可能だろうが、この武器もまた、ゾンビの首をはねるには高い技術と練習が必要とされる。こうした武器は鈍器のように使ったり、敵を遠ざけておくため振り回す以外にはあまり役に立たない。

トゲのついた球を鎖で柄に結んだモーニング・スターや「フレイル」は、クギ抜き(バール)と似たようなダメージをより劇的な方法で与える。使用者は持ち手を大きく回転させながら振り回し、敵の頭蓋を破壊するのに十分なだけの回転モーメントを球に与える。この武器を使いこなすにはかなりの技量が必要なので、使用はすすめられない。

中世ヨーロッパで使われていたメイスは、一般的な家庭用ハンマーと似たような機能を持つが、使い勝手の点では劣る。メイスはドアや窓を開けるテコとして使ったり、ノミの尻を叩いたり、釘を打ったりはできない。こうした用途に使おうとしたら、誤って怪我をするもとになるだろう。この中世の武器を持ち歩くのは、他に選択肢がない場合だけにせよ。

多くの場合、ナイフは幅広い状況において様々な用途で役立つ道具だ。ナタとは違って、ゾンビを殺害する場合にはこめかみ、眼窩、首の付け根を刺突しなければならない。だが一方、通常ナイフはナタよりも軽量で、それゆえ持ち運びに適している。ナイフを選ぶ場合、刃渡りが6インチ［約15センチメートル］以下かどうか、いつでもすぐ取り出せるかどうかに留意せよ。サバイバルナイフによくあるノコギリ状の刃を持つタイプは、敵の肉に食い込んで抜けなくなることがしばしばあるため避けろ。ゾンビのこめかみにナイフを深々と刺し、振り返ったらさらに3体のゾンビが現れたが、ナイフが抜けない、そんな状況を想像してみるといい。

トレンチ・スパイクこそが、間違いなく世界最高の対ゾンビ用携行武器である。この武器は長さ7インチ［約18センチメートル］の刺突用の刃と、ブラス・ナックルを取りつけた柄からなっている。第一次大戦中、数フィートの幅もない塹壕（トレンチ）の中で、兵士たちが至近距離での凄惨な殺し合いを繰り広げるうちにこの武器は産まれた。下向きに突き刺して敵の鋼鉄製ヘルメットを貫くために特化して作られているのである。この武器がどれほどゾンビに対して有効か、想像に難くないだろう。使用者はやすやすとゾンビの頭蓋骨を貫き、滑らかに素早く引き抜くことが可能なため、即座に他のゾンビの脳に突き刺すか、少なくともブラス・ナックルのついた持ち手で顔面を殴り倒すことができる。オリジナルモデルは極めて珍しく、おそらくは博物館や個人のコレクターの手元にしかないだろう。しかし、詳細な設計図を見つけることができたら、1、2本、耐久テストを経た模造品を作っておけば、決して後悔することのない投資になるだろう。

少林刃（シャオリン・スペイド）――これは対ゾンビ武器庫の中でも特別な注意を惹く一品だ。外見は一風変わっている。6フィート［約1.8メートル］の硬い木製の杖の先端に、平らな釣り鐘形の刃がついており、反対側の先には外向きに反った三日月形の刃がある。この武器のルーツは、中

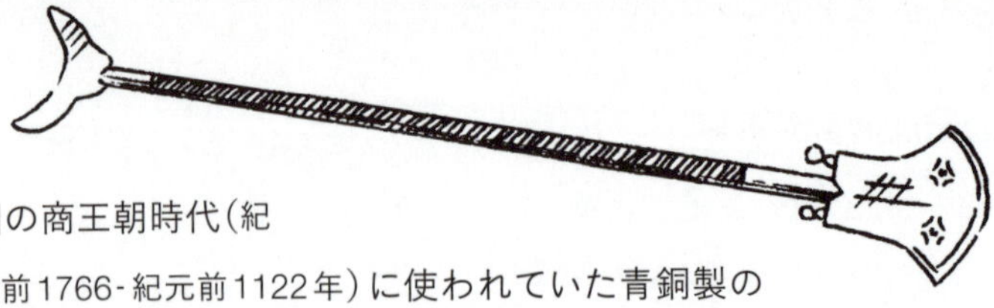

国の商王朝時代（紀元前1766-紀元前1122年）に使われていた青銅製の農具にまで遡ることができる。仏教が中国に伝来した頃、少林寺の僧は武器と農具との両方として少林刃（シャオリン・スペイド）を用いた。この武器が生ける屍者に対して非常に効果的なことが何度も証明された。どちらの側の刃でも、突き出して使うことで相手の首を即座に切り落とすことができるうえ、リーチの長さゆえに使用者は安全なままなのだ。この長さのため屋内での戦闘には向いておらず、そうした状況での使用は避けるべきである。しかしながら屋外の広い空間においては、槍のようなリーチの長さによる安全性と日本刀のような殺傷力の両面を持ちあわせた少林刃（シャオリン・スペイド）に勝る武器はない。

世界中には様々な手持ち武器が存在し、著者に与えられた限られた紙数ではすべてについて個別に議論はできない。そこで、いい武器になりそうな工具や道具を見つけたならば、以下のような質問を自分自身にしてみてほしい。

❶一撃で頭蓋骨を破壊できそうか？
❷もしできないなら、一撃で首を落とせそうか？
❸扱いやすいか？
❹軽量か？
❺耐久性はあるか？

質問❸、❹、❺は置かれた状況次第で許容範囲が変化する。だが、質問❶と❷は非常に重要だ!

4. 電動工具

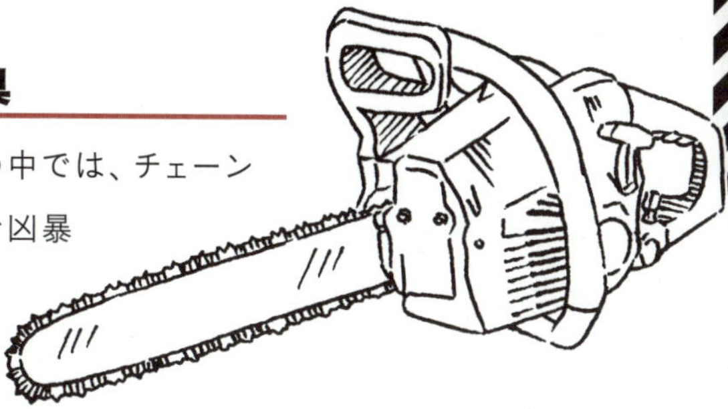

フィクションの中では、チェーンソーの脅威的で凶暴な力が見せつけられてきた。稲妻のように素早く回転するノコ刃は肉も骨もやすやすと切り裂き、他の非電動武器の扱いに必要な腕力や高い技術も不要。そのエンジンの唸りは使用者を勇気づけるだろう——絶望的な恐怖に囲まれた状況では、重要なことだ。どれだけ多くのホラー映画で、この刃に触れた者が葬られてきたことか。だが現実には、チェーンソーやそれに類した機械工具は、対ゾンビ武器としては極めて低いランクに位置づけられる。

第一に、燃料は有限だ。使い切ってしまったら、手持ちのステレオセット程度の防御力しか持たない。予備の燃料やバッテリーを持ち運ぼうとすれば、次の問題に突き当たる。重量だ。一般的なチェーンソーの重量は10ポンド[4.5キログラム]ほどだが、2ポンド[900グラム]の山刀（マチェット）と比較してみろ。わざわざ疲労を増やすこともないだろう。

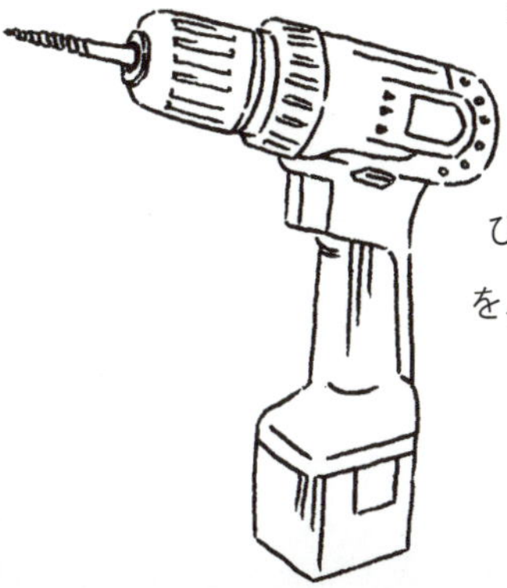

安全性も考慮に入れるべきだ。ひとたび手が滑れば、回転する刃が自分の頭蓋骨を、敵の頭蓋骨と同じくらい簡単に真っぷた

つにするかもしれない。他の機械と同様に、騒音もまた問題だ。チェーンソー独特の唸りは、たとえ一瞬だけ駆動させたとしても、周囲にいるすべてのゾンビに「夕食ができたぞ!」と叫んでいるのに等しい。

投石器・弓矢

一般的に、弓矢や投石器のような、銃火器以外の射出武器はエネルギーと資金の無駄だと考えられている。ほとんどの場合はそのとおりだ。だが、こうした武器を適切に使用することで、遠距離から静かに、あるいは無音で敵を殺害することが可能である。

感染区域からの逃走中に建物の角を曲がったとき、グールが1体いて逃げ道をふさいでいたらどう対処する? 手持ち武器で攻撃するには遠すぎる。近づく前に、うめき声が居場所を他のゾンビに知らせてしまうだろう。銃器を発射すれば、もっと大きな音がしてしまう。どうすればいい?

こうしたケースでは、音を立てない確実な武器こそが唯一の選択肢だ。

1. 投石器

聖書のダビデとゴリアテの物語で有名なこの武器は、先史時代からの遺産の一部だ。

使用者は滑らかな丸石を薄い革ヒモの幅広くなった中央部にのせ、両端を握ったら、素早く繰り返し回転させ、ヒモの片方の端を離すことで目標に石を投げつける。理論的には、30歩以内の距離ならゾンビに無音のヘッドショットを決めて殺害することが可能だ。しかし、数カ月にわたる訓練を積んだ者でさえ、この距離での命中率は1割程度にとどまる。経験のない者は、直接手で石を投げたほうがマシだろう。

2. スリングショット

いわゆるパチンコ。革紐を使っていた頃から時は流れ、近代のスリングショットは、祖先である投石器と比べて少なくとも10倍は精度が高い。

ただし攻撃力は不足している。近代のスリングショットから発射される小さな投射物は、非常に近距離でもかなり威力が小さく、ゾンビの頭蓋骨を貫く力に欠ける。この武器を使っても、グールに自分の存在を知らせることにしかならないだろう。

3. 吹き矢

毒物は不死者に対して何の効果もないので、こんな武器はさっさと捨ててしまえ。

4. 手裏剣

いくつもの突起を持つこの小さな武器は、封建時代の日本で人間の頭蓋を刺し貫くために用いられていた。鋼鉄で作られており、輝く星の平面的な姿に似た形状から「投げる星（スロウイング・スターズ）」とも呼ばれている。

熟練者の手にかかれば、たやすくゾンビを打ち倒せる武器になる。しかし他の多くの武器と同じく、使いこなすには高度な熟練が必要である。この技術の数少ない達人でもない限り（両手で数えるほどしか残っていない)、こうした奇抜な武器の使用は控えるべきだ。

5. 投げナイフ

手裏剣と同様、この短距離用の手投げ武器の訓練には、人間の体のような大きな的に命中させるならば数週間、人間の頭のような小さな的ならば数カ月を要する。確実にゾンビを殺害できるのは、ごく一部の達人だけだろう。

それ以外の武器が使えるなら、訓練のために時間と労力をつぎ込むのはそちらにしておいたほうが生産的だ。忘れないでほしいのだが、学ぶべき技術は山ほどあるが、時間は限られている。優先度の低い武器の扱いに習熟するために、貴重な時間を無駄にするようなことをしてはいけない。

6. ロングボウ、コンパウンドボウ

率直に言って、矢でゾンビの頭部を撃ち抜くのは極めて難しい技術だ。コンパウンドボウに近代的な照準装置をつけても、経験を積んだ射手でなければ直撃は難しいだろう。

この武器の限られた有用な使い方は、矢を焼夷弾として用いることである。遠距離から静かに着火したい場合、火矢ほど最適なものはない。この戦法で、実際に多くのゾンビに火が放たれてきた。的となるゾンビは体に刺さった矢を引き抜くだけの知恵を持ちあわせておらず、状況によっては火が消える前に仲間のゾンビも巻き込

んで炎上することだろう。（より適切な使用法は〈火炎〉の項を参照：88-91ページ）

7. クロスボウ

近代のクロスボウの威力と命中精度は「ボルト」（クロスボウ用の矢）をゾンビの頭蓋骨に4分の1マイル［400メートル］先から貫通させられるほどだ。「完全無音の殺し屋（パーフェクト・サイレント・キラー）」と呼ばれているのも不思議ではない。

射撃の技術は重要だが、ライフルほどではない。再装填には時間と腕力が必要だが、それほど重要な問題ではない。クロスボウは狙撃手の武器であり、群れ迫る敵を食い止める武器ではないのだ。

1体のゾンビを狙う場合にのみ用いよ。さもなくば、ボルトを再装填する時間もなく発見されて捕らえられ、バラバラに喰いちぎられるかもしれない。ボルトは、先端が三角形のものでも銃弾形のものでもかま

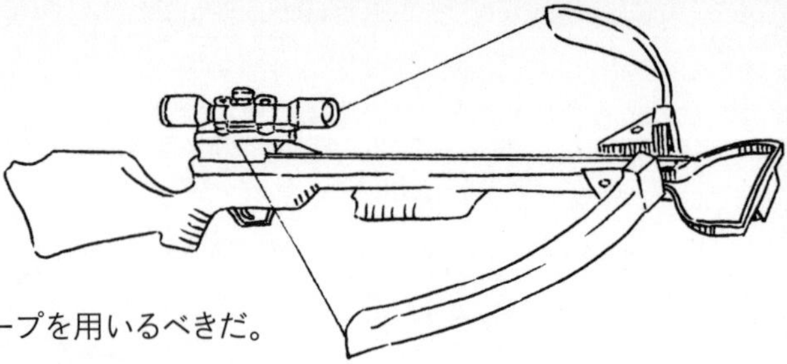

わない。さらに命中精度を高めるためには、望遠スコープを用いるべきだ。

残念ながら、良質なクロスボウは大きく重いので、片手間に持ち歩くことは難しく、主力兵器にせざるを得ない。よって、集団で遠方に移動したり、家を防衛したり、サイレンサー付きの火器がなかったりなど、状況が許す場合にのみ用いるべきだ。

8. ハンドボウ

小型の片手用クロスボウは、主力武器を補う存在となりうる。ひとつ持ち歩いておけば、必要なときにいつでも使える音のしない武器が手元にあることになる。大型のクロスボウと比べ、ハンドボウは命中精度、威力、射程距離において劣っている。より標的に接近して使わねばならないということだ。距離が近ければ襲撃される危険も増えるし、そもそも静かな武器を使う意味も減る。

ハンドボウは慎重に、機を見て用いるべし。

銃器

この本で述べているすべての武器の中で、主力に用いるための銃器ほど重要なものなどない。常にクリーニングし、常に油を差し、常に装填状態にし、常に手元に置いておけ。冷静な頭脳、落ち着いた手さばき、豊富な弾薬によって、たった１人の人間でもゾンビの軍隊と渡り合うことができる。

銃器は、様々な要素を考慮して科学的に選択せねばならない。

最終目的は、防御、攻撃、あるいは逃亡か?

どれほどの規模のゾンビ大発生に直面しているのか?

仲間はどれだけいるのか?

戦場の環境はどうなっているのか?

それぞれの銃器が異なる役割を持つ。すべてをこなせる武器はない。

最適な武器をひとつ選択することは、しかし、同族である人間に対して有効だった近代戦の諸兵科連合の思想とは相容れないものとなる。悲しいことに、我々はお互い殺しあうことには非常に長けている。ゾンビを殺すことについては――また別の話なのだ。

1. 重機関銃

第一次世界大戦以来、この発明が人間同士の抗争を革命的に変化させた。

機械仕掛けによって数秒の間、鉛の嵐を浴びせることができる。こうした戦術は人間同士の戦場では計り知れない効果があるものの、対ゾンビに関して言えばまったくの無駄かもしれない。思い出してほしい、ヘッドショットを狙わねばならないのである。必要なのは、１発の銃弾を正しい場所に撃ち込むことだ。

機関銃は弾幕を張るために作られており、数百発、ときには数千発の弾丸が偶然当たった１発の致命傷のために無駄になっている。機関銃でライフルのように狙いをつけることさえ(アメリカの特殊部隊が用いる戦術だ）本来の目的から外れている。しっかり狙いを定めたライフルの一撃でゾンビを撃っても同じ結果になるのに、機関銃の５点バーストで狙う必要はない。

1970年代、ある学派が好んだのが「大鎌理論」だ。機関銃を不死者の群れの頭の高さに設置し、長めのバースト射撃を行えば一気になぎ倒せるのでは、という考え方である。この主張は誤りだと証明された――かつて人間だったグールも、同じく個人によって身長差がある。数体を破壊しても、少なくとも半分は生き残ってこちらに接近してくる。

だが、胴体に与える大ダメージはどうだろうか？ 機関銃には体を真っぷたつにし、ヘッドショットを不要にするほどの威力はないのか？ そうでもあるし、そうでもない。アメリカ陸軍の分隊支援火器で一般的に用いられている5.56ミリ弾は、人間の脊髄にめり込み、四肢を切り裂き、そしてもちろん、ゾンビを真っぷたつにするくらいの威力はある。

しかしヘッドショットが不要という意味ではない。第一に、ゾンビをバラバラにできる可能性はわずかなもので、そのために多くの弾薬を無駄にしなくてはならない。それに、脳を破壊しない限りゾンビ自体はまだ生きている――手足をもがれ、動かなくなっているとしても、生きてはいるのだ。うごめく、危険性のある屍体の後片付けをする手間を、わざわざ作る必要もないだろう。

2. サブマシンガン

この武器の抱える問題は重機関銃と似たようなものだ。倒した生ける屍者の数に対して、銃弾を消費しすぎる。

しかし近距離での戦闘になった場合には、サブマシンガンを活用する余地が生じる。短い銃身はライフルより扱いやすく、ストックを用いれば拳銃よりも安定して撃ちやすい。

射撃モードは常にシングルショットに設定しておけ。前述のとおり、フルオート射撃は単なる弾の無駄だ。また、肩越しに照準を合わせるよう心がけよ。腰だめでの射撃をしても、すべて外して騒音を発生させるだけに終わるだろう。

欠点は、長距離での命中精度の欠如だ。サブマシンガンは近距離での戦闘のために設計された武器であり、ライフルや突撃銃よりもゾンビに接近して用いる必要がある。

近いといっても普通なら問題にならない距離だが、サブマシンガンだけに限らず、すべての自動火器は使用中に弾詰まりを起こす危険性をはらんでいる。近距離の戦闘においてリスクを背負うことになるのだ。これがサブマシンガンを主力武器として選択すべきでない唯一の理由だ。

3. アサルトライフル

この武器はもともと、ライフルとサブマシンガンの間を埋める目的で開発され、遠距離の射撃能力と素早い発射速度の両方を兼ね備えている。こうした特徴のため、ゾンビに対して理想的な武器ではないだろうか? ところがそうでもない。射程距離と命中精度は重要だが、連射性能は必要ではない。

サブマシンガンと同じように、アサルトライフルもセミオート射撃が可能だが、これもサブマシンガンと同じようにフルオートで撃ち尽くしてしまいたい誘惑が存在する。命を賭けた戦闘の最中は、どれだけ無駄で無意味だとしても、射撃モード選択スイッチを「打ちまくれ!（ロックンロール）」に合わせてしまいがちだ。

もしアサルトライフルを主力武器として選択するなら、すべての銃器について適用できる疑問を必ず持つこと。射程距離は? 命中精度は? 対応する銃弾は容易に手に入るか? クリーニングと手入れはどれほど手がかかるか?

こうした疑問に答えるために、ふたつの極端な例について検討しておくのがいいだろう。

アメリカ陸軍のM16A1については、史上最悪のアサルトライフルだという意見が大半だ。複雑すぎるメカニズムのせいでクリーニングは難しく、弾詰まりも起こしやすい。目標までの距離によって照準器を変更せねばならないのに、釘かボールペンのような道具がないと調整できない。それらを持っていないとき、あるいはなくしてしまったときに、数ダースのゾンビがよろめきながら向かってきたらどうする?

M16A1のデリケートなプラスチック製銃床は銃剣の使用に耐えられず、バネ式の装填機構を故障させてしまう可能性すらある。これは致命的な設計ミスだ。多数のグールと戦っているときにA1が弾詰まりを起こしたとしても、最後の手段として打撃武器のように使うことはできないのである。

1960年代、M16(元はAR-15)は空軍基地の警備のために設計された。だが、軍産複合体のよくある政治的理由(ウチの兵器を買ってくれたら、あなたに投票するし選挙活動にも協力しましょう)から、アメリカ陸軍の主要な歩兵装備に採用された。ベトナム戦争初期、その戦闘記録が芳しくなかったために、共産党ゲリラすら死んだアメリカ兵から

M16を奪ったりしなかった。新たなM16A2はいくらかの改良が施されたものの、やはり二流の武器と考えられている。もし選択の余地があるなら、ベトコンに倣って無視することだ。

正反対に、ソビエト製のAK-47は史上最高のアサルトライフルと考えられている。

M16よりも重量があり(10.58ポンド[約4.8キログラム]に対して7ポンド[約3.2キログラム])、反動もかなり大きいが、頑丈かつ効率的な作りで有名である。余裕を持って設計された発射機構は、ホコリや砂で弾詰まりが起こるのを防いでいる。近接戦闘においては銃剣を取りつけてゾンビの眼窩に突き刺すことも、鋼鉄で補強された頑丈な木の銃床でゾンビの頭蓋骨をたたき割ることもできる。

模倣こそが最高の賛辞という言葉があるが、多くの国がAKのコピー品(中国製タイプ56)やデザイン調整版(イスラエル製ガリル)を採用することで賛辞を送っている。

もう一度言っておくが、アサルトライフルが生ける屍者から身を守るのに理想的な武器ではないとしても、AK-47のシリーズに命を預けるのは悪くない賭けだ。

4. ボルト/レバーアクションライフル

19世紀半ばに生まれたこの武器は、時代遅れと思われがちだ。なぜサブマシンガンが手に入るのに、ハンティングライフルを使わなければいけないのか? こうした傲慢さはまったく根拠のないもので、無批判な技術崇拝と実戦経験の欠如に基づいている。よくできたプロ用のボルト/レバーアクションライフルは、生ける屍者に立ち向かう際、最新の軍用兵器ほどではないがなかなかの防御性能を発揮する。

まず、単発式のライフルは使用者が弾丸を1発ずつしか撃てず、命中率を向上させる。この特徴のおかげで、フルオートで撃ちまくりたくなる衝動に駆られることもなく、そのため使用者の意図に関わらず弾薬を節約できる。

さらに見過ごしてはならないのは、取り扱いや銃身のクリーニングが比較的容易な点だ。ハンティングライフルは民間市場向けにデザインされている。ライフルの製造者たちは、製品が複雑すぎると売り上げに響くのをよく知っているのである。

この武器を選ぶべき最後の理由は、弾薬の入手しやすさだ。アメリカにおいては、軍の兵器庫よりもはるかに多くの民間向け銃砲店が存在し(世界の他の地域では状況が異なるかもしれない)、アサルトライフルやサブマシンガン用よりはハンティングライフル用銃弾のほうが入手は容易だ。本書の後半で述べる様々な状況のいずれにおいても、これが決定的な理由となるのがわかるだろう。

ボルト/レバーアクションライフルを選択するなら、可能ならば古い軍用品を手に入れること。民間用モデルが劣っているというわけではない——むしろその反対——のだが、ほとんどの軍用ボルトアクションライフルは、接近戦でも使用できるようにデザインされているのだ。

ライフルをこうした使い方に用いることも想定し、訓練しておけ。単に棍棒のように振り回すだけでは、軍用だろうが民間用だろうが簡単に壊れてしまう。ライフルを鈍器のように扱うためのマニュアルは入手することができる。古い戦争映画からも、どうやって弾丸を発射することなく致命的な一撃を与えられるかがわかるだろう。

軍用ボルトアクションライフルの例としては、アメリカのスプリングフィールド・ライフル、英国のリー・エンフィールド・ライフル、ドイツのモーゼル・カール98Kなどがある。これらの多くは現存し、実用に堪えうるものもある。だがその前に、対応する銃弾を入手できるかを確認せよ。軍用の高性能ボルトアクションライフルがあっても、民間用ライフルの弾薬に適合しなければ意味はない。

5. セミオート・ライフル

この武器は登場以来、優れたゾンビ・キラーぶりを見せつけてきた。

弾薬を無駄にする可能性があるため（トリガーを引くたびに弾薬が消費されてしまう）大いに自制心を必要とはする。しかし、複数の敵に対したときにはこの性能が天の恵みとなる。ある事件の記録によると、窮地に陥った女性が、襲いかかる15体のゾンビをたった12秒ですべて射殺したという!（《ゾンビ襲撃記録》の章、〈1947年 カナダ、ブリティッシュコロンビア州ハービー〉を参照：322ページ）。この話は、セミオート・ライフルの潜在能力を浮き彫りにしている。

近接距離での戦闘や逃亡中の人間にとっては、大型のライフルではなくセミオート・カービン銃も同様の機能を発揮する。半分程度の射程距離しかないとはいえ、カービン銃は軽量で持ち運びやすく、より小型の弾薬が使える傾向にある。どちらのタイプにせよ、状況次第でとても役に立つだろう。

セミオートの銃器を使うならば、第二次世界大戦中のM1ガーランド、あるいはM1カービンが、多くの点で現代の武器よりも優れている。驚くべきことのように聞こえるかもしれないが、こうした古い軍用兵器は史上最大の闘争を生き抜くために設計されたのである。その仕事を立派に果たしただけではなく、M1ガーランドは朝鮮戦争のときまでアメリカ陸軍の主要武器として生き残り続け、M1カービンはなんとベトナム戦争の初年度まで使用されていた。

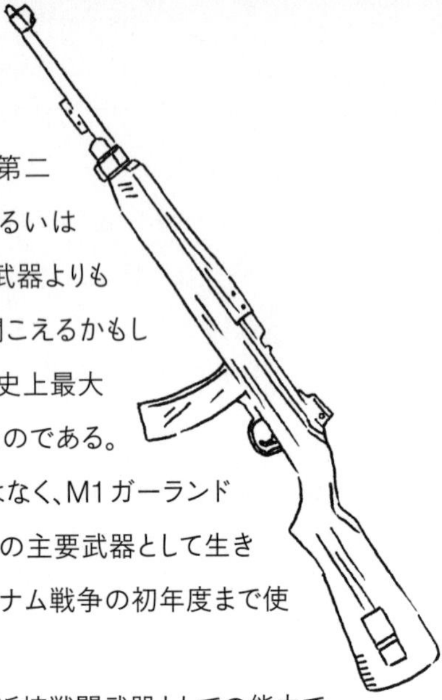

M1ガーランドのさらなる利点は、近接戦闘武器としての能力である(第二次世界大戦中、銃剣の使用はまだ戦闘の重要な手段と考えられていた)。

もはや生産されていないとはいえ、多くのM1ガーランドと弾丸が使用可能な状態で入手できる。M1カービンは、驚いたことにまだ生産が続いている。その軽量さと短い銃身は、室内戦闘や徒歩での長距離移動といった用途に素晴らしく適合するのだ。

また、より近代的な選択肢としてルガー・ミニ30やルガー・ミニ14、中国製タイプ56(旧ソビエト製SKSカービンのコピー品。同名のアサルトライフルと混同しないように)などがある。

しっかりと己を律することができるのなら、セミオート・ライフルより優れた武器は見つからないだろう。

6. ショットガン

近距離における人間相手の遭遇戦では、この武器が覇権を握る。生ける屍者が相手の場合にはそうもいかない。

強力な12ゲージ弾筒のショットガンは、ゾンビの頭を文字通り吹き飛ばす。しかし射程距離が長くなるほど鉛の粒は広範囲に拡散し、頭蓋骨を貫通する可能性が低くなってしまう。スラグ弾を使えば遠距離においてもライフルと同様の効果が得られる(銃身の長さが十分かどうかによる)が、それならライフルを使ったほうがよいのでは?

ショットガンの持つ強みとは、そのストッピング・パワーである。拡散する弾丸は強固な壁のように働くが、対してライフルの銃弾は目標を貫通するか、完全に外れてしまうかだ。壁際に追い詰められたときや、逃亡中で時間を稼ぎたいときには、ショットガンの一撃でゾンビを広範囲にわたって攻撃することができる。

ショットガンの欠点としては大型なこと、12ゲージの弾筒が大きすぎることなどで、移動するときや他の装備で物資を置く場所がないときには厄介だ。長距離を旅する場合にはこのことを十分に考慮する必要がある。

7. 拳銃

アメリカ人は拳銃に特別な思い入れがある。多くの映画、テレビ番組、娯楽小説、マンガにもしばしば登場してきた。西部劇の保安官から現代都市の刑事まで、ヒーローはいつでも拳銃を持ち歩いていた。ギャングスタ・ラップにも登場するし、自由派と保守派はそのことで争ってきた。親たちは子供から銃を遠ざける一方、製造者は莫大な

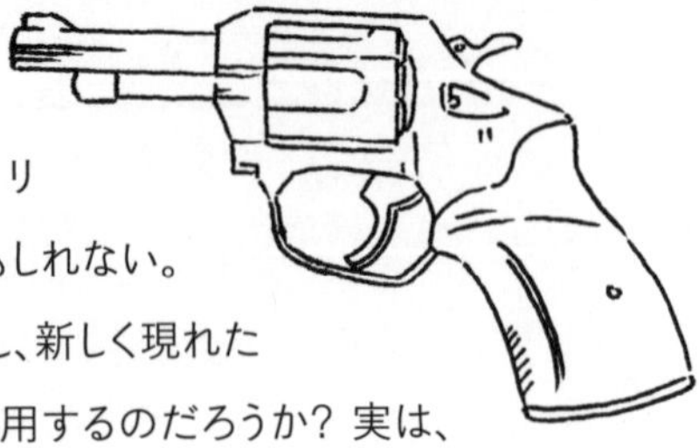

財産を築いてきた。ひょっとしたら、自動車よりも拳銃のほうがアメリカの代名詞としてふさわしいのかもしれない。

このアメリカ文化の象徴はしかし、新しく現れた捕食者の群れに対してどれほど通用するのだろうか？ 実は、たいして役に立たない。

空想上のヒーローと違い、一般人が標的を正確に撃つのは難しく、それが動くゾンビの頭のように小さいものなら言うまでもない。ゾンビとの戦いによる著しいストレスの下での命中率は、ゾンビとの交渉が成功するのより多少マシ、という程度だ。研究によって、銃による無駄な傷の割合が明らかにされた。つまり、ゾンビに当たったが効果のなかった銃弾は、拳銃で73パーセントだった。レーザーサイトの使用で命中率は上がるが、手の震えを止める役には立たない。

極限状況下においてこそ拳銃は重宝する。ゾンビにつかみかかられた場合、拳銃は命の恩人となりうるのだ。銃口を敵のこめかみに押し当てて引き金を引くことで、何の技術もいらずに殺害できる。

小さく軽量で持ち運びしやすいことから、拳銃は予備の武器としては多くの場面で魅力的である。もし主力武器がカービン銃なら、拳銃と銃弾を共有して荷物を軽量化できるだろう。

こうした理由から、グールに立ち向かうときは常に拳銃を携行するべきだが、あくまで予備の武器と考えておけ。忘れないでほしいが、バラバラにされ半ば喰い尽くされた屍体はしばしば、その冷たくこわばった手の中に、この素晴らしい武器を握った状態で発見されてきたのだ。

8. リムファイア式22口径銃

このタイプの武器（ライフルあるいは拳銃）は1インチ［2.5センチメートル］以下の小口径弾を発射する。そのため用途は訓練、射撃競技、小型動物の狩りなどに限られるのが普通だ。

しかし不死者との戦闘においては、この小さな22口径銃は、より大型の銃とも誇らしげに並び立つ。小口径弾ゆえに、3倍もの弾薬を持ち運べるのである。そのため銃自体もまた軽量で、グールであふれた感染地域内を長く旅するときなどには、まさに天からの贈り物と言える。弾薬は容易に製造することが可能で、国中にあふれている。どんな銃砲店でも22口径リムファイア弾を欠品していることはないだろう。

22口径銃を使おうとする場合にはしかし、ふたつの欠点を考慮せねばならない。小口径弾なのでストッピング・パワーはほとんどない。22口径弾に撃たれた人間（レーガン元大統領も含む）は、すぐには撃たれたことに気づかないほどだ。こんな小さな弾丸をグールの胸に撃ち込んでも、食い止めるどころか動きを遅くすることすらできないだろう。

もうひとつの問題は、遠距離からでは頭蓋骨を貫通する威力に欠けることだ。22口径弾を用いるとき、安全な距離よりさらに目標に対して接近せねばならず、そのストレスが命中率をより低下させる。

この22口径弾の威力の低さはしかし、不幸中の幸いでもある。ゾンビの頭蓋骨の後ろまで貫通する威力がないために、22口径弾は頭蓋の中で跳ね返り、45口径弾のようなダメージを脳に与えるのである。

迫り来るゾンビの群れと対峙す

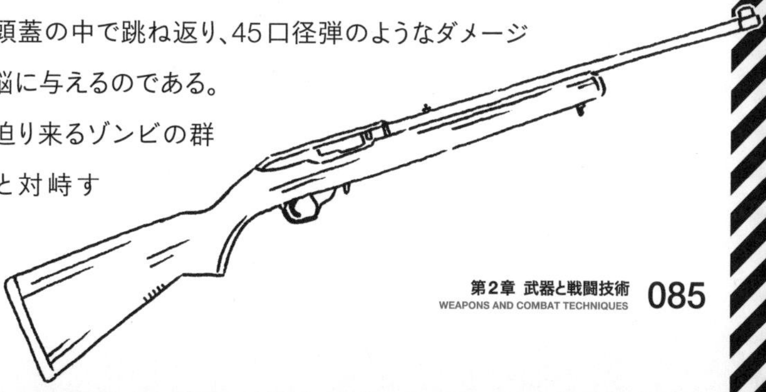

ることになったとき、ほとんどオモチャのように小さいからといって、この非常に効果的な軽量銃のことをあなどってはいけない。

9. 付属パーツ

もし装着可能なら、サイレンサーは銃にとって必要不可欠な装備だ。消音機能によって発射音をかき消すことができれば、弓矢やスリングなどの投射武器を持ち歩く必要はなくなる(移動中は特に重要だ)。

望遠レンズは、特に長距離からの狙撃を行う際は、命中精度を計り知れないほど上昇させる。

レーザー照準器も一見よさそうに思える。グールの額に小さな赤い点を浮かび上がらせるのは誰でもできそうなものだ。だが、欠点として電池の寿命がある。

暗視用スコープについても同じことがいえる。暗闇の中で長距離からゾンビに弾丸を命中させられるとはいえ、電池が切れてしまっては他に何の役にも立たないただの黒い筒に過ぎない。

一般的な望遠鏡と鋼製の照準器のほうが好ましい装備だ。派手さはなく、電力による追加機能もないが、この基本的な装備に落胆させられることはないだろう。

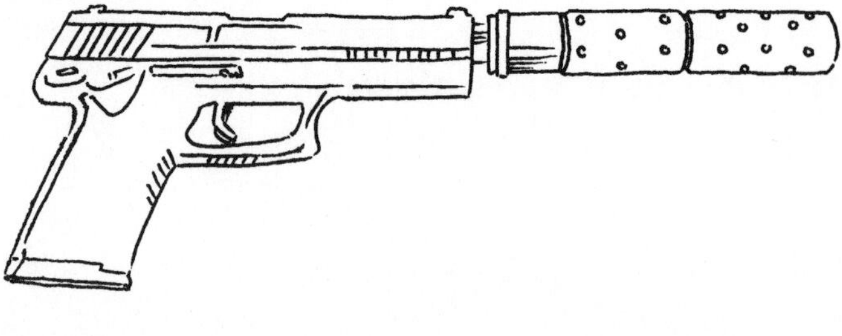

射程距離vs命中精度

ゾンビに接近すればするほど、戦闘による恐怖の影響で射撃の精度が著しく低下することが研究により明らかになっている。

銃の最大射程の距離で、繰り返し精密な射撃を行うとしよう。動く標的に対して理想的な条件下で(ストレスなしで)射撃するものとする。

しっかり照準が合った射撃ができたら、距離を半分にせよ。それが、実際の戦闘において自分が効果的な一撃をゾンビに与えられる限界の距離だろう。正確な射撃をしたいなら、これより近い距離にゾンビを近づけるな。複数のゾンビに遭遇したら、まずはこの距離に進入してきたゾンビを撃ち、遠い敵は後回しにせよ。

これまでにどんな戦闘を経験してきたとしても、この助言を軽視しないでほしい。現場のたたき上げの警察官、勲章を受けた兵士、「冷血な」殺し屋ですら、自分の「神経」の強靭さを信じ訓練を信じなかったせいで、結局は噛み砕かれた肉になってしまったのだ。

爆発物

問題　ゾンビの群れが迫ってきたとき、手榴弾を放り込むよりもいい対処法などあるだろうか?

解答　いくらでもある。

対人爆弾は、主に爆発で飛び散った金属製の破片によって、標的を内臓まで切り裂くことで殺害するようにできている。これではゾンビに対して大きな効果は見込めないし、その他の爆発物によっても、破片がゾンビの頭蓋骨を貫通してくれる可能性は極めて低いので、効率の悪い武器と考えたほうがよい。

とはいえ、こうした武器を完全に無視すべきではない。ドアを吹き飛ばしたり、即席のバリケードを作ったり、ゾンビの群れを散らばらせるには、爆弾ほど有効なものはない。

火炎

生ける屍者は炎を恐れない。グールの目の前に炎が揺らめいていたとしても、奴らが歩みを遅くしたり止めたりすることはない。ゾンビは完全に炎に飲み込まれたとしても、まったく気にかけたり反応したりしない。炎がゾンビへの抑止力になると勘違いして、悲劇的な結末を迎えた人間はあまりにも多いのだ。

だが、武器として考えれば炎は人間の強力な味方となりうる。炎によって完全に焼却することこそが、ゾンビをひと思いに退治する最良の方法である。炎は、屍体だけでなく、体内のソラニュウムも残らず消滅させてくれる。しかし火炎放射器や火炎ビンがすべての問題を解決してくれるとは考えるな。実際の戦闘においては、炎は我々の守護者だけでなく、致命的な脅威ともなりうるのだ。

肉体は――人間、ゾンビ、その他の動物のものも――燃え尽きるまでに非常に長い時間がかかる。数分か数時間か、ともかく、燃え盛るゾンビは、膝を屈するまでは――正確に言うならば、よろめきながら――歩き続ける松明となる。炎上したグールが燃え尽きるまでの間に与えた被害や死者数が、燃えなかった場合に、爪と牙で与えていたであろう被害を上回った事例も報告されている。

炎には忠誠心などない。周囲にある可燃物、煙により窒息するおそれ、業火によって他のゾンビに発見される可能性、などを考慮せよ。この強力で予測がつかない兵器を解き放つ前にあらゆる要素を考えておく必要がある。

こうした理由から、炎は襲撃武器や航空兵器として考えられており、持続的な防御壁として使用されることはめったにない。

1. 火炎ビン（モロトフ・カクテル）

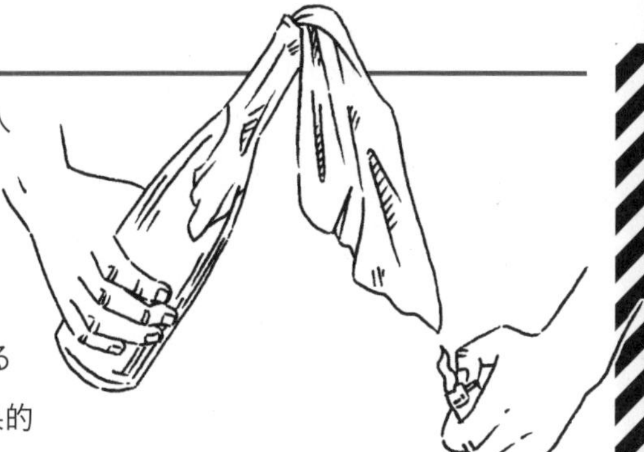

可燃性の液体を入れたビンと単純な着火装置からなる装置をいう。一度に多くのゾンビを殺害するためには、安価で効果的な手段だ。状況が許せば——たとえば、狭まっていく包囲を破るとき、耐火性の構造物内の敵を一掃したいとき、ゾンビが可燃性の建物に囚われているとき——ぜひとも、グールを灰になるまで燃やし尽くせ。

2. 燃料の散布（ダウジング）

方法は単純で、バケツに可燃性の液体（ガソリン、灯油など）を満たし、ゾンビに向けて浴びせかけたら、マッチを擦って逃げる。逃走できる

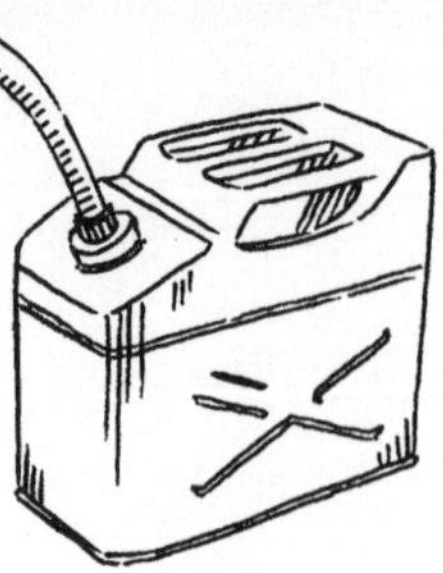

余地があり引火による危険性がない状況なら、この戦術の欠点は、燃料を敵に向けてぶちまけるためにかなり接近しなければならないことくらいだ。

3. 着火トーチ

ノズルをプロパン・タンクにつないだ一般的なトーチには、ゾンビの頭蓋骨を焼き尽くすほどの熱量も、十分な燃料もない。しかし、可燃性の液体でびしょぬれになった不死者に着火するには使い勝手がいいだろう。

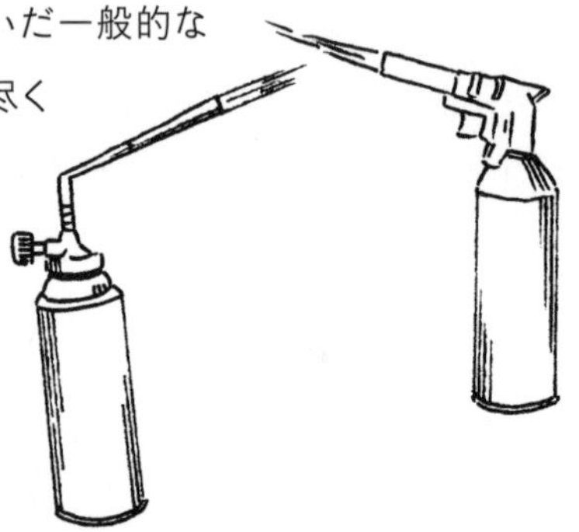

4. 火炎放射器

他に多くの武器あれど、火炎放射器こそ、究極のゾンビ殺戮者の風格がある。ジェル状になったガソリンが生み出す炎のジェット噴射は200フィート[60メートル]先まで届き、ゾンビの群れを火葬屍体の葬列に変えることができる。それなら1台くらい持っていたってよいのでは? 人間を炎を吐く竜に変身させるこの武器があれば、他の武器など不要ではないか?

現実的に考えて、そうすべきでない理由はかなり多い。

火炎放射器は純粋に軍用の武器として発展してきたが、アメリカ陸軍や海兵隊ではもはや使用していない。どのモデルも入手は難しく、うまく機能するものとくれば言うまでもない。火炎放射器それ自体にも増して難しいのが、燃料の入手だ。もし両方入手できたとしても、実際に使用するかどうかについてはよく考慮せよ。片手で余る程度のグールを片付けるために、なぜ70ポンド[32キログラム]以上の装備を背中に背負わねばならないのか?

　火炎放射器の重量は、移動時に大きな負担となる。1カ所にとどまったり、自動車で移動できるのでなければ、その疲労がすでにゾンビと戦うくらい大きな脅威だろう。

　常識に照らしていえば、戦場での火炎放射器の役割は、大勢の敵、たとえば数百、数千体ものゾンビの群れのような相手に対して使用することだ。しかし、もしもそのような大群がやってきたら——そうならないよう願うが——対処するのは重武装した政府軍であって、火炎放射器(ちなみに違法だ)を背負った一介の市民の出番ではないだろう。

その他の武器

　想像力と即興性こそが、生ける屍者に襲撃を受けたときに役立つかけがえのない資質である。ぜひとも、周囲にあるすべてのものを潜在的な武器と考えてほしい。ただし、ゾンビの生理学と、お手製の武器で何ができるかについては常に心に留めておけ。

1. 酸

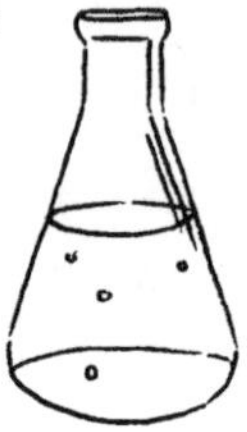

硫酸は、炎を除けばゾンビを完全に退治するのに最も適している。実用性についてはまた別の問題だ。

大量の硫酸を入手あるいは製造できるとしても、焼夷弾と同じように細心の注意を払って扱え。この武器は不死者だけでなく使用者自身にも危険をもたらすし、ゾンビの肉や骨を完全に溶かすにはかなりの時間がかかる。

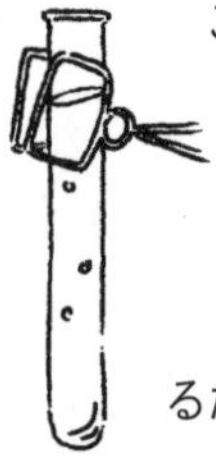

硫酸は戦闘用の武器というより、戦闘後に屍体を処理するための道具として扱うべきである。

2. 毒

この世界には数十万もの致死性の有毒化合物が存在するが、すべてについて説明することはできない。その代わり、不死者を形成している物理的・生理学的な基本的法則について説明しておこう。ゾンビはあらゆる鎮静剤や刺激物、たとえばメースや催涙ガスなどに対して耐性を持っている。身体機能を停止させるために製造された多くの化合物も同様に無力で、ゾンビはもはやそうした機能に依存してはいないのである。不死者は心臓発作、神経麻痺、窒息、その他、毒によって引

き起こされる、命に関わるすべての症状に影響されない。

3. 生物兵器

ウィルスに感染した生物を別のウィルスで殺害できたら美しいだろうが、残念ながらそうした選択肢は存在しない。

ウィルスが攻撃するのは生きた細胞だけなのだ。屍体には何の影響も与えない。あらゆるバクテリアについても同じことがいえる。

数カ所の研究所が、捕獲したゾンビを壊死性筋膜炎（肉食性バクテリアによる感染症）に感染させようとした。いずれも成功とは言いがたい結果となった。屍体の肉だけを喰い尽くすバクテリアを生み出す実験は、まだ道半ばである。多くの専門家が成功の見込みは薄いと考えている。

研究はまだ、通常、腐敗に関わる微生物の中で、どれが感染した肉体でも有効かを調べている段階である。こうした微生物を他のものと分離し、増殖できて、さらに使用者に被害を与えないとわかれば、生ける屍者に対して人類が手に入れた、初の大量破壊兵器の誕生となるだろう。

4. 動物兵器

大きさに関わらず、屍食性の生物は多く存在する。ゾンビに生物が喰われる前に、こうした生物をゾンビを喰い尽くすために使う、というのは理想的な結論に思える。残念ながら、この種の生物は――ハイエナから毒アリまで——本能的にゾンビを忌避するのである。

ソラニュウム・ウィルスが高度の毒性を持つことは、あらゆる動物の行動パターンに刷り込まれているようだ。においなのか、それとも人類が太古に忘れてしまった何らかの「波動」なのか、とにかくソラニュウムが発するこの謎めいた警告は、他のあらゆる物質によっても覆い隠すことはできない(《ゾンビ襲撃記録》の章、〈1911年 ルイジアナ州ヴィトレ〉を参照:311-313ページ)。

5. 電気ショック

ゾンビの筋肉組織は基本的に人間のものと同じであるため、電撃によって気絶や麻痺を引き起こすことができる。

致命傷になるのはしかし、ゾンビに電線をつないで脳を黒焦げにするような特殊なケースだけだ。電撃は「魔法の武器」ではない——電源から体まで電線をつないで十分な電流を流せば、相手が人間だろうとゾンビだろうとカリカリに焼き尽くすことはできるだろうが。

ゾンビを行動不能にするには人間の倍の電圧が必要になるため、一般的なスタンガンは役に立たないだろう。

溝に溜めた水に電流を流すことで一時的な防壁として用いることも可能であり、ゾンビが麻痺している間に致命的な一撃を加えるだけの時間を与えてくれる。こうした事例がここ数年の間に記録されている。

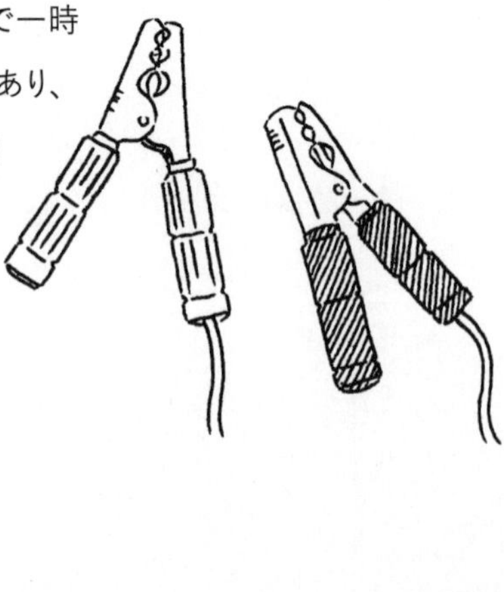

6. 放射能

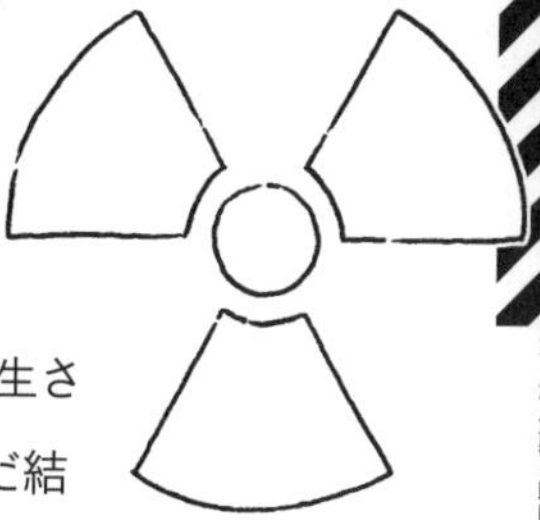

マイクロ波やその他の電磁波が不死者の脳にどのような影響を及ぼすかについては、今も実験の渦中であり、理論上はこのような電磁波を発する装置は、短い期間のうちに巨大な腫瘍をゾンビの灰色の脳細胞に発生させるはずだという。研究は初期段階であり、まだ結論が出るにはほど遠い。

ゾンビがガンマ線にさらされたケースとして知られているのは、和田（ホータン）で起きた悪名高い事件の最中だけだ（《ゾンビ襲撃記録》の章、〈1987年 中国、和田（ホータン）〉を参照：338ページ）。この事件において、グールは致死量の放射能を浴びただけでなく、放射能汚染を周辺地域に拡大しそうになった。ここに至り世界は初めて、規模は小さいながら新しく致命的な脅威に直面することになった。放射性ゾンビである。

1950年代のできの悪いSFのように聞こえるだろうが、これは現実であり、歴史上も重要な出来事であった。記録によると、放射能を浴びたグールの能力が増強していたり、超能力を身につけたりといったことはなかった。脅威の本質は、ゾンビが触れたものすべてに致死性の放射能を拡散してゆく点にあった。グールが触れた水を飲んだ者さえ、後に放射線障害で死亡したのだ。

幸運にも、この大発生事件は中国陸軍の膨大な火力によって鎮圧された。鎮圧によって、放射性ゾンビという新たな脅威も終息し、和田（ホータン）の原子炉が臨界に達する危機も防げた。

7. 遺伝子兵器

近年、不死者との戦争に備えて様々な遺伝子兵器が提案されている。

第一段階は、ソラニュウムの遺伝子配列図の作成だろう。次に、触媒物質を開発して遺伝子配列を書き換え、人間の体組織への攻撃を中止させたり、お互いを攻撃させたり、あるいは単純に自壊するよう仕向ける。ゾンビを調教する代わりに、不死者を操っているウィルスを調教しようというわけである。

もし成功すれば、この触媒物質はゾンビとの戦いにおける革命的な大発見となるだろう。遺伝子技術によって、我々は真の治療法を見つけることができるのである。この大発見を祝うにはしかし、まだ待たねばならない。遺伝子治療の研究はまだ発展段階にある。仮にメディアが騒ぎ立てて、大量の研究資本が投入されたとしても――まだどちらも起きていないが――ソラニュウム・ウィルスと戦う触媒物質はいまだ理論上の存在に過ぎない。

8. ナノテク治療

ナノテクノロジーとは顕微鏡サイズの機械についての研究であり、まだ生まれて間もない分野だ。現在、試験的に分子よりも小さいコンピュータチップが作られている! いつか、人体内部で活動できるほど小さなロボットも開発されるだろう。

こうした「ナノボット」――そのときにおいては別の呼び方をされているかもしれないが――は、ガン細胞を殺したり、損傷を受けた組織を修復したり、敵対的なウィルスを倒したりもできるかもしれない。理論的には、感染したばかりの人体に何十億ものナノボットを投入し、ソラニュウム・ウィルスを発見させ、無力化することすら不可能ではないはずだ。

この技術が完成するのはいつだろうか? 医療に応用されるのは? ソラニュウムと戦う機械の登場は?

時だけが教えてくれるだろう。

防護具

ゾンビに対する防衛の第一は、スピードと敏捷さである。防具は、ゾンビに勝っているこのふたつの長所を減少させるだけでなく、長引く戦いの中ではスタミナを消費させてしまう。脱水症の危険性もあり、とても魅力的とは言いがたい。

防具を身にまとうことの隠れた弱点は実は肉体的なものではなく、精神的なものだ。防御力に優れた服装をした人間は安心を感じ、そのため薄着でいるときより危険を冒しがちである。こうした人工的な蛮勇は、無意味な死を多く生み出した。

単純に言い切ってしまえば、ゾンビの噛みつきに対する最高の防具とは、距離をとることである。こうした理由にも関わらず何か防具を身につけたいと主張するなら、以下の記述から得られる情報によって、慎重に意思決定をしてほしい。

1. プレートメイル

いわゆる古典的な「全身鎧」である。この言葉自体は、輝く鋼によって頭から爪先まで完全に覆われた、一見無敵に見える騎士の姿を想起させるだろう。これほど防御を固めておけば、不死者の群れの中を散歩し、相手をバカにして無事に帰って来ることができないだろうか？

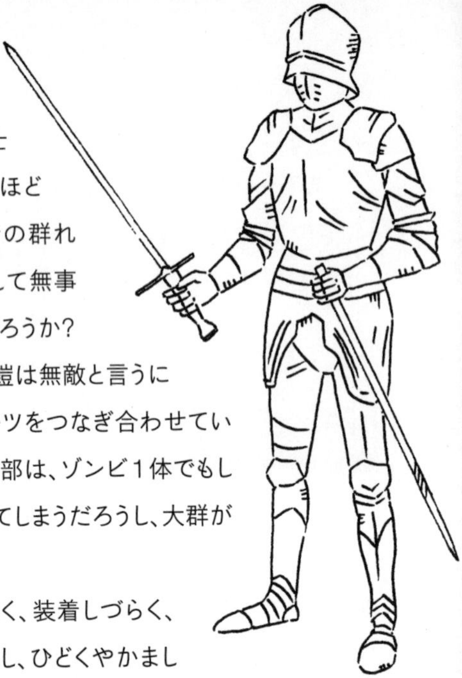

実際には、一般的な中世の鎧は無敵と言うにはほど遠い代物だ。多くのパーツをつなぎ合わせている革製あるいは金属製の接合部は、ゾンビ１体でもしつこく攻撃すれば引き裂かれてしまうだろうし、大群が相手ならば言うまでもない。

そもそも鋼製の全身鎧は重く、装着しづらく、息苦しく、脱水症状を引き起こし、ひどくやかましい。可能ならば本物の全身鎧を身につけて、一対一の模擬戦をしてみるとよい。よくて不愉快な経験、悪ければ耐えがたいという感想しか出てこないだろう。

さらに、5体、10体、15体の敵に囲まれて、プレートにしがみつかれ、全方向に鎧を引っぱられているところを想像してみてほしい。逃げ出すためのスピードも、回避するための敏捷性もなく、攻撃を与えるために必要な視界すらも奪われては、まるで缶詰の中の食品のような状態で終わりを迎えることになるだろう。

2. チェインメイル

頭から足下までしっかり覆えば、この単純な作りの鎧はゾンビの噛みつきに対する実質的な防御力を与えてくれる。

ゾンビの歯は鎖の輪を噛みちぎれず、感染から防いでくれる。柔軟性があるため、動作とスピードは十分に確保される。フェイスプレートがないため、視界も遮られない。その材質のおかげで(硬いプレートメイルと違い)皮膚呼吸を遮られず、脱水症になったり熱が籠もったりするのも防げる。

だがやはり、弱点も多々ある。数年間はこれを身につけて訓練しなければ、戦闘能力は大幅に阻害されるだろう。重量はやはり疲労のもととなる。装着時の不快感に気をとられることもあるだろう。戦闘においては許容できない隙だ。

チェインメイルが感染から守ってくれるといっても、ゾンビの噛みつきの圧力によって鎧の中で骨折をしたり、筋を傷めたり、肉が裂けたりすることもある。プレートメイルと同じように、鎖の輪が立てる音は近くのゾンビに獲物がやってきたと知らせているに等しい。自分の存在を敵に知られたくないなら、この防具を採用すべきではない。

実用的な話をするなら、もしチェインメイルを選ぶなら戦闘に耐えうるものか確かめろ! 現在出まわっている中世や古代の防具は、大半が装飾品か演劇用のものである。それゆえこうした製品には安い合金が使われていることが多い。チェインメイルを購入するときは必ず品質を確認し、ゾンビの歯を通さないかどうか確実

に調べ、慎重にテストするべきだ。

3. シャークスキン・スーツ

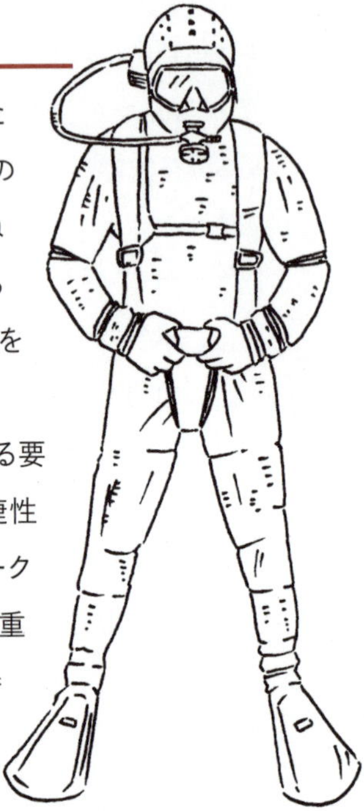

サメの噛みつきからダイバーを保護するために作られたものではあるが、このメッシュのスーツは不死者の強力な噛みつきをもはね返せる。高張力鋼繊維やチタン繊維から作られ、チェインメイルの半分の重量で倍の強度を持っている。

しかし騒音の大きさはやはり問題となりうる要素だし、着心地が悪いこと、スピードや敏捷性が失われることも同じように問題だ。シャークスキン・スーツは水中で屍者を狩る際には重宝するかもしれない(後述〈水中での戦闘〉を参照:211-221ページ)。

4. ヘルメット

ヘルメットが有効なのはグールがかぶった場合である。奴らに、かぶる知能がないことは幸いだ。

一方、人間にとっては、視界の妨げになるだけで役には立たない。「頭上注意」の看板が出ている場所でもなければ、こんな邪魔なものはスペースの無駄なので無視せよ。

5. 防弾チョッキ

戦闘中のゾンビは手足を狙って噛みついてくるのがほとんどのため、こうした胴体用のアーマーはまったくの無駄である。

防弾チョッキが役立ちそうな唯一の状況は、仲間によって誤射されそうなほど混沌とした戦場だと考えられるかもしれない。だがこうした状況ですら、勘違いした狙撃手はヘッドショットを狙うものだ。

6. ケブラー繊維アーマー

近年、警察官はこの種の軽量で非常に強い素材でできた防具で身を守るようになった。

分厚く強靱なプレートを用いたモデルは銃弾を止めるために使われるが、より薄く動きやすいモデルでも刃物を止めたり、番犬の牙から身を守ったりできる。この新型アーマーで足先から前腕までを覆えば、ゾンビに接近した状況において噛みつきを受けるリスクを低下させることができる。

ケブラーアーマーを使うならば、戦闘時にだけ使うべきであり、気が大きくなって無茶な行為をしないようにせよ! 過去には、多くの人間がケブラーやそれに似た素材のボディアーマーによって、不必要なリスクを冒す自由裁量権を与えられたと思い込んでしまった。こうした愚かな行為から人間を守る防具は、この世界にはない。

前述したとおり、最終目標は生き残ること、ただ生き残ることだけであり、英雄になろうとしてはいけない。戦闘時の英雄的行為は、自分自身だけでなく周囲の人間をも危険に巻き込むに違いない!

7. 体に合った衣服と短く切った髪

生ける屍者との戦闘において犠牲者を減らすのに最も役立つのは、体に合った普通の衣服と短く切った髪である、ということは、冷徹な統計によって示されている。

単純な事実だが、グールは犠牲者に手を伸ばしてつかむと、引きずり込んで噛みつく。論理的に導かれる結論は、つかまれるようなものを身につけなければ生き延びるチャンスが増えるというものである。

ダブダブの服、ポケットだらけの服、ヒモ、その他ぶら下がったようなものは、ゾンビがつかむために便利な取っ手になってしまうだろう。工場など重機械が動く職場で働いている人に聞けば、ぶら下がったものを身につけないことの重要性を説いてくれるだろう。もちろん快適さの限度内でだが、タイトな衣服はこうした危険性をなくしてくれる。

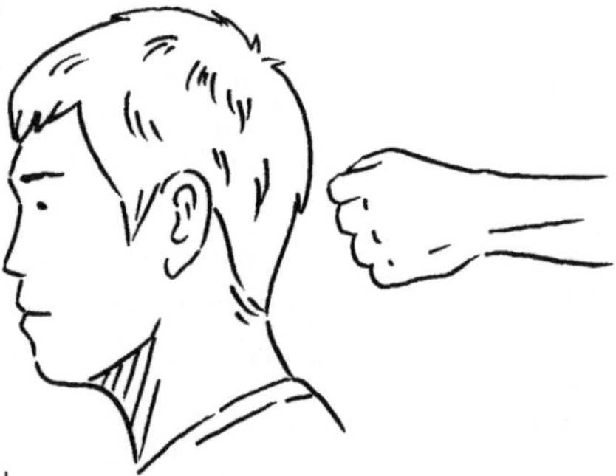

髪の毛も同様に危険だ。犠牲者たちはしばしば髪の毛をつかんで引き寄せられ、身の毛もよだつ最期を遂げている。戦いの前に、髪の毛をまとめて縛っておくのは一時的な解決となるかもしれない。しかし、近接戦闘において理想的な髪の長さは1インチ[2.5センチメートル]以下である。

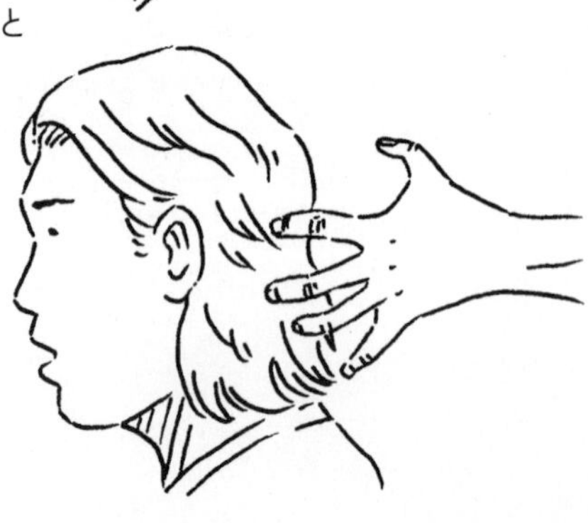

第3章
防御法
ON THE DEFENSE

トルコから英国への移民、ヤヒア・ベイが、故郷のオルトゥ村で起こった襲撃について述べた。ベイによると、夜更けにゾンビの大群が村を囲む丘から降りてきたのだという。

村人は自宅、村のモスク、地元の警察署などに逃げ隠れて餌食になるのを免れようとした。こうした避難所に逃げ込もうとして起きたパニックによって押しつぶされるものがいた一方で、失火による火事が起きて中の人間が全員焼死したりもした。

大半の人間は逃げる時間も、バリケードをドアや窓に築く材料もないまま、不死者たちから逃げ切れなかった。大勢が噛みつかれ、苦しみながら村の医者に運び込まれた。手当ても空しく、患者たちはゾンビとして蘇った。

当時6歳の少年だったベイは、自宅の屋根に登ると夜の大半をそこで過ごし、陽が登ると屋根から屋根にジャンプしながら村の外まで移動した。

隣村の人間は誰もベイの話を信じなかったが、略奪者に襲撃されたのではと考えて調査隊を送った。彼らが目にしたのは、オルトゥの村がめちゃめちゃな状態になり、建物はすべて焼失しているか、損傷しているか、あるいは完全に破壊されている様子だった。半ば食らわれた屍体がいくつも、荒れ果てた大通りに打ち棄てられていた。

大群が残したとはっきりわかる引きずったような足跡が、少数の早足の足跡を追って山に向かっていた。どちらのグループも発見できなかった。

不死者から身を守るための、完全な防御法とは何だろうか?

実を言うと、存在しない。防御法とは、単に物理的な安全性だけを意味するわけではないのだ。

外部の脅威を水際で食い止められる建物を発見、建設、あるいはそのように修繕できたとしよう――それから、どうする? ゾンビは、ただ立ち去ったりしないし、いつ救助がやってくるのかもわからない。どうやって生き残ればいいのか? 飢えや渇き、病気、その他、多くの要素で死んだ人間の数は、歩く屍者に直接、殺された数に匹敵するのだ。

我々の祖先は城や村を敵に囲まれた包囲戦を戦ってきたが、ゾンビを相手にして再び同じ状況に直面するわけだ。

物理的に安全を確保することは、方法の一部に過ぎない。準備を完全にするためには、籠城(ろうじょう)によって生き残る術も学ぶ必要がある。お互いに依存しながら生きる現代社会では、この戦術は忘れ去られて久しい。家の周囲を見回してみよ。周囲10マイル[16キロメートル]、50マイル[80キロメートル]、あるいは100マイル[160キロメートル]以内で、どれだけの製品が製造されているだろうか? 特に我々のような地球で最も豊かな工業国での生活には、繊細な輸送網や通信網の存在が不可欠なのだ。このネットワークがなくなれば、我々の生活水準は中世ヨーロッパのようなものに変わってしまう。このことをよく理解し、そうした生活に備える者は、生き残る可能性が高まるだろう。

この章では防御拠点を築く方法と、その中で生き抜く手段の両方について述べる。

個人の住宅(自分の家を守れ)

クラス1の大発生においては、たいていの家屋が十分な避難所として機能する。屍者が蘇ったと聞いて都市や町からすぐに逃げ出す必要はない。むしろ、そうしないよう強く忠告する。ゾンビ襲撃の初期

段階では、住人の大半が必死で逃亡しようとするだろう。道路は放置された自動車とパニックになった群衆であふれ、ときには暴動にまで発展するほどひどい状況になる。

生者が屍者を撃退し尽くすか、あるいは屍者が生者を喰い尽くすまでは、逃亡は混乱の中での屍者を増やす行為に過ぎない。弾丸を装填し戦いに備えたら、しかしじっと動かず、安全を確保し、周囲を警戒せよ。そのために最適な場所といったら、落ち着ける自分の家以外にあるだろうか?

1. 準備その①:家屋

屍者が蘇る前、混沌と殺戮(さつりく)とが始まる前の段階でも、家には比較的、安全なものと、それほどでもないものがある。ゾンビの攻撃を防ぐために設計された家はまだないが、それでも驚くべき安全性が確保された設計の家は存在する。構造的にゾンビの攻撃に対して備えができていなくとも、強化するために様々な処置を施すことが可能だ。

A. 特殊なケース　浜辺や川沿いなど水際にある高床式の家は、浸水を避けるために建てられている。その高さのおかげだけでゾンビは普通に攻撃することができない。

ドアや窓は開けたままでもよく、板張りの補強も不要だ。警戒すべき事態になったら、入り口と外階段にバリケードを築くか、破壊するだけでよい。こうした高床式の建物に立てこもって生存可能な期間は、家主が備蓄庫に備えている物資の量でのみ決定されるだろう。

その他にも、不死者の軍隊のように全方向から襲いかかる致命的な力を防ぐのに長けた住居がある。

現代のアメリカ中部で対竜巻用に建てられている「セーフハウス」は、小規模から中規模の竜巻に耐えられるよう作られている。この家はコンクリートの壁、鋼鉄で補強されたドア、普通のカーテンの後ろに隠れた鋼製のシャッターからなっている。この拠点それ自体だけでもクラス1、クラス2の大発生に立ち向かえる。

B. 家の補強　不死者の攻撃に対する家屋の安全性を高める方法は、生きた人間への対策と近いものがある。

異なる点は、一般的な盗難警報の設置についてである。大半の人間は、警報装置で「武装」するからこそ夜に安心して眠れるのだ。しかしこうした装置は実際には、警備会社や警察に対して警報を発する以上のことはない。救助隊がやってこないとしたら? 彼らが他の戦いに手をとられていたら?「よ

り重要な」地域を守るのに忙殺されていたら? もうグールの胃袋に収まってしまって、存在しないとしたら? どのケースについても、直接自分たちで防衛することが求められる。

ドアや窓の防御柵(さく)は、ゾンビの群れに対しては少しの時間しか稼いでくれない。実験によれば、3体のゾンビが24時間以下で破壊できるという結果がでている。

強化ガラスは打ち破られての侵入を防げるが、窓枠ごと破壊されることもある。これにはコンクリートや鋼鉄の枠を設置すれば容易に補強を行える。しかし、一般的な家屋ですべての窓を取り替えるにはあまりに費用がかかるため、その資金があるなら、前述したふたつのタイプの住宅、高床式の家か対竜巻用住居を建てたほうがよいだろう。

高さ10フィート[3メートル]以上ある頑丈な金網フェンスは、ゾンビの数がクラス1の大発生程度で済んでいるうちは、攻撃を数週間、あるいは数カ月にわたって防ぐことができるだろう。

高さ10フィート[3メートル]の鉄筋で補強したブロック壁は、クラス1、クラス2の大発生においては最も安全な防御壁だ。土地区画条例によって塀の高さが制限されている場合があるが、考慮の余地はある(住んでいる地域の条例を確認せよ)。ゾンビが、ごく稀に6フィート[1.8メートル]ほどの高さの障害物を越えることがあるのはわかっているが、大挙して越えてくることはない。数人のグループがしっかり武装し、十分意思疎通を図り、6フィート[1.8メートル]ほどの高さの防壁を整備できるとしたら、簡単とは言い切れないが少なくとも安全に、スタミナが続く限り防御し続けられるだろう。

門扉は鋼鉄製か錬鉄製とし、できる限り丈夫なものにせよ。引き戸

式のものがよく、外や内に開くものは避けよ。補強するには単に車をその前に停車させておけばよい。電気式の自動ゲートは開閉が楽だが、停電時や電力切れのときには閉じ込められてしまうだろう。

前述したとおり、10フィート［3メートル］の高さのコンクリート壁はクラス１およびクラス２の大発生においてのみ十分な防御力を発揮する。クラス３の大発生においては、積み重なった不死者が坂を作るほど大量のゾンビたちが押し寄せ、防壁を乗り越えてくるだろう。

C. 集合住宅　集合住宅の各戸とその建物自体は、大きさとレイアウトに様々な種類があり、それゆえ防御性能においても差異がある。しかし、ロサンゼルスにある小さな２階建ての建物でも、ニューヨークのガラス張りの高層ビルでも、同様の基本則が適用できる。

１階にある住戸は、単純にその出入りのしやすさによって高い危険性がある。どの建物の形式においても、上の階に住む住人はたいてい１階の住人よりも安全だろう。

建物下部とのアクセスを切り離すためには、階段を破壊するのが効果的だ。エレベーターの電源を落として火災用避難階段をゾンビの手の届かない位置に上げてしまえば（法で厳しく禁止された行為ではあるが)、どんな集合住宅も歩く屍者に対する即席の避難場所となるだろう。

集合住宅のもうひとつの利点は、その住人の多さだ。個々の住人がそれぞれの住戸を守るために戦うのだとしても、建物全体は住人全員で守ることができる。また、大工、電気技術者、医療従事者、軍の予備役兵(常にいるとは限らないが、ありうる)など様々な技能の持ち主が集まる可能性も高まる。もちろん、多くの人間がいれば衝突も起こりうるだろう。この潜在的な問題はしかし、戸建ての家を選ぶか集合住宅を選ぶかの抑止力としては弱いものだ。選択するなら、常に後者にせよ。

重要な注意事項:家屋防衛マニュアルは捨てろ!

本書の他の章ではほとんどの場合、既存のガイド本(武器の扱い、軍事的戦術、生存技術など)を読むようすすめているが、住宅を守るためのガイド本についてはおすすめできない。

家屋防衛マニュアルはあくまで、人間の技術と人間の知能を持った、人間に対抗するために書かれた本だ。こうした本では、手の込んだ警報システムの作り方、痛みを与えるが致命傷にはならないメース噴霧器、クギ打ちカーペットのようなブービートラップなど、多くの戦術・戦略が紹介されているが、不死の侵略者に対しては役に立たないだろう。

2. 準備その②:物資

ひとたび自宅の安全を確保できたなら、長期間の籠城(ろうじょう)に備えた物資集めに着手すべきである。救助がやってくるまでどれだけ時間がかかるのかはわからない。そもそも救助がやってくるのかどうかも、だ。常に長期間の包囲戦に備えよ。すぐに助けが来るなどと決して考えてはいけない。

A. 武器　屋外においては、移動力を確保するために軽装でいる必要があるが、自宅にいるならば大量の武器を保管し整備する場所は十分ある。これは、家中に破壊のための兵器を気まぐれに積み上げろという意味ではない。武器庫には、以下の物資を備えておくべきだ。

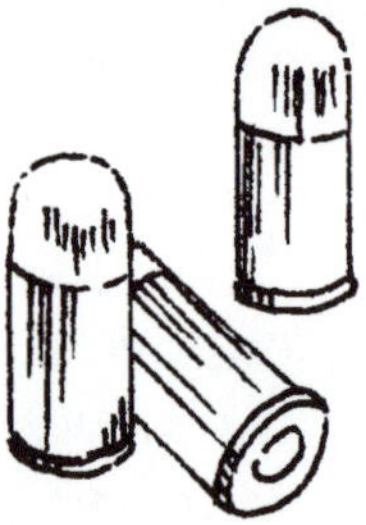

✷ライフル、弾丸500発
✷ショットガン、12ゲージ実弾250発
✷拳銃、45口径、弾丸250発
✷サイレンサー(ライフル用)
✷サイレンサー(拳銃用)
✷大型クロスボウ(サイレンサーがない場合)、ボルト150発
✷望遠照準器(ライフル用)
✷暗視スコープ(ライフル用)
✷レーザー照準器(ライフル用)
✷レーザー照準器(拳銃用)

✷日本刀
✷脇差し、もしくは刃渡りの短い刀剣
✷刃渡り6～8インチ[15～20センチメートル]の直刃ナイフ2本
✷ナタ

[注:このリストは1人用のものだ。数量はグループの人数によって調整すること]

B. 装備品　武器を選択できたならば、そのメンテナンスに必要なものだけでなく、生存のために必要な装備についても考えること。短期間を想定するならば災害用サバイバルキットで十分だろう。だがそれ以上となると、以下に記した物資が必要となるはずだ。衣服やトイレットペーパーなどの一般的な常備品は十分にあるものと仮定している。

✷水、料理用と洗濯用に1日あたり3クォート［約2.8リットル］
✷手動ポンプ用ウォーターフィルター
✷換えのフィルター、4つ
✷雨水採集用タンク
✷ヨードおよび浄水用薬剤
✷缶詰、1日あたり3つ
（乾燥保存食品に比べて、水分を含んでいる分、望ましい）
✷携帯式電気ストーブ、2つ
✷上級医療キット（野外手術装備と抗生物質を必ず含むこと）
✷ペダル式発電機
✷ガソリン式発電機（緊急時のみ使うこと）
✷ガソリン20ガロン［75リットル］
✷充電池式短波ラジオ
✷電池式懐中電灯、2つ
✷充電池式ランプ、2つ
✷充電池式および太陽電池式（兼用も可）ラジオ、2つ
✷木材、レンガ、モルタルなどの必要な補強資材
✷解体用ハンマー、斧、ノコギリなどの工具

*石灰およびさらし粉など臨時トイレのクリーニング用具

*高性能望遠鏡(80〜100倍)、スペアのレンズとクリーニング用具

*発煙筒、15本

*蛍光スティック、35本

*消火器、5本

*耳栓、2セット

*前記のすべての機械装置のスペアパーツとマニュアル

*一般的な災害時マニュアルを含むガイド本のセット

[注:武器と同じように、食料や水や医療品などの個人で使う物資は、グループの人数によって調整すること]

3. 襲撃を生き抜く

包囲戦の開始だ。ゾンビの群れが家を取り囲み、絶え間なく攻撃は続いているが、侵入は食い止めている。こうした状況でも警戒を解くには早い。包囲の終わりを待つということは、何もしないで座っていることを意味しない。限られた空間の中で生き延びるために、繰り返しこなすべき仕事は山ほどある。

A. 裏庭の一角にトイレを設置せよ。 ほとんどのサバイバルマニュアルでは、トイレを建てて排泄するには

最適の場所だと解説しているはずだ。

B. 土壌と雨が条件を満たせば、菜園を作れ。 缶詰は緊急用にとっておき、菜園を食料源として優先的に消費するべきだ。ただし、排泄物でなく洗浄のための石灰や漂白剤が土壌を汚染するのを避けるため、できるだけトイレとは離して作ること。

C. 電力は常に手動(ペダル式)発電機を用いて生み出せ。 ガソリン式は騒音や爆発の危険があるだけではない――燃料は限られている。夜間の襲撃のような極限状態で、手動式が使えなかったり電力を生み出せなかったりするような場合にのみ使用せよ。

D. 防壁を定期的に見回れ。 複数人のグループならば、交代制で24時間目を離すな。常に用心を怠らず、侵入の可能性を潰しておけ。もし1人でいるなら、パトロールは日中に限ること。夜にはドアの安全をしっかり確かめろ(窓はあらかじめ補強しておくべきだ)。懐中電灯と武器を手元に置いて眠れ。あくまで浅い眠りとせよ。

E. 目立つな。 もし地下室があるなら、調理、発電、装備の整備はそこで行うこと。ラジオは毎日確認すべきだが、ヘッドホンを使え。黒い遮光カーテンを使い、夜には特にすべての窓で閉めておけ。

F. 屍体はすべて処理せよ。 ゾンビのものでも人間のものでも、屍体は屍体だ。放置すれば、屍体に繁殖する細菌が深刻な健康被害の原因となりうる。家の周囲にある屍体はすべて焼却するか埋葬するかせよ。防壁の外の屍体も焼却すべきだ。ハシゴを壁に立てかけ、倒れたグールに向かってガソリンをまき、マッチを擦って落とすだけでよい。これによって不死者の注意を引きつけてしまうかもしれないが、すでにそこにある災厄の種を放っておくほうがリスクが高い。

G. 日々の運動を欠かすな。 基本的な体操やストレッチとエアロバイクを併用すれば、どんな戦闘状況にも耐えうる強靭な肉体を維持できるだろう。重ねて言うが、この運動は静かに行え。地下室が使えないならば、家の中心にある部屋で行うこと。マットレスや毛布を壁際に設置するなどの単純な防音処置で、音が外に漏れないようにできるだろう。

H. 娯楽を忘れるな。 用心深さを忘れてはならないが、気晴らしは必須だ。本、ゲーム、その他の娯楽用具が十分にあるか確かめておけ(テレビゲームは音の大きさ、電力の浪費の点で望ましくない)。長く、果てしなく思える包囲戦においては、倦怠のあまり偏執狂、妄想癖、絶望感に襲われることがある。体と同様に心を健全に保つことも重要だ。

I. 耳栓を持ち歩き、常用せよ。 包囲戦の間ずっと続く不死者のうめき声は、精神状態に致命的な影響を与えかねない。豊富な物資を備えた強固な家に立てこもった人々が、ただ、あの絶え間ないうめき声を聞き続けるだけで狂気に陥り、お互いに殺しあい

始めたケースも存在する。

J. 逃走経路と計画を確認し、そのための装備を準備しておくこと。　戦闘の状況というのは不確実で、ときには家を放棄する必要があるかもしれない。もしかしたら防壁が破られるかもしれない。ひょっとしたら火災が起きるかも。救助隊がやってきたがすぐ近くまでは来られない可能性も。理由は何であれ、脱出するときだ。サバイバル用装備と武器は手の届く場所に置いておき、しっかり荷造りし、移動の準備をしておけ。

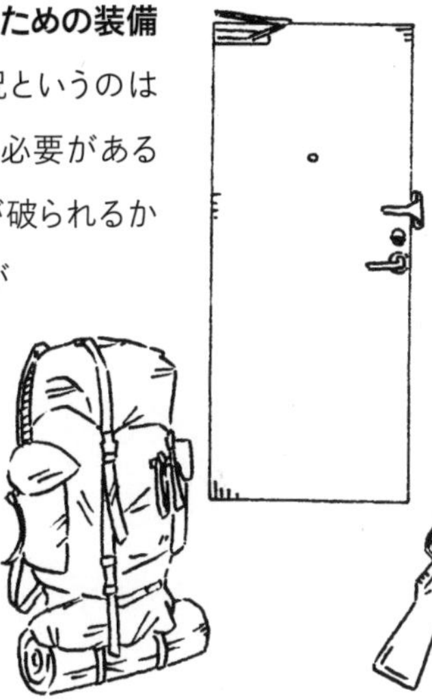

4. 即興的な防御法

屍者が蘇った。煙のにおい、サイレンの音。周囲は叫びと銃声で満たされた。家に物資を準備していないか、何らかの事情で使えない——どうすればいい?

状況が厳しく思えても、人生の終焉を告げるシグナルというわけではない。正しいときに正しい行動をとることで、自分や家族が不死者の戦列の一員に加わるのを防ぐことができる。

A. 2階建て家屋での防御法

❶すべてのドアと窓にカギをかけろ。 ガラス窓はゾンビを食い止めてはくれないが、割れる音で侵入を知らせる最高の警報となる。

❷階段を登り、バスタブに水を溜めろ。
馬鹿げた行動に思えるかもしれないが、いつ断水するかわからないのだ。数日後には、渇きこそが最大の敵となっているかもしれない。

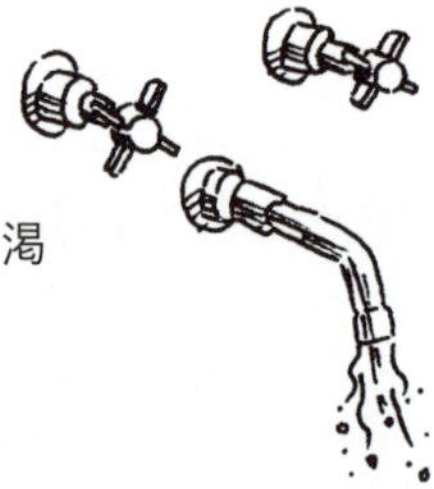

❸できる限り役立つ武器を見つけろ（前章を参照せよ）。 軽量で、できたら両手を自由にして持ち運べるものがいい。ここから数時間はやることがたくさんあるのだから。

❹2階に物資を貯め込め。 前述のリスト(参照:112-114ページ)を参考にすること。たいていの家屋がリストの50パーセントは常備しているはずだ。見つけたものはどんどん在庫に放り込め。

すべてを手に入れる必要はないが、重要な装備は外すな。武器をひとつあるいはふたつ、食料(水はすでにバスタブに溜めてあるはず)、懐中電灯、電池式ラジオなどだ。

たいていの家庭では2階に薬箱を常備してあるので、これ以上は不要だろう。忘れるな、時間が足りないかもしれないし、まだ重要な仕事が残っているのに、あらゆる物資を集めようとして時間を浪費するな。

❺階段を破壊せよ! ゾンビは2階まで這い登れないため、この方法で安全が保証される。

窓やドアをふさいでしまうほうが簡単だという意見も多かった。だがこれは自殺行為だ。手製のバリケードなどでは数体のゾンビしか防げない。階段を破壊するのは確かに時間とエネルギーのかかる行為だが、やらねばならない。これに自分の命がかかっているのである。

ただし、いかなる状況においても、うまく火力を調節して階段を焼き払おうなどと考えてはならない。時間を節約するためにこの手段を選んだ者たちがいたが、彼らの試みは結局、火災による焼死か家の全焼という結末を迎えた。

❻ハシゴがあれば、2階の避難場所へ荷物を貯め込み続けろ。 もしなければ所持品のリストを作り、流し台や容器にさらに水を溜め、長期の籠城に備えろ。

❼目立たないようにせよ。 ラジオを聴くならボリュームは最小に。暗くなっても照明を点けるな。窓際に近づいてはいけない。まるで空き家に見えるようにしろ。それでも偶然やってくるゾンビの侵入は避けられないが、階下が大群で満たされるようなことは避けられるだろう。

❽電話は使うな。 他の災害時と同様に、回線がパンクしているかもしれない。電話をかけたところでさらに混み合ってしまうだけだ。呼び出し音は最小にしておけ。もし電話がかかってきたらなんとしても出ること。ただし静かに話せ。

❾複数の脱出ルートを計画しておけ。 ここまではゾンビに対して安全を確保するよう準備を進めてきたが、火事に対してはそうではない。ガス管が爆発したり、どこかの愚か者が路上で火炎ビンを投げたりしたら、家を放棄する羽目になるかもしれない。重要な物資を運ぶためにバッグなどの持ち運ぶ手段を見つけ(後述《逃亡法》の章を参照:143ページ)、準備をしておけ。

B. 1階建て家屋での防御法 2階建ての家に住んでいないなら、多少居心地はよくないが屋根裏部屋でも同様の安全性を確保できる。たいてい、移動式の階段やハシゴを外すだけで安全の確保は完了だ。ゾンビには自分用のハシゴを作るような認識力はない。静かにしていれば、屋根裏部屋の存在にすら気づかれないかもしれない。

地下室をシェルターとして使ってはいけない。よくあるホラー映画では、危機に陥ったときには地下室がゾンビから人間の命を守ってくれ

たりする。これは危険な誤謬だ。昔から地下室においては火災、窒息、あるいは単純に飢餓によって、大勢の人間が死を迎えているのである。

屋根裏部屋のない1階建ての家にいるなら、持てるだけの物資を持ち、武器を抱え、屋根に登れ。ハシゴを蹴倒(けたお)してしまえば、他にアクセス経路（窓や天窓）がない限り不死者はそこまでたどり着けない。不死者に気づかれないよう、動かず静かにしていること。周囲にいるゾンビが家に押し入って獲物を探し回るかもしれないが、気にせずにいろ。物資が尽きるか救助隊がやってくるまで、できるだけ屋根の上に長くとどまり続けることだ。快適な場所とは言いがたいかもしれないが、生存の確率は最も高い。最終的にはこの避難所も放棄することになるだろう（詳細については《逃亡法》の章を参照：143ページ）。

公共の空間

個人の家屋と同じように、住居以外のビルや公共建築物でも安全な場所は探し出せる。ときにはそのサイズの大きさと構成とのおかげで余裕があり、最も安全な住居よりも高い防御力があったりする。そうでない場合ももちろんあるが。武装と物資の確保については、広さは別として基本的に個人の住宅と同じであるので、この節では防御に最も向いた、あるいは最も向かない公共施設について述べる。

1. オフィスビル

オフィスビルにも、集合住宅とほぼ同じ基本則が適用できると考えてかまわない。1階は放棄して階段を破壊し、エレベーターの電源を落としたら、オフィスビルは安全な避難所となるだろう。

2. 学校

学校の建物には共通した設計があるわけではないので、公立学校を安全な避難場所と考えていいかどうかは、よく考える必要がある。防衛の一般則について忘れないようにせよ（後述〈一般則〉の節を参照：131-133ページ）。

我々の社会にとっては残念なことだが、ゾンビ相手の包囲戦を戦うにあたっては幸運なことに、都市部にある学校はまるで要塞のような環境といえる。建物が暴動に耐えうるようにできているだけでなく金網フェンスにも取り囲まれており、学び舎というより軍事施設と言ったほうが似つかわしいほどだ。

食料や医療物資が必要ならば、食堂、保健室、あるいは体育教師の控え室に行けば見つけられるだろう。多くの場合、学校に行くのは最高の選択だ——教育を受けるためでなく、ゾンビから身を守るために、だが。

3. 病院

病院はゾンビ大発生時に逃げ込むには最も安全で、理にかなった場所に見えるだろうが、実際には最悪の選択肢のひとつだ。

確かに、病院には食料、医療品、その他の物資の蓄えがあり、プロの医療従事者がいる。そう、他の事務所ビルや集合住宅よりも建物自体の安全性は高いだろう。なるほど、警備員、あるいは正規の警察官も常駐しているかもしれない。他の災害が起きたときなら、病院は避難すべき場所リストのトップに名を連ねてよい。だが屍者が蘇ったときは、だめだ。

ゾンビへの意識が高まってきているとはいえ、ソラニュウム・ウィルスの感染者はいまだに診断では判断しきれない。ゾンビに噛みつかれた人間や殺された屍体は、たいていはまず病院に連れてこられる。ゾンビ襲撃の第一波は、大半が（ときには90パーセント以上が）医療従事者か、あるいはその屍体と考えられていたものが発生源なのである。ゾンビの発生状況を経時的に地図に落としていくと、病院の建物が、文字通り感染の中心となっているのがわかる。

4. 警察署

病院の場合と違い、警察署を避けるべき理由はゾンビのせいというより人間のせいだ。
　ゾンビ大発生が起きたらほぼ間違いなく、人々は最寄りの警察署に群れとなって駆け込み、混乱、暴動、最終的に流血の事態へとつながる連鎖を引き起こすだろう。狭いところに殺到し身もだえする、おびえた人間たちの群れを想像してみるといい。最も安全な避難所と誰もが考える建物の中に、制御しきれないほどの人数が押し入ろうとしている様を。たとえゾンビに噛みつかれなくとも、殴られ、刺され、誤射を食らい、ときには踏みつぶされれば同じだ。
　よって、屍者が蘇ったときにはまず最寄りの警察署の位置を確認せよ――そして逆方向に向かえ。

5. 小売店

　クラス1の大発生においては、多くの小売店が十分なシェルターの役を果たしてくれる。たいていは強固な、少なくとも10体までのゾンビを数日食い止めてくれる程度の巻き上げ式シャッターを備えている。
　包囲がより長期間に及んだり、さらにゾンビの大群が現れたりしたなら、話はまったく違ってくる。腐った拳の冷たい一撃が繰り返し襲いかかり、最終的にシャッターを破壊してしまうだろう。防壁が破られたときのために常に複数の逃亡経路を計画しておけば、素早く動き出せる。こうした代替策をしっかり用意しておかない限り、小売店を避難所と見なしてはいけない。シャッターのない店などは論外だ。ショーウィンドウは、ゾンビに自分の居場所を知らせる広告にしかならない。

6. スーパーマーケット

たとえ仲間全員が数年生き残れるだけの食料があるとしても、スーパーマーケットは危険な選択肢でもある。巨大なガラス扉は、カギをかけたとしてもたいした防御力を持たない。こうした入り口を補強するのは困難だろう。そもそも、スーパーマーケットの外観は巨大なショーウィンドウであり、新鮮でおいしそうな食品が中にあると外に向かって知らせているのだ。人間が中に、ゾンビが外にいる場合、まさにそのとおりの状況になってしまう。

しかし、すべての食料品店が死への落とし穴というわけではない。街中にある小さな家族経営の商店や食料雑貨店は、一時的な避難所としてはうってつけだ。盗難や、最近では暴動から店を守るために、強固な鉄製の門扉、あるいは巻き上げ式のシャッターをどの店も備えている。こうした商店は、短期間の断続的な攻撃に対しては十分な防御力を持つ。そうした場所にいるならまず生鮮食品を優先して食べ、(もしも)電気の供給が途絶えたら残りは処分するよう準備をしておけ。

7. ショッピングモール

防御にはほとんど向いていない建物だ。大きなショッピングセンターは常に人間とゾンビの両方に狙われることとなる。

ゾンビに限らず、社会的動乱ではよく起きることだ。動乱が兆した瞬間、モールに蓄えられた富に、警備員、警官、あるいは強欲な店主たちが群がり出す。危機が唐突に起こったなら、買い物客は中に閉じ込められてぎゅうぎゅう詰めになり、圧死や窒息の問題が起き、またその騒ぎがゾンビを引き寄せる。

どのクラスの大発生においても、ショッピングモールに向かうことは混沌のただ中に飛び込むことを意味する。

8. 教会

このような言い方を許してほしいが、祈りの場は神と悪魔と、両方からの祝福を受けている。

ほとんどの教会、シナゴーグ、モスク、その他の寺院建築の主要な長所は、外から侵入しにくいように建てられていることだ。たいていは重い木製あるいは金属製のドアを備えている。窓の設けられている位置は地上高くだ。多くは鋳鉄のフェンスに囲まれ、美的外観が目的なのにも関わらず、防御力を高めてくれる。同等のサイズの建物で比較するならば、典型的な寺院建築は驚くほど安全性が高い。

しかし大発生の状況下で、確実に現れるゾンビの大群に対しては、こうした建物の防御力は十分とはいえない。大量のゾンビの襲撃といっても、別に超自然的な理由があるわけではない。サタンの軍勢が神の家を襲いにくる、というわけではなく、究極の悪と究極の善の戦いなどでもない。歩く屍者が大挙して教会にやってくる理由は簡単だ。そこに食料があるからなのだ。

一定水準の教育、技術への精通、精神世界への無関心にも関わらず、都市部に住むアメリカ人はゾンビの姿を目にしたら教会に駆け込み、神の名を叫ぶことだろう。祈りの場は大声で魂の救いを求める群衆でぎゅうぎゅう詰めになり、不死者を呼び寄せるだろう。航空写真でゾンビの移動を見ると、ゆっくりと着実に数を増やしながら、今は教会という名で呼ばれている、近い未来の屠殺場へと向かっているのがわかる。

9. 倉庫

窓の少なさ、出入り口の守りやすさ、そして広々とした間取りのおかげで、倉庫は長期間においても理想的な籠城箇所となりうる。

多くの倉庫が警備事務所を備えており、そこにはたいてい浴室などすぐ使える水源もある。重く、大きく、頑丈な箱と共に商品が保管されている倉庫ならば運がいい。こうした箱は入り口のバリケード設置にも使えるし、個人の部屋を仕切ったり、多くの人間が子供の頃にやったように、第二の防衛戦や「要塞」を主要な位置に築くことも可能だ。可能性はあるとはいえ大きな期待はしないほうがいいが、倉庫に保管されている物資

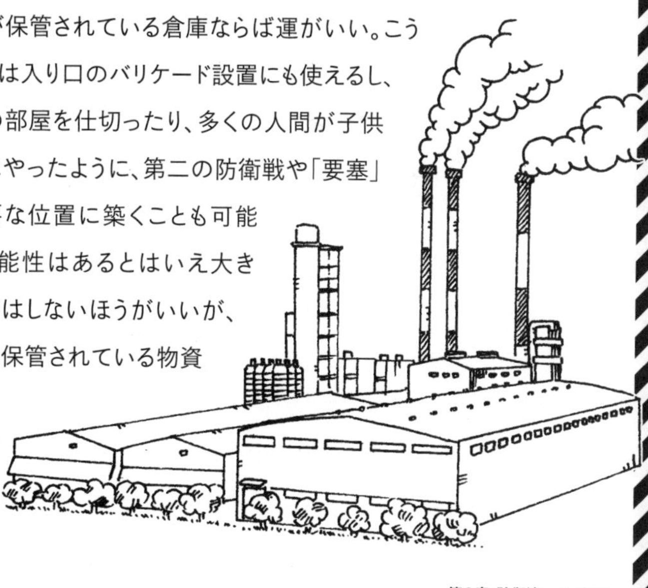

次第では生存の助けとなるかもしれない。こうした理由から、倉庫は最も魅力的な隠れ家と位置づけられる。

注意しておくべき点は、その立地だ。半々の確率で、倉庫は港や工場など工業施設の近くに建てられている。このような場合、常に注意深く警戒、観察し、いつでも逃亡できるようにしておくこと。また、生鮮食品を保管している冷蔵倉庫にも注意せよ。ひとたび電力が止まったら、あっという間に腐敗して深刻な健康被害を引き起こす原因となりうる。

10. 埠頭や波止場

多少の修繕、十分な物資、適切な位置に恵まれれば、波止場や埠頭は基本的に到達できない場所になる。ゾンビは泳ぐこともよじ登ることもできないため、移動経路は地上からに限られる。数少ない通行路さえ破壊してしまえば、人工の孤島にいるも同然だ。

11. 船着き場

工業廃棄物や危険な物質がしばしば搬入されていることを割り引いても、船着き場が籠城場所としての資質を備えているのは疑いがない。倉庫と同じく、コンテナは動かせるバリケードとして機能するし、ときには武器にもなる（《ゾンビ襲撃記録》の章、〈1994年3月 カリフォルニア州サン・ペドロ〉を参照：346-348ページ）。

船それ自体はタラップを上げてしまえばいつでも避難所として機能する。だが乗船前に、この水上要塞の中に感染した乗組員がいないかどうか、特に娯楽用の小さなマリーナでは厳しくチェックせよ。大発生の初期段階においては、人々は間違いなく海岸に押し寄せ、使える

客室付きクルーザーがないか探して乗り込もうと(あるいは盗もうと)するからだ。マリーナはたいてい浅い水域に造られており、ゾンビが這い上がってくるのを完全に防ぐほどの水深がない。不用心な素人船員が乗船してみると、船の中では飢えたずぶ濡れのゾンビが待ち受けていた、というケースが何度か起きている。

12. 銀行

地上で最も価値のある商品のために建てられた拠点よりも安全な場所などあるだろうか? 銀行こそが、防御戦に備えるための合理的な場所ではないか? 歩く屍者の軍勢を撃退するには十分なほど、安全性の基準値は高いのでは?

いいや、まったく。

銀行側による大ざっぱな説明ですらわかるのだが、彼らが「安全性」と呼んでいるもののほとんどは、警察官の配備や建物周囲の安全性に依存したものだ。ゾンビ大発生時に警察やその他の特殊部隊はやってこないかもしれないし、静音警報機、監視カメラ、腰の高さの立入禁止ゲートなどは、人間の肉に飢えたゾンビがガラスを破って襲いかかってきたときにはまったくの役立たずである。

もちろん、大金庫は安全だ。このチタン製構造物はロケットランチャーで武装したゾンビすら食い止めるだろう(いや、ゾンビはロケットランチャーの扱い方など理解できないが)。しかし、ひとたび金庫の中に入ったとして、どうすればよい? 食料はなし、水もなし、酸素は残り少ない。金庫に立てこもるなどということは、自分の頭に拳銃を当てて神に祈り、引き金を引く時間を作るだけの意味しかない。

13. 墓地

皮肉なことに、また多くの有名な伝説とは異なり、墓地は屍者が蘇ったときに最も危険な場所とはいえない。それどころか、一時的に休息すらとれる場所だ。前述のとおり、感染した屍体はまず病院や屍体置き場に運び込まれるため、墓地に埋葬するほど時間が経つ前に復活するのが普通なのである。

何かの偶然が重なって屍者が棺の中で息を吹き返したとして、本当に「墓より這い出でて」くるだろうか? これに答える前に、もうひとつの疑問を。どうやって? 普通の人間程度の腕力しか持たない者が、地下数フィートに埋められ、おそらくは強固に閉じられた鉄製の棺を突き破って地上に這い出ることなど、どうすれば可能だろうか?

一般的なアメリカの埋葬風景を見たことがあれば、不死者であれ何であれ、棺をかきむしり、

土をかき分けて地上まで出てくるのが不可能なことくらいはすぐわかる。だがもしも、棺が鉄製でなかったら？ 松材の箱でさえ埋葬したゾンビを閉じ込めておくのには十分だ。では木製の棺が腐敗してしまったら？ こうした場合、ゾンビの脳も同様に腐敗するほど長い時間が経っているはずだ。忘れるな。蘇生する屍体は、生きているうちにウィルスに触れて感染したものだけだ。死んで長く経つ屍体がこれに当てはまらないことは言うまでもない。

墓地のゾンビは、血を貪る吸血鬼や満月に吠える狼男と同じように、生ける屍者を象徴する風景であるにも関わらず、実際には墓からゾンビが蘇ることは決してないのだ。

14. 議事堂や市庁舎

州や市、連邦政府などの建物については、警察署、病院、寺院などと同様の基本則が適用できると思ってよい。たいていは人間の活動が集中しがちな場所で、混乱の発生源となり、ゾンビを呼び集める原因ともなる。可能な限り、行政機関の建物には近づくな。

一般則

都市中心部の貧困地区にある建物は、他の場所と比べ安全な傾向にある。高い壁、鉄条網、かんぬきのある窓、その他の犯罪防止装置への依存度の高さが、すでにこの地区に高い防御力を持たせているのである。

中流あるいは富裕層の住む地区の建物は、その美しさを強調しようとするきらいがある。こうした富裕地区に目障りなものを設置することを、市議会が求めるだろうか? 富裕層の人々は、醜く、ときにみすぼらしく見える安全確保用の装置よりも、警察機構や個人用の警備会社(大発生状況下では当てにはならない)に頼りがちだ。こうした理由から、状況にもよるが、郊外を避けて都心部を目指せ。

「トラブルの種」を避けよ。都心部のいわゆる「ダウンタウン」地区に存在する工業施設の多くは、爆発物や可燃性物質を保管している。またこうした施設は、発電機や環境保全器などの、定期的な管理が必要な複雑な機構の機械を多く備えているかもしれない。このふたつが合わされば、大災害は約束されたようなものだ。

和田(ホータン)の原子力発電所(《ゾンビ襲撃記録》の章を参照:338-339ページ)は、その極端な例のひとつだ。これほど劇的ではなくとも、クラス2やクラス3の大発生においては多くの事故が起こりうる。工業施設、燃料庫、空港など危険性の高そうな場所の周辺や内部で、籠城拠点を見つけようとしてはならない。

避難場所を選択する場合、以下の問いについて慎重に考えてみよ。

❶塀やフェンスなど、物理的に境界を区切るものはあるか?

❷出入り口になりそうな場所はどのくらいあるか?

❸仲間の人数だけですべての出入り口や防壁を同時に守ることができるか?

❹第二の防御拠点、さらに上の階、屋根裏部屋などはあるか?

❺建物の安全は確保されているか?

❻逃げ道となりうる箇所はあるか？

❼物資は足りているか？

❽水道はつながっているか？

❾武器や工具は必要なときに使えるようになっているか？

❿出入り口を補強するための材料はあるか？

⓫電話、無線機、インターネットなど通信手段はあるか？

⓬上記の項目は満たしたとして、包囲戦が長引く場合に自分や仲間はどれほど耐えられるか？

どこに立てこもるか決める際には、すべての問いについて熟慮することだ。

近くのビルに駆け込みたくなる衝動をぐっとこらえろ。忘れるな、どれほど状況が絶望的だろうと、落ち着いてじっくり考えることは、決して時間の無駄づかいではないのだ。

要塞

クラス3の大発生においては、個人の住宅や、公共の建物でさえ人間の命を守るには不足だと証明されている。籠城戦を戦っている者は、いずれ防御が破られて苦しみながら死を迎えるか、さもなくば単純に物資を使い果たしてしまう結果に終わる。大発生が終わるまで立てこもるのに必要なのは、自給自足が可能な、生命圏を備えた難攻不落に近い構造物だ。

必要なのは、要塞なのである。

だからといって今すぐ探しに出かけなくてもいい。クラス3の大発生においては、最初の数日、ときには数週間は、感染地域はまったくの混乱に陥り、暴徒が暴れ回っていることもあり、旅をするには危険だろう。周囲が「落ち着いた」状況になったなら、その地域に住む人間たちは組織化されるか、避難するか、あるいは完全に喰い尽くされるかしているはずだ。そのときこそ要塞探しに動くべき時期である。

1. 軍事施設

陸軍、海兵隊、ときには空軍の基地も、要塞を探しているときには最優先で訪れるべき場所だ。多くの場合、人口がまばらな地域に存在するため感染の影響も少ない。またほぼ確実に、周囲は強固なフェンスに取り囲まれている。二重、三重の防壁を備えているところさえある。

ほとんどの場合、十分に物資を備えた、まるで小さな都市のような高機能の核シェルターを所有している。通信手段を複数持っているため、最後の最後まで通信拠点としての機能が可能な場所なのは間違いない。だが最も重要なのは物理的な要塞ではなく、そこにいる人間たちの能力だ。以前述べたとおり、十分な訓練を受け、しっかりと武装し、規律に従う人間たちこそが最高の防御壁なのである。多少の脱走者がいたとしても、少数の兵士たちさえいればいつまでも周囲を守り続けられるだろう。

非常事態時に軍事基地に足を踏み入れたら、訓練を受けた専門家たちと、ときにはその家族たちが生活し、この新たな我が家を守る準備が万端に整えられた、自己完結型の世界がそこにあるのを見るだろう。その最適の実例が、フランス領北アフリカにあったルイ・フィリップ要塞(《ゾンビ襲撃記録》の章、〈1893年 フランス領北アフリカ、ルイ・フィリップ要塞〉を参照:305-308ページ)だ。1893年、フランス外国人部隊はここでゾンビ相手の包囲戦を戦い、驚くべきことに3年間にわたって生き延びた!

軍事施設に問題があるとすればその優秀性が明らかなことであり、大発生時にはあまりにも多くの人間を引きつけ、あっという間に物資が消費し尽くされたり、安全性が低下したりする懸念がある点だ。

2. 刑務所

生きた人間を中に閉じ込めておく目的で作られた建物ではあるが、こうした矯正施設はゾンビが中に入れないようにするためにもまた有効だ。難攻不落の壁の内側にある、いくつもの監房や廊下、部屋は、それぞれすべてが要塞といえる。

もちろん、刑務所を避難所と考えることで浮かび上がる問題点もある。

現代の拘禁施設は、皮肉なことにそのデザイン方針のせいで過去と比べて防御力の面で劣っている。高いコンクリート壁は1965年以前の古典的な刑務所のトレードマークだった。これは、純然たる大きさこそが脅威と敬意を与えると考えられていた工業化時代に生み出されたデザインなのである。ゾンビが高い壁に威圧されることはないとはいえ、避難民にとっては、犯罪の種から我々の祖先を守ってきたこの昔ながらの防御壁より適した場所はなかなか見つからない。

経済が低迷し予算が限られた時代には、新たなテクノロジーが重厚で高価な構造物に取って代わった。監視カメラと動体センサーが設置され、物理的な逃亡防止策は二重の鉄条網だけとなった。1ダース程度のゾンビならばこれで食い止められるだろう。数百体でもダメージを与えられるかも。だが、身もだえしながら、山と積まれたお互いの体を這い上がってくる数千体のゾンビは、最終的には外側のフェンスを倒すのに十分な高さまで到達し、次のフェンスも時間の問題となるだろう。この猛攻を前にした者なら誰でも、世界中のどんなハイテク機器であっても、昔ながらの高さ20フィート[6メートル]のコンクリート壁と取り替えたいと心の底から思うだろう。

さて受刑者についてはどうだろうか? 刑務所の壁の中にいるのは我々の社会の一員としては最も危険な人物たちだ。不死者でなく彼らと戦うのは愚かなことだろうか? たいていの場合、答えはイエスである。常識的に考えればわかるだろうが、ひとりの冷血な犯罪者は、10体のゾンビよりも危険だ。

しかし、大規模で長期間にわたる襲撃が起こった場合には、受刑者たちは間違いなく解放されるだろう。居残って安全を確保するために戦うことを選ぶ者もいるだろうし(《ゾンビ襲撃記録》の章、〈1960年 ソ連、バイルゴランスク〉を参照:326-328ページ)、危険を承知で自由な外界に出たり、さらには周りの土地で略奪を開始する者もいるだろう。

刑務所に歩み入るときは注意せよ。受刑者によって支配されていないか確認すること。囚人と看守が並び立ってリーダーシップをとっていないか警戒しろ。言い換えれば、拘禁されていた者たちが立ち去り、一般市民と警備兵だけがそこにいる場合のみ足を向けよ。

ひとたび中に入ったら、まず行うべき主要な仕事は矯正施設を自給自足の村に変えることだ。放棄された刑務所で生き抜くためにすべきことを、以下のリストで述べる。

A. 内部の物資を探し、目録を作れ。　武器、食料、工具類、毛布、医薬品、その他役立つもの。刑務所は、略奪者が狙おうとする施設とは言いがたい。必要なものはたいがい手に入るだろう。

B. 長く使える水源を確保せよ。　井戸を探し、雨水採集器を設置しておけば断水にも対応できる。そうなる前に大きめの容器すべてに水を満たして覆いをしておけ。水は飲み水や洗濯に必要なだけではない——農業を行う際にも——不可欠だ。

C. 野菜を栽培し、できれば小麦やライ麦といった穀物畑も作れ。　非常事態は四季丸ごとの長さにまで及びかねず、作物を収穫して食べるには十分な期間だ。所内で種は見つからないだろうから、付近の捜索も検討しろ。長期間の安定した生活に農業は不可欠であるから、これは危険だが必要なことである。

D. 電力源は節約して使え。　電力網が断たれたときに、非常用発電機を数日間、あるいは数週間回せる燃料を残しておけるかもしれない。人力発電機は既存の発電機から簡単に作り出せる。こうした機械を使えば、運動不足の問題も解消される。人力発電機では電力網が無事だった頃ほどの電力は生み出せないだろうが、少人数のグループにとっては十分な量だ。

E. 防壁を突破されたときに備えよ。 突然ゲートが破られたら? 壁のひび割れが大きくなり始めたら? 理由はともかく、不死者の大群がやってきて壁を乗り越えられそうなほど積み上がってきたら?

どれほど壁が強固に思えても、予備の防御措置を用意しておくべきだ。どこかの独房棟を非常時の退避地点に設定しておけ。そこを補強し、武器を備え、常に点検しておくこと。追い込まれた際、そこは刑務所を奪還するか、あるいは逃亡するまでの間の生活空間となるだろう。

F. 娯楽を忘れるな! 個人住宅の防御と同様に、前向きな精神状態を保つことが重要だ。人を楽しませることが得意な人間が仲間内にいたら、定期的にショーを開いてくれるように頼め。素人演芸大会や競技会のような催しもよい。音楽、ダンス、物語の披露、コメディ――程度が低かろうができることを何でもやってみろ。

愚かで、馬鹿げてすらいる行為にさえ思えるかもしれない。数百体のゾンビがゲートを破壊しつつあるのに、演芸会を開く奴などいるものか、と。

それは、非常事態において、士気を上げることの重要さを理解している者だ。籠城戦がどれほどの精神的ダメージを与えるか知っている人間だ。不安や怒りやフラストレーションを抱えた人間が、ゲートを破壊しようと押し寄せる数百ものゾンビと同じくらい危険な存在だと知っている人間だ。

G. 学べ! 米国にあるほとんどの刑務所は、図書室を備えている。自由時間(おそらくたくさんあるはずだ)には役立ちそうな本をどんどん読め。たとえば医薬品、機械、建設、園芸、精神分析についての解説書など——読まれるのを待っている技術書がたくさんあるはずだ。仲間がみな、何らかの専門家になるように読書をさせよ。さらに、お互いに教えあうような機会も設けておけ。いつ専門技術を知る誰かが突然いなくなり、代わりの誰かが必要になるかはわからないのだ。

刑務所の図書館で得られる知識が、このリストで述べてきた仕事の助けになることだろう。

3. 沖合の石油掘削リグ

真に安全な要塞を求めるならば、地球上にはこの種の人工島をおいて他にない。海岸から完全に切り離され、水面よりはるか高くに生活空間が持ち上げられ、膨張して水面に浮かんできたゾンビですら這い上がるのは不可能だ。よって安全性についての問題はほぼ何もなく、自分と仲間たちとでただ生き延びることにのみ集中できる。

また、海洋プラットホームは、少なくとも短期間であれば籠城するのにも優れている。船舶と同様に、生活や医療に必要な設備を自前で備えているのである。多くの場合、作業員が6カ月以上生活できるだけの物資も持ちあわせている。蒸留設備は必ず備えてあり、真水の欠乏に困ることはない。どれもが石油や天然ガスを採掘するための設備を備え、電力は無尽蔵だ。

食料もまた豊富で、海からは栄養価が高い（人によっては好みですらある）食事として魚、海藻、ときには海生哺乳類すら手に入る。掘削リグが極端に陸地に近くない限り、工業汚染の危険性も少ないだろう。ここではただ、およそ尽きることのない海の恵みを受けて生きてゆけるのだ。

完全な隔離状態、というと魅力的に聞こえるが、独自の難点もまた抱えている。

海岸近くに住む人から、潮風がどれだけ厄介なものか聞いたことがあるはずだ。腐食こそが最大の敵となり、最終的にはどんな予防措置でも防ぎきることはできないだろう。だが基本的な装備は修理できる。高性能脱塩機がなくても、鋼鉄の釜と銅の管で蒸留装置を作ればいい。

風力あるいは潮汐(ちょうせき)発電機でも、化石燃料の半分以上の電力を生み出せるだろう。しかしコンピュータやラジオ、医療機器などといった繊細な電気製品は最初に故障し、そのうえ換えのきかないものばかりだ。最終的には施設全体が崩壊し、最先端の技術の結晶は、かろうじて使用可能な粗悪な残骸と成り果てる。

刑務所や軍事基地と違い、海洋掘削リグは最初に放棄される場所だろう。大発生の最初の数日のうちに、勤務している者は間違いなく家族のことを気にかけて陸地に戻り、訓練を受けたスタッフはいなくなる。仲間の誰も設備の動かし方を知らないとしたら、新たに学ぶことは非常に難しい。刑務所と違い、説明書が並んだ図書室はおそらくどこにもない。そのため、操作方法に習熟できるまでは、最初から最先端機械のすべてを使おうとするのでなく、使える範囲で使っていく機転が必要となるだろう。

工業事故——貯蔵していた石油やガスの爆発は、陸地で起きても十分危険だ。洋上で起きた場合、歴史に残る大災害となる。消火と生存者救助のための設備が完全に機能している一般社会でも、プラットホーム上が炎上して作業員全員が死亡した例がある。もし火事が起きて、助けを求めても誰も来られないとしたら?

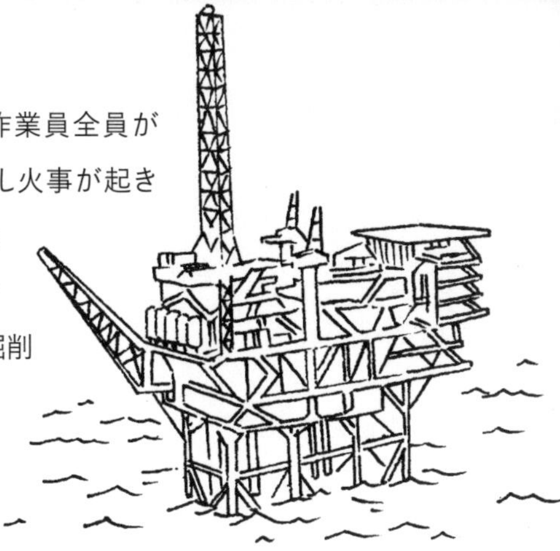

しかしこれは、石油掘削リグは海上の爆弾だから避けたほうがいい、という意味ではない。無謀だから避けたほうがいい、という意味でもない。

だが推奨したいのは、ドリルを止めて掘削を中止することだ。石油の供給は止まるが、寿命は延びる。すでに貯蔵されている燃料を非常用発電機で使用せよ。前述したとおり、非常用発電機では主要発電機ほどの電力は確保できないだろうが、ドリルなどの設備を停止させるのだから、それほどの電力は必要ない。

海は命の源であり、同時に容赦のない殺し屋でもある。嵐は陸上では見られないほど凶暴になって襲いかかり、最も丈夫なプラットホームすら破壊することがある。北海油田が文字通りひっくり返り、ガレキとなって崩壊し、波の間に沈んでいくニュースの映像を見れば、岸から離れるのを考え直したくなるだろう。残念ながら、これは人間の手にはどうすることもできない問題だ。大自然がこの鉄の塊を海からどかそうと決意したときに助かる方法は、この本にも、他のいかなる解説書にも載っていない。

第4章

逃亡法

ON THE RUN

現在、一般に1965年の「ローソン・フィルム」と呼ばれているのは、モンタナ州ローソンで5人の男女がゾンビの蔓延から逃れようとした様子を撮影した8ミリホームビデオ映像だ。

手ぶれがひどく音声もないその映像は、彼らがスクールバスに飛び乗ってエンジンをかけ、町の外に逃げ出そうとする様を映し出している。ほんの2ブロック進んだところでバスは誤って故障車に衝突し、建物に突っ込んで後輪のアクセルが壊れてしまった。

グループのうち2人がフロントガラスを割って徒歩で逃げ出そうとした。撮影者は、そのうち1人が6体のゾンビに捕まって引き裂かれる様をフィルムに収めていた。もう1人の女性は必死で逃げ、曲がり角の向こうに姿を消した。

その後、7体のゾンビがバスを取り囲んだ。幸いにもゾンビは車をひっくり返すことも、ドアの窓ガラスを破ることもできなかった。数分後にフィルムは終わってしまったため、生存者たちがその後どうなったかについてはほとんどわかっていない。このバスは後にドアがつぶされた状態で発見された。乾いた血痕が車内を覆っていた。

ゾンビ大発生の最中、感染エリアから逃亡する必要が生じる場合もあるだろう。要塞が蹂躙(じゅうりん)されるかもしれない。物資を使い果たしてしまうかもしれない。深刻な負傷をしたり病気にかかったりして、医師の診察が必要になるかもしれない。炎、化学物質、放射線までもが急速に迫ってくるかもしれない。

感染エリアを横切ることは一般的にいって、最も危険な行為である。安全も安心も、決して得られないだろう。敵の縄張りで身をさらし続けたら、獲物(えもの)の立場をたっぷりと実感するだろう。

一般則

1. 目的はひとつ

要塞化された住居に閉じこもったままの人間が外に出るとき、しばしば外界の様々な誘惑に魅かれる場合がある。だが、そうした誘惑に負ける人間が、安全地帯まで辿りつけることは滅多にない。こんな不必要な統計データの一部には決してならないようにせよ。

目的は逃亡すること——それ以上でもそれ以下でもない。

貴重品が遺棄されていないかと探したりするな。偶然出くわしたゾンビを狩ったりするな。遠くから気になる音や光が届いても、調べようとはするな。

ただ、逃げろ。どんな寄り道や旅の中断も、発見され喰われる確率を上げてしまう。

もしも手助けが必要な人間を見つけることがあれば、そのときはぜひ立ち止まり手を差しのべるべきだ(ときには論理より人道を優先すべきこともある)。そうでなければ、さあ逃げ続けろ!

2. 目的地を定めよ

正確な行き先はどこだ?

防御拠点を放棄した人間はしばしば、グールがうろつく地域の中をあても希望もなくさまよってしまう。心の中で目的地を決めておかねば、生きて旅を終えられる見込みはあまりない。

無線機を使って近くの避難所を探せ。可能ならば外界とコミュニケーションを図り、目的地が本当に安全かどうか確認せよ。

当初の目的地が蹂躙(じゅうりん)されたときに備え、常に第二候補を設定しておくこと。待っている人間と定期的に連絡がとれていたりするのでなければ、ゴールラインにたどり着いたらゾンビの群れが腹を空かせて待っているかもしれないのだ。

3. 情報を集めて旅の計画を立てよ

どれくらいのゾンビが(概算でよい)目的地までの間に立ちふさがっているのか? 天然の障壁となっている箇所はどこか? 火災や化学物質漏出のような危険な事故は起きていないか? 最も安全なルートは? 最も危険なルートは? 大発生以降、封鎖されたままの道は? 天候は問題ないか? 道中で物資が手に入るか? 目的地でまだ仲間は待っているか? 出発前に集めておいた方がいい情報はあるか?

当然のことだが、ひとたび要塞での籠城を始めたら、外部情報の入手は難しくなるだろう。外にどれだけのゾンビがいるのか、橋は落ちていないか、港に船はまだ残っているか、などを知るのは不可能に近いかもしれない。

そこで、地形を調べろ。ゾンビ大発生時にも少なくともその点は変わったりしないだろう。1日の終わりにはどこにいることになるか考慮せよ。遮蔽(しゃへい)と複数の脱出路を備えた比較的防御に向いた場所を、少なくとも地図によって確認しておけ。

選ぶ移動ルートによっては特殊な装備品についても考慮すべきだ。登攀(とうはん)用のロープが必要では? 天然の水源がない場合に備えた予備の水は?

こうしたすべての要素を計算に入れたら、未知の不確定要素も考慮に入れ、それに対応したプランも立案しておけ。火災や化学薬品の漏出が行く手をふさいでいたらどうする? 想像以上にゾンビの脅威が拡大していたらどこへ向かう? 仲間が負傷したら? あらゆる可能性を考え、それに対応できるプランを作るため全力を尽くせ。

誰かが「おい、とりあえず出発して何か起きてから考えようぜ」などと言ったら、銃に1発だけ弾丸を込めて渡し、こう言ってやれ。「自殺したいなら、こいつのほうが楽だ」

4. 体調を整えよ

これまで説明してきたことに文字通り従ってくれたなら、長旅にも耐えられる体が作り上げられていることだろう。

もしそうでなければ、厳しい心肺機能向上トレーニングを開始せよ。時間がないなら、今の身体能力で耐えられる旅路であるか確認しておけ。

5. 大所帯は避けよ

防御戦においては人数が多いほど有利である。だがゾンビのいる地域を旅するとなると、その逆が当てはまる。大人数では発見される可能性が高まる。厳しく統制されたチームであっても、思わぬことが起こる。大人数での旅は移動力にも問題が生じる。最も足が遅い者が最も速い者と同じ歩調で歩くのは難しいし、逆もまた同様だ。

もちろん、単独での旅にもまた問題がある。安全確保、監視、それに何より睡眠。どれも、「ひとりぼっち」では満足にできない。

理想的に動くには、チームのメンバーを3人に保て。4人から10人でもまだ何とかなる。それ以上では何人だろうとやっかいの元だ。3人組ならば近接戦闘のときにお互いを守れるし、夜警は持ち回りができる。2人いれば3人目が負傷したときに、少しの間なら運ぶことも可能だ。

6. 仲間を訓練せよ

チーム各人の技能を把握し、適宜活用せよ。最も多く荷物を運べるのは誰だ? 一番足が速いのは? 近接戦闘で最も音を立てずに戦えるのは?

戦闘術と日々のサバイバル術について、各人にそれぞれ役割を振り分けよ。出発するときには、自分に求められているのが何かを全員が知っておくべきだ。また、共同作業も最優先で行うようにせよ。

戦闘訓練と同じように、擬似サバイバル訓練も怠るな。たとえば、突然ゾンビの襲撃を受けた際に荷物をまとめて逃げるのに、どれくらい時間がかかるかを把握しておけ。もちろん、旅立つころには目立って時間を短くできているかもしれない。理想をいえば、グループがまるで１人の人間のように移動し、行動し、殺さねばならない。

7. 動き続けよ

ひとたび発見されてしまったら、ゾンビは四方八方から向かってくるだろう。火力でなく、移動力こそが最高の防御策である。

一瞬の合図で逃げ出せるように備えておくこと。走れないほど重い荷物を持ってはいけない。一度に荷物を全部ほどいてはいけない。当面の安全が保証されるまで靴を脱いではならない!

あまり急ぎ足になるな。貴重なエネルギーを浪費してしまうため、全力疾走は必要なときだけ行うようにせよ。定期的に短い休みをとれ。あまりくつろぎすぎてもいけない。休息時も毎回ストレッチは忘れるな。

不必要なリスクを冒すな。ジャンプ、登攀、その他の怪我につながりそうな行動はなるべく避けるべきだ。グールの感染域の中では、捻挫した足首ほどありがたくないものはない。

8. 姿を隠し続けろ

スピードに次ぐ第二の友は、隠密行動だろう。蛇の穴を這い回るネズミのように、発見されないためにあらゆる手段を尽くさねばならない。

手持ちラジオなどの電気機器はすべて電源を切れ。デジタル時計を着けているなら、アラームがオフになっているかどうか確認しておけ。すべての装備をしっかり縛り付け、歩いているときに音を立てないか確かめること。できたら水筒はいつも満タンにしておけ（チャプチャプいう音を防止するため）。

グループで行動している場合、会話は控えよ。ささやくような小声か、ジェスチャーを用いて意思疎通を図ること。遮蔽物が多い地域を特に選べ。開けた場所に踏み入るのは、必要なときだけにせよ。

夜間には炎、懐中電灯、その他の光源の使用は控えよ。これでは移動が昼間に限られ、冷たい食事しか食べられなくなるが、払ってしかるべき犠牲だ。研究により、ゾンビは眼が無傷ならばタバコの火を半マイル[800メートル]以上先からでも探知できることが明らかになっている(奴らがその光を調べにやってくるかどうかはわかっていないが、試してみる必要はない)。

やむを得ぬときだけ戦え。戦闘による移動の遅れは、余計にゾンビを呼び寄せるだけだ。ようやく1体を倒してはじめて何ダースものゾンビに囲まれていたのに気づいた、という話もある。

戦いが避けられないときでも、銃に頼るのはよっぽどまずい状況のときだけにせよ。1発撃つだけでも信号弾を打ち上げるのに等しい。銃声が周囲数マイルにいるゾンビの気を惹いてしまうだろう。確実で素早い逃走手段がないのなら、もしくは銃がサイレンサー付きでないのなら、予備の手持ち武器を使え。それもないならば、逃走路を策定して、発射後に使えるように確保しておくこと。

9. 目を凝らし、耳を澄ませ

隠れるだけでなく、脅威になりそうなものを発見せねばならない。

あらゆる動きに注意を払え。物陰や遠くに見える人の姿を無視するな。休憩中も移動中も、動きを止めて周囲の音に耳を澄ませ。足音か、引きずるような音が聞こえるか? あれは不死者のうめき声か、それともただの風の音だろうか?

もちろん、ゾンビが辺り一面にいるという偏執病に陥ってしまう可能性はある。それは悪いことだろうか? この場合には、必ずしもそうではない。誰もが自分を付け狙っていると信じ込むことと、それが真実であることとはまた別の話なのである。

10. 睡眠をとれ!

自分や仲間以外に助けはなく、声を潜め、警戒し続ける。ゾンビはどこにでも潜み隠れて獲物を狩っているかもしれない。ゾンビの大群がいつ現れるかわからず、助けは何マイルも先だ。それなのに一体全体どうやって睡眠をとれと? 狂ってる、不可能だと思うかもしれないが、この試練を生き抜くには必須のことなのである。

休憩なしでは筋肉は悲鳴を上げ、感覚は鈍り、活用せねばならないあらゆる能力が時間の経つごとに弱ってゆく。カフェインを摂取すれば回復し「力強く」歩き続けられると信じていた多くの無謀な人間が、その愚かさが引き起こした結末に気づいたときは、すでに遅かった。

日中のみに移動する利点のひとつは、好むと好まざるとに関わらず、少なくとも数時間は移動できない、ということだ。暗闇を呪うのではなく、活用するのである。

少人数のグループで移動すれば、交代で夜警を行えるので1人のときとは逆に安心して眠れる。もちろん、たとえ誰かが見張っていたとしても、簡単に眠れるとは限らない。睡眠薬を使用したいという誘惑には耐えよ。薬の効果で、夜間にゾンビが襲ってきたときに役立たずになってしまうかもしれない。敵のいる地域の真ん中でよく眠るための方法は、瞑想などの精神的トレーニングくらいしかない。

11. 目立つ信号を発するのは控えよ

飛行機の姿が見えたら、パイロットの注意を惹くために銃を撃ったり、信号弾を打ち上げたり、のろしを上げたり、その他の何か目立つ行動をしたくなるかもしれない。これでパイロットが気づくかもしれないし、ヘリや地上の救助チームに対して自分の位置に向かうよう無線連絡してくれるかもしれない。そして、周囲にいるゾンビの注意もまた惹いてしまうだろう。

ヘリがほんの数分の距離にいた場合以外は、ゾンビのほうが間違いなく先に到着する。助けを求めた飛行機がどこか近くに着陸できるのでもない限り、無線連絡や鏡を使った信号以外で助けを求めてはいけない。そうした道具が使えないのならば、さあ歩き続けろ。

12. 都市部は避けよ

感染地域を生き残る見込みがどれほどあったとしても、都市部を横切るときにその確率は間違いなく50パーセント、場合によっては75パーセントも低下するだろう。純然たる事実として、大勢の生者が住むところには大勢の屍者もいるはずなのだ。

建物の多さは、奇襲される場所の多さでもある。こうした建物は視界を狭くもする。セメントで覆われた路面は、柔らかい地面と違って足音を消してはくれない。さらに、落ちているものを蹴飛ばしたり、ガレキにつまずいたり、割れたガラスを踏んづけたりする可能性もあるなど、都会は歩くだけで騒々しくなるものばかりだ。

また、これまでも述べてきたし、この章で繰り返し強調することになるが、奇襲されたり、追い詰められたり、とにかく囲まれたりしてしまう危険性が、自然の平地に比べて都市部のほうがあまりにも大きい。生ける屍者という当面の問題はあるとしても、ひとまず忘れておくとしよう。

人間に撃たれることもある。建物の中に隠れている他の人間や武装したゾンビ・ハンターが、ゾンビだと誤認して誤射してきたらどうする? 事故であれ故意であれ、ハンターが火を放ったら? 化学物質の漏出、毒性の煙など、市街戦の危険な副産物にどう対処する? 病気にかかったら? 死んだ人間も、倒されたゾンビも、数週間にわたって放置されているかもしれないことを忘れるな。屍体に繁殖する細菌が風に乗って広がると、他の汚染物質と同じく健康被害を引き起こすだろう。

合理的な理由がない限り(救助活動や、他のルートが障害物でふさがれている場合に限る。宝探しのためというのは論外だ)、あらゆる犠牲を払ってでも都市部には近づくな!

装備品

旅には軽装での移動が必須だ。何もかもをカバンに詰め込む前に自分に問いかけよ「本当にこんなに必要か?」。ひとたび装備品を集めたら、リストを見てもう一度自問しろ。終了したら、もう一度だ。

軽装で旅をしろといっても、45口径の銃をホルスターに入れ、ビーフジャーキーと水のビンだけ持って出かければいいということではもちろんない。物資の豊富な場所——刑務所、学校、自宅など——に立てこもる場合に比べると、より以上に装備品が重要になるだろう。持って行く装備が道中で使えるすべてとなるかもしれない。背負っていくものが、自分の病院、倉庫、武器庫になるのだ。

以下は、旅を成功させるために必要な一般的な装備品のリストである。スキー板や日焼け止め、蚊帳（かや）などの特殊な装備は、周囲の環境に応じて追加せよ。

✷バックパック

✷信頼の置けるハイキングブーツ（すでに履き慣らしてあるもの）

✷靴下２足

✷口の広い１クォート[約１リットル]サイズの水ボトル

✷水質浄化剤（*）

✷耐風耐水マッチ

✷バンダナ

✷地図（**）

✷方位磁石（**）

✷レンズに覆いのついた小型懐中電灯（単３電池用）

✷ポンチョ

✷小型の信号用ミラー

✷睡眠用シートもしくは寝袋（両方だとかさばるだろう）

✷サングラス（偏光レンズ）

✷小型治療キット（*）

✷十徳ナイフもしくは多機能工具

✷イヤホン付き小型ラジオ（**）

✷ナイフ

✷双眼鏡(**)

✷主力の銃火器(セミオート・カービン銃が望ましい)

✷銃弾50発(グループなら1人30発)

✷銃のクリーニング用具(**)

✷予備の銃火器(22口径リムファイア・ピストルが望ましい)

✷銃弾25発(*)

✷手持ち武器(山刀(マチェット)が望ましい)

✷信号弾(**)

(*)　:グループならば不要

(**) :グループならば誰か1人が持っていればよい

さらに、グループごとに以下のものも持ち歩くべし。

✷静音型の射撃武器(サイレンサー付きの銃かクロスボウが望ましい)

✷15体ゾンビを殺せるだけの予備弾薬(通常の火器と異なる武器の場合)

✷望遠照準器

✷中型の治療キット

✷ヘッドホン付きトランシーバー

✷クギ抜き(バール)(手持ち武器としても使えるもの)

✷浄水ポンプ

ひとたび装備を選んだら、どれもが機能するかどうか確かめろ。すべてについて何度も何度も繰り返しだ。

1日中バックパックを背負ってみろ。快適な籠城拠点にいるのに重すぎたなら、1日中歩いたあとにはどう感じるか、想像してみよ。

こうした問題のいくつかは、複数の道具を組み合わせたものを選ぶことで解決できる(ある種の懐中電灯付きラジオ、方位磁石付きサバイバルナイフ、など)。このスペース節約術を武器を選択するときにも応用せよ。すでにある銃器用のサイレンサーならば、クロスボウと予備のボルトのようなかさばる武器を新しく持ち運ぶよりスペースは少なくて済む。

1日中荷物を背負っていれば、擦れて痛いのはどこか、ハーネスを調整したほうがいい場所はどこか、装備品をどう固定するのがよいかなど、様々な事に気づけるだろう。

車両

乗り物があるのに、なぜ歩く?

アメリカ人はこれまでずっと、労力を省いてくれる機械というアイディアに取り憑かれてきた。あらゆる職種の業界が、日々の雑用をより速く、より楽に、より効率的にしてくれる機械を発明し、発展させようと取り組んできた。そんなアメリカン・テクノロジー教の最高神といえば、自動車をおいて他にあるだろうか? 年齢、性別、人種、経済レベル、地域に関係なく、この全能の機械、素晴らしい形状のすべてこそが我々アメリカ人の祈りに応えてくれると教えられてきたのである。

ゾンビ大発生の最中だろうとそれは真実なのではないか? 敵のい

る戦場を車で駆け抜けてはなぜいけない? 移動時間は数日から数時間にまで縮まるだろう。装備品がかさばってももはや問題とはならない。目の前にゾンビが出たらはね飛ばしてしまえばいいだけのことだ。

これらが強大なアドバンテージなのは間違いないが、それは同じくらい強大な問題の元ともなるのである。

燃料消費のことを考えてみろ。ガソリンスタンドの数が少なく、間隔が離れすぎているかもしれない。見つけたとしても、おそらくガソリンはとっくに残っていないだろう。愛車の燃費を正確に把握し、予備の燃料を持ち、綿密なルートを計画したとしても、行ける距離には限りがある。

どの道が安全か、どうしたらわかる? ゾンビ感染拡大後についての研究によると、特に北アメリカにおいては、すぐにほとんどの道が乗り捨てられた自動車でふさがれてしまうことが明らかになっている。さらに、破壊された橋、ガレキの山、土壇場に追い込まれた防衛部隊が築いたバリケードなどの障害物も考えられる。

道を外れて運転するのは、同じくらいか、さらに危険な行為だ(後述〈地形タイプ〉を参照:165-175ページ)。田舎道を運転して自由へと開かれた道を探そうとするのは、ガソリンを使い尽くすためには最高の手段である。原野では、タンクの中身を使い果たし、空っぽの車内は血まみれの、ぽつんと捨てられた車が何台も見つかるだろう。

故障したときを想像してみろ。第三世界の国に自動車を持って行く西洋人はほとんどが、スペアパーツもフルセット持って行くのが常である。この理由は簡単。自動車は世界で最も複雑な機械のひとつだからだ。修理店もない悪路を走る車は、あっという間に役立たずの鉄くずの山になってしまう。

それに騒音も発生する。エンジンを唸(うな)らせて感染地域を突っ切るのは、万事順調であれば楽しいだろう。しかしどんなエンジンも、マフラーの性能に関わらず、どれだけ騒々しい人間の足音よりもずっと大きな騒音を発生させてしまうのである。

理由が何であれ、もし車がもう動かないと気づいたら、すぐに荷物をつかんで逃げ出せ! すでに、その地域にいるグールすべてに自分の居場所を知らせてしまっている。機械仕掛けの移動手段はもはやなくなってしまったのである。うまいこと奴らから逃げられるよう幸運を祈っておけ。

こうした警告にもかかわらず、自動車による移動や輸送には抗しがたい魅力があるように思える。以下は、よくある車種とその長所、短所を述べた短いリストである。

1. セダン

またの名を「普通自動車」だが、数千ものバリエーションがある。そのせいで、長所と短所とを一般化して述べるのは難しい。選ぶ際は、燃費、積載スペース、耐久性に注意せよ。

セダンに大きな弱点がひとつあるとすれば、全地形対応型ではないことだ。前述のとおり、ほとんどの道路が閉鎖されたり、ふさがれたり、破壊されたりしているだろう。もしセダンを所有しているなら、どうしたらその車で原野を横切っていけるのか想像してみるといい。さらに、雪原、ぬかるみ、岩場、切り株、水路、河床、そして錆びつき忘れ去られた様々な廃棄物についても。おそらくセダンではそれほど遠くまでは行けないだろう。あまりにもしばしば、感染域の周辺の土地には、故障したり立ち往生したりしたセダンが散らばっている。

2. SUV

好景気と豊富な安いガソリンによって、このタイプの車は1990年代に爆発的に増えた——大きいことはいいことだ、を地で行っていた1950年代の自動車黄金時代へと、路上のモンスターが舞い戻ったのである。

一見したところでは、理想的な逃亡手段に思える。軍用車両のオフロード性能にセダンの快適さや信頼性を兼ね備えており、不死者から逃亡するためにこれ以上向いた自動車があるだろうか? その答えは、いくらでもある。見た目に反して、すべてのSUVが全地形対応の運転性能を持っているわけではない。多くは、自宅の周辺以外で乗るつもりすらない顧客向けに作られたものなのである。

だが安全性はどうだ? あれだけ大きい自動車の図体ならば、より高い防御力をもたらしてくれるはずでは? 答えはまたもノー。何度も行われた消費者調査によって、多くのSUVが一般的な中型セダン以下の安全基準しか有していないことがわかっている。

とはいえ、いくつかの車種は実際の見た目通り頑丈で、容赦なく過酷な条件下であっても対応できる、頼もしい馬車馬なのである。慎重に各選択肢を調べれば、燃費が悪く、見た目ばかりよく、無責任に販売された虚栄心の塊の中で本物のモデルがどれかわかるだろう。

3. トラック

この車種には、ミニバンから運送トラックやレジャー用車両まで、あらゆる中型の貨物車が当てはまる。燃費の悪さと限られたオフロード性能（個々のモデルにより異なる）、巨大で不格好な図体のため、こうした車種は移動や輸送には最悪の選択だと考えられる。都市部においても原野においても、乗員を缶詰食品状態のように閉じ込めたトラックが止まっていることが少なくない。

4. バス

前述の車種と同様に、この巨大なモンスターは生ける屍者と同じくらいの危険を運転手にもたらしうる。スピード、運動性、燃費、オフロード性能、隠密性、その他の感染地域から逃亡するために必要な性能についてはどれも気にするな。どうせバスは何ひとつ持ち合わせていない。

皮肉なことだが、バスが何らかの「長所」を持っているとすれば、それは逃走能力ではなく防御力のことである。ハンターの一団が、感染地域の中で警察のバスを走らせ、移動要塞として使っていた例が２件報告されている。こうした使い方をするつもりでない限り、バスは避けろ。

5. 装甲車両

こうした民間用戦車は、控えめにいっても稀な存在である。警備会社に勤めているか、巨額の個人資産を持っているかでもない限り、この種の車両に触れたことはまずないだろう。

燃費が悪く、全地形対応型でないにも関わらず、装甲車両は逃亡しようとする者にいくつもの利点をもたらしてくれる。その頑丈な装甲が、運転手を事実上無敵にしてくれるのである。たとえ故障してしまっても、車両の中にいる者は食料が続く間は生き残れる。どれほど大量で強大なゾンビの群れであっても、この強化鋼を貫くことはできないだろう。

6. バイク

間違いなく、感染地域から逃亡するには最高の選択肢である。

オートバイ——特にオフロードバイク——ならば、四輪の自動車ではたどり着けない場所にもたどり着ける。スピードと運動性の高さによって、ゾンビの群れの間をすり抜けることすらできる。軽量なため、何マイルも押して歩ける。

もちろん、欠点もある。オートバイはガソリンタンクが小さく、また何の防御力ももたらしてはくれない。しかし、統計によってこれらは些細な短所に過ぎないとわかっている。ゾンビ大発生時に他の乗り物で逃げようとした者と比べると、オフロードバイクのライダーの生存率は23倍もあるのだ。

残念ながら、オートバイによる屍者の31パーセントはよくある事故によるものだ。無謀な、そして傲慢なライダーは、ゾンビのアゴに噛みつかれるのと同じくらい簡単に事故死してしまうだろう。

7. 自動車用の追加装備

✷タイヤ修理器具

✷ポンプ

✷予備燃料(車両の外に積めるだけ)

✷予備のパーツ(積める大きさの限度次第)

✷パーソナル無線機

✷解説書

✷修理キット(ジャンパーケーブル、ジャッキ、その他)

8. その他の地上移動手段

A. 馬　乗馬による逃走に明白な利点があることには、誰も異議を唱えないだろう。

ガソリンスタンドでの燃料補給とは無縁になる。予備の物資はエサ、毛布、一部の医薬品などで済む。四つ足の動物に道路は不要であるため、進める地形の選択肢が増える。自動車という贅沢品が現れる以前には、人々はこの俊足で頑丈な動物に乗って非常に効率よく旅をしていたのである。

だが、鞍にまたがって旅に出る前に、以下の簡単な警告を思い出してほしい。

小さいころポニーに乗ったことがある人なら、誰でもわかるとおり、乗馬は技術を要する。西部劇の中では簡単そうに見えるが、忘れろ。乗馬や馬の世話に必要な技術は習得が難しい。すでに習熟しているのでない限り、働きながら学べるなどと考えるな。

特にゾンビを相手にする場合のもうひとつの弱点とは、馬は不死者にひどくおびえてしまうということである。風に乗って、ときには何マイルも先から漂ってきたゾンビのにおいですら、ほとんどの馬にヒステリーを起こさせるには十分だろう。馬の扱いを知り尽くしている熟練の騎手にとってなら、この性質は早期警戒システムとして有利に働くかもしれない。だが大半の者は、カタパルトのように地面に放り出されて怪我をするだけに終わる。このとき、馬は不幸な騎手を取り残して逃げ出すだけでなく、必死のいななきがゾンビたちを呼び寄せる警報として働いてしまうだろう。

B. 自転車　この乗り物は、長所ばかりをもたらしてくれる無類の存在である。普通の自転車は速く静かで、人力で動かせるうえに整備も簡単だ。さらに利点を付け加えるならば、地形が走れないほど荒れてきた場合に、持ち上げて運ぶこともできる唯一の乗り物でもある。

感染地域から自転車で逃げだした者は、たいていの場合、徒歩の者よりいい結果を出している。その能力を最高に引き出すためには、レース用や娯楽用のモデルよりはマウンテンバイクを選べ。

ただし、自転車に乗る際は、スピードが出るからといって調子に乗らないように。標準的な安全防具を身に着け、速度よりも警戒を優先せよ。溝にはまって足が折れ、自転車も壊れてしまったときに、刻一刻とゾンビの足音が近づいてくるほどありがたくないことなどないからだ。

地形タイプ

人類の進化の大半は、自然環境に打ち勝つための戦いだった。進化しすぎた、ともいえるだろう。この言葉は真実かもしれないし、そうではないかもしれない。

工業化された第一世界の人間にとっては、自然の力とは完全に制御できるものだろう。快適な家の中で、自然の諸力を自由に操ることができるのだから。部屋を暖めたり冷やしたり、湿らせたり乾燥させたりをすべて決められる。カーテンを閉めて昼を消し去り、ランプを点して夜を追放する。ときには音やにおいさえも、壁や閉めた窓によって、家と呼ばれる人工的な泡の中から閉め出すことができる。その泡の中では、人間が環境の主人だ。だが、凶暴なゾンビの群れから逃げまわることになる外の世界では、その逆になる。自分の運命は自然に翻(ほん)

弄(ろう)され、これまで当たり前のこととして受け入れていた、ほんのわずかな環境変化すら不可能となる。ここでは適応することが生存のカギとなるだろう。そして適応のための第一段階とは、周囲の地形について知ることである。

どんな環境に身を置いたとしても、そこには独自の原則がある。常にこの原則を学び、尊重せよ。その気持ち次第で、周囲の地形が味方になるか敵になるかが決まるだろう。

1. 森(温帯/熱帯)

密集した多くの高木は、隠匿性を高める。騒々しい動物の声が、あるいはそれが途切れることで、迫りくる危険を知らせてくれる。柔らかい地面は足音を消す役に立つ。時おり手に入る自然の食料(木の実、木イチゴ、魚、獣など)は、食料袋の足しになり、長く保たせてくれるだろう。夜間には大きな木の上で眠ることで、安全に休息をとることができるかもしれない。

いらだちを感じる短所のひとつは、頭上が覆われていることに由来する。もしヘリコプターの音が頭上から聞こえても、素早く救難信号を送ることはできないだろう。仮に乗員が見つけてくれたとしても、着地のためには広い場

所が必要だ。頭上に飛行機が通る音がして、救助を求めたくても姿が見えないというのはストレスになるだろう。

2. 平原

開けた場所にいては、ゾンビに遠くからの発見を許してしまう。できればそのような場所は避けよ。無理ならば周囲に不死者がいないかどうか鋭く監視し続けること。奴らに見つかる前に、奴らを見つけるよう心がけろ。

すぐに地面に伏せられるようにせよ。そうして奴らをやり過ごすまで待て。動かねばならないときは、這って進め。危険地域を抜けるまでは、常に姿勢を低く保つことだ。

3. 農地

背の高い草ほど機能的な遮蔽物はない。問題は、これは人間にとっても、潜んでいるグールにとっても利点になりうることだ。

騒音は致命的な問題となるだろう。乾いた草地をだらだらと歩いて通り抜ければ、彼方にいるゾンビの注意を惹くのに十分な騒音を立ててしまうはずだ。草が湿っているときであっても、ゆっくり移動し、慎重に聞き耳を立て、常に接近戦に備えておけ。

4. 丘陵

高低差の大きい土地を旅すると、視界が制限されるだろう。できれば高所は避けよ。谷底にはりついて動け。こちらを発見するかもしれない予想外のゾンビがいた場合に備え、周囲の丘の上に目を光らせろ。

高所は、方角を定めたり、道を確認したり、周囲にいるゾンビの位置を確かめる場合には有用である。高所に登るときは極限まで注意を払うこと。姿勢を低くして移動し、体を地面につけ、前屈みの人影に前もって備え、特徴的なうなり声に耳をそばだてろ。

5. 沼地

湿地帯は、どんな種類であれできる限り避けたほうがよい。水のはねる音は隠密行動を不可能にする。野生の捕食動物や有毒生物もまた、不死者と同様の脅威となりうる。ぬかるんだ泥は、特に重い荷物を持っている場合は移動力を大きく損なわせる。固く乾いた土地を選ぶよう常に心がけよ。

やむを得ない場合も、浅瀬だけを歩いて渡れ。波紋など、どんな水面の動きも見逃すな。ゾンビが泥に埋もれ、水面のすぐ下に潜んでいるかもしれない。

足跡や動物の屍体に注意しろ。森の中と同様に、野生動物の声に耳を立てろ。動物の気配は早期警戒システムとして機能する。何百もの異なる動物

や鳥がこの生態系に生息している。静かになるのは、大柄な捕食者がやってきたときだけだ。沼地の真ん中にいるときに突然何の物音もしなくなったら、不死者が近くにいると思ったほうがいい。

6. ツンドラ

この亜北極圏の地形は、地球上で最も人類に優しい環境だ。追ってくるゾンビは極低温によって凍りついてしまうので、冬の長い夜は移動するには安全だ。夏の長い昼は、視覚に頼りきりの人間も、すべての感覚を利用する不死者と同じ立場に立てる。おかげで、より長い時間を移動に費やせるのだ。

皮肉なことに、夜の来ないツンドラ地帯の薄明のほうが、深くリラックスした休息ができることがわかっている。ツンドラの「夜」で眠った避難民たちは、腐敗した暴徒の群れが暗闇から飛び出してくるという恐怖を忘れて、真の休息を得られたのだという。

7. 砂漠

暑く乾いたこの土地は、都市部を別とすれば地上で最も危険な環

境となりうる。ゾンビの脅威がなくとも、脱水症や熱中症によって健康な人間すら数時間で殺されかねない。

この極限状態を避ける方法は、言うまでもなく夜間に移動することである。残念ながら、ゾンビ大発生時の夜間移動は非常に好ましくないため、不可能だろう。移動は日没後の3時間と日の出前の3時間にのみ行うべきである。最も日射しが強く暑い昼間には、移動せず日陰に隠れていたほうがいい。完全な暗闇となる時間帯は休息に使え。旅の道行きは遅れるだろうが、攻撃を受ける危険性を大いに下げてくれるだろう。

その他のいかなる地形を移動する場合以上に、長い道行きにも十分な水があるかどうかを、さもなくば水場の正確な場所を、しっかり確かめておくこと。

可能な限り、砂漠はなんとしても避けるべきだ。この環境はどんな歩く屍者とも同じくらい簡単に人を殺せるのだということを、決して忘れてはいけない。

8. 都市部

前述のとおり、逃亡中には、あらゆる犠牲を払ってでも人口の集まる地域は避けるべきだ。都市の周囲も含めて、おそらく名状しがたい混沌の渦となっているだろう。

想像してみろ、大勢の人間が——そう、50万人ほど——水道、電気、電話、食事のデリバリー、医療サービス、ゴミ収集、消防活動、警察などが何もないところに、身ひとつだけで放り出されたとしたら？ さらに、人の姿をした食人モンスターが数千も、血で汚れた道をよろめきながらやってくるのである。

50万人の人間を想像してみろ——恐れ、必死になり、いらだちを募らせながら、命がけで戦っている。どんな戦場も、どんな暴動も、どんな「普通の」社会秩序の崩壊も、おそらく生ける屍者に囲まれた都市とは比べようもないだろう。

あらゆる常識を無視してでも都市部に入らねばならないのなら、以下の原則を守ることで、生存の保証とはいかずとも確率を高めることができるだろう。

A. その地域について知れ！ 何度も繰り返し確認してほしい原則である。都市部ほど知識が役に立つ場所はないのだから。

たどり着いた都市の規模はどのくらいか？ 道路の広さは？ 橋やトンネルなど、交通の要衝はどこにあるか？ 見通しが悪かったり行き止まりになったりしている道は？ 工場や化学プラントなど、危険物を保管している施設はあるか？ 移動の妨げになるかもしれない工事現場はどこだ？ 移動時間を短縮できるような、広く見通しのいい運動場や公園はあるか？ 病院、警察、教会など、隠れている人間を求めてゾンビが集まりそうな建物はどこに？

街の地図が１冊はぜひ必要だし、ガイドブックがあればなおよい。

だが、自分で収集した知識が一番だ。

B. 四輪の自動車は決して使ってはならない　街の端から端まできれいにつながっている道が見つかる見込みなど、事実上ほぼない。そうした道についてリアルタイムで情報が入ってくる手段がない限り、車、トラック、SUVなどでそんな道を見つけようと考えてもいけない。

　オートバイなら、障害のある道路をすり抜けることも可能だ。しかし騒音の大きさがその利点を相殺してしまう。徒歩や自転車ならば、このコンクリート製の迷宮を移動する際に、スピード、隠密性、臨機応変な対応という利点を得られる。

C. 高速道路を使え　大発生が激しい攻防戦から完全な感染状態に移行したら、最も安全な移動経路は高速道路だろう。1950年代以降、フリーウェイはアメリカの大、中規模の都市の大半を結んで建設されてきた。一般的に経路はまっすぐで、移動時間を短縮できる。側面が高いフェンスで囲まれているか高架道路になっており、グールが到達するのをほぼ不可能にしている。高速道路の入り口やフェンスの破れ目をゾンビが見つけたとしても、乗り物(自転車かオートバイ)でかわしたり、単に逃げたりするだけの速度を保ち続けられるだろう。

　四輪の自動車はここでも選択してはならない。どの高速道路も間違いなく、停車した車であふれているからである。多くはその中にゾンビがいるだろう――噛まれた人間が都市から逃げ出そうとしたが、負傷によって命を落とし、シートベルトをしたままで蘇生したものが。

　どの車も接近する前によく調べ、窓が開いていたり壊れたりしているものには気をつけろ。突然腕をつかまれたときに備え、山刀（マチェット）を手にしておけ。サイレンサーがあろうとなかろうと、銃器の使用には極限まで注意を払え。満タンもしくはまだ少し中身の残っている燃料タンクでできた、地雷原のど真ん中を歩いていることを忘れるな。1発の流れ弾やわずかな火花だけで、生ける屍者はもはや悩みの種ではなくなるだろう。

D. 地上に居続けよ　雨水路、地下鉄、下水道などの地下構造物は地上の敵から身を守ってくれる。しかし高速道路のときと同様、すでにゾンビが大勢潜んでいるエリアで取り囲まれてしまうリスクも冒すことになる。高速道路と違うのは、壁を登って越えたりジャンプしたりする余裕が頭上にないことである。囲まれたら逃げ道はないかもしれない。

地下を移動すれば、完全な暗闇になっているのは間違いなく、その時点で不利は確定している。また、たいていのトンネルでは反響した音が地上よりも遠くまで届く。それだけでゾンビがこちらの位置を特定できるとは限らないが、地下通路中のゾンビが反応することは間違いない。

通路体系について精通していない限り――設計、建設、メンテナンスに関わっていないなら――そんな場所には近づくな。

E. 仲間の誤射に注意せよ　都市や区域が「制圧」（完全にゾンビに占領された状態）を宣言されたとしても、わずかな人間が残っているかもしれない。こうした生存者たちは、まず射撃し、それから敵のことを確認するに違いない。

誤射を防ぐために、ゾンビが集まっていく方向を監視しろ。まだそちらで戦闘が行われている証(あかし)かもしれない。また、屍体の山にも気をつけろ。近くの隠れ家に潜んでいるスナイパーが猟場にしている印かも。銃声に耳を澄ませ、その位置を特定し、遠回りして避けろ。

その他の兆候、煙、窓からの光、人間の声、機械の音などにも注意を払え。もう一度言うが、屍体に注意せよ。特に、ある一方向に向かって倒れた屍体の山は、不死者が目標を目指してそちらに向かおうとしていたことを示す。同じ場所で倒れているという事実は、腕利きの狙撃手が同じ距離から倒したことを意味するのかもしれない。

もし人間が近くにいると感じても、決して接触を試みてはならない。目立つ音を立てたり、「撃つな!」と叫んだりしながら近づいても、不死者の気を惹くことになるだけだろう。

F. 夜明け前に侵入し、日暮れ前に退散せよ　日中だけでは横断できないほど広い都市でもない限り、境界にたどり着くまでは決して立ち止まったり休んだりしてはいけない。前述したとおり、夜間移動の危険度は、田舎と比べて都市部では100倍にも増すのだ。

陽が沈むほんの数時間前に都市にたどり着いたとしても、夜の間は郊外に引き返せ。都市内部を移動し続けて、もうすぐ境界までたどり着くというときに日暮れまであと数分しかなかったら、キャンプするため立ち止まるよりは、視界が良好なうちは進み続けろ。これが夜間の旅を許容できる唯一の場面である。常に、田舎の暗闇の方が昼間の都市より(比較的)安全だ。

G. 計画をもって休憩せよ　１日で横断しきるのが不可能な都市もあるかもしれない。特に現代では都市の拡大と「中間域」現象（ふたつの都心部の中間が発展している現象）によって、都市の境界線を決定するのが難しくなっている。こうしたケースでは、睡眠に向いた場所か、少なくとも翌日まで休息をとれる場所を見つけることが必要だろう。

４階建て以下で、できたら隣とお互いに近い（ただし接触していない）建物を探せ。屋根が平らで、出入り口がひとつしかない建物なら、最高の一時避難所となる。

第一に、屋上から隣の建物へと安全に飛び移れるか確認せよ。第二に、屋上に続くドアを封鎖すること。もし無理ならば、壊れたときに大きな音を立てる材料でバリケードを築いておけ。第三に、常に長期間にわたる逃亡計画を、短期間用のものと同様に作り上げておくこと。ゾンビが屋上にたどり着いたとして、目を覚ますやいなや隣の建物、おそらくさらに隣にまで飛び移り、どうにか道路に降り立ったとして、それからどうする？ 長期の逃亡計画を練っておかないと、一難去ってまた一難ということになりかねない。

その他の移動手段

1. 空中

統計によると、あらゆる交通手段の中で、空の旅が最も安全である。しかし、感染エリアから逃亡するにあたっては、これはほとんど当てはまらない。

移動時間は時間単位から分単位にまで圧縮されるだろう。地形などの障害はもはや取るに足らない。食料の必要性、物資など、この章でこれまでに述べてきたことは、大地に満たされたグールの頭上に舞い上がってしまえば実質的に無意味になる。

しかし、空の旅にも欠点がある。飛行機のタイプや状態にもよるが、空を飛んでいくことの利点をすべて相殺してしまうほどのものだ。

A. 固定翼機　少なくとも仲間の1人が操縦法を知っていれば、スピードと利便性において普通の飛行機に勝るものはない。

燃料は、文字通り生死に関わる問題だ。飛行途中で給油のため着陸が必要になる距離を行くのであれば、その正確な場所と安全な着地が保証できるかどうかを確認せよ。

大発生の第一段階では、大勢の民間人が個人所有の飛行機で、目的地の情報もないまま飛び立ってきた。給油のため感染地域に着陸しようとした者たち以外は、多くが墜落した。あるケースでは、元スタント・パイロットが危険地域から飛び立ち、燃料を使い果たすとパラシュート降下で安全に着地しようとした。しかし着陸までに、半径10マイル[16キロメートル]にいるゾンビが墜落して燃え上がった飛行機を見つけ、彼のところにゆっくりと集まってきた(その結末は別のパイロットによって報告された)。

水上飛行機ならこうした潜在的な危険を回避できる(水上にとどまり続ける限りはだが)。しかし、湖や海の真ん中に浮かんでいればグールからは安全に逃げ切れるが、自然の猛威からは逃げられない。撃墜されたあとに数週間救命ボートで漂流した第二次大戦中のパイロットの回顧録を読んだら、水陸両用機に乗り込む前に考え直したくなるかもしれない。

B. ヘリコプター

いつでもどこにでも着陸できる能力は、固定翼機以上の大きな利点をもたらしてくれる。空気抵抗を受けながらの着地も可能であり、燃料を使い果たしても死刑宣告とはならない。しかし敵地に着地してしまったらどうする? 騒音だけでも居場所を知らせることになってしまうだろう。

再給油については、固定翼機と同様の原則を適用すること。

C. 気球　最も原始的な飛行機械のひとつが、実は最も効果的な手段のひとつなのである。熱気球にしろヘリウム式気球にしろ、数週間も空に漂っていられる。

欠点はしかし、推進力の欠如だ。気球は移動力の大半を、風と気流とに頼っている。豊富な経験がない限り、気球に乗っても、敵地の真上になす術もなく閉じ込められるに過ぎない。

D. 飛行船　見た目が滑稽だし、探し出すのはほとんど不可能かもしれないが、空の旅をするつもりならヘリウムで満たされた飛行船以上の手段はない。

飛行船は第一次大戦中に発展し、飛行機に取って代わりつつあったが、1937年に起きたヒンデンブルグ号の大火災でほぼ台無しになった。現在では空飛ぶ広告看板か、スポーツイベントの空撮くらいにしか利用されていない。しかし大発生の際には、気球が持つ長期間浮いていられる能力と、ヘリコプターが持つ移動力とどこにでも着地できる能力の組み合わせが役立つのだ。

ゾンビ大発生時に飛行船が4回使われた――逃亡のために1回、研究目的で1回、索敵・撃破（サーチアンドデストロイ）任務のため2回。すべてが成功を収めた。

2. 水上

どのような形状にせよ、船舶はゾンビ大発生中には最も安全な移動手段となる。前述したとおり、ゾンビは肺を使用しないので水中でも活動できるが、泳ぐ器用さを持たないのだ。このため、船での移動もまた飛行するのと似たような利点を持つ。水上を逃亡している人々は、多くの場合、水底からこちらを見上げるグールを見下ろすことになる。船底からゾンビの手までたった1インチ[2.5センチメートル]以下しか離れていなくとも、中に乗っている人間は何も恐れることはない。

水上での逃亡は、陸地を行く場合の5倍も生存率が上がることが研究により明らかになっている。アメリカの土地は大半が河川や運河で接続されているため、理論上は何百マイルも遠くまで移動することが可能だ。湖や溜め池に浮かんだ人工島として船を使用し、沿岸が生ける屍者に取り囲まれる中で、数週間生存した事例がある。

推進力の種別

❶エンジン　化石燃料によって、スピードが出せるだけでなく、どんな種類の水路でも比類ない操作性を得ることができる。

とはいえ明らかな欠点は、燃料が有限なことである。もう一度言うが、目的地までの十分な燃料があるのを確認するか、十分な予備燃料が備えてある安全な補給拠点の場所を正確に知っておくかせよ。

もうひとつの問題は、予想の通り、騒音だ。低速での移動は燃料を節約できるが、沿岸にいるゾンビたちの耳に警報を届かせてしまう（低速で動かしても、エンジン音は高速時と変わらない）。

化石燃料を使用するエンジンにも出番はある。ピンチになったら素晴らしい馬力を発揮してくれるだろう。必要なときにだけ、常に慎重に使用せよ。

❷帆　風力は尽きることのないエネルギー源である。風を捉えることで、限られた燃料のことを気にせずに旅をすることができる。帆のはためく音を除けば、帆船の立てる音は浮かんでいる海藻と同程度——ほとんどゼロだ。

残念ながら、風は極めて予測が難しくもある。

穏やかすぎれば鎖につながれているようなものだし、激しい嵐のときは転覆を恐れる羽目になる。10度に9度は、風は思い通りの方向から吹いてきたりしないだろう。もし理想の風が来たとしても、減速や停止はエンジンを切るように簡単ではない。多くのモーターボートは、初心者でもボストンの捕鯨船員のようにうまく操作できるが、帆船には技能、忍耐、知識、長年の経験が求められる。船を見つけて乗り込んで、錨を上げ、風に乗って生ける屍者のいる方へ流され始める前に、このことを思い出して欲しい。

❸筋肉　手こぎボートほど単純なものがあるだろうか? 少しばかり練習すれば、誰でも自分の船を推進、転進させられる。

大きな欠点は、我々人間と同じく単純なものだ。疲労である。海を越える旅を計画する前にこのことを考慮すべきだろう。どれほど遠くまで行かねばならないのか? 同行者は何名か? 交代でオールをこぐのだとしても、全員が疲れ果てる前に目的地にたどり着けるか?

非常用エンジンや帆がない限り、全面的に人力頼みで移動するなら、慎重に旅の計画を立てよ。忘れるな、人間には休息が必要だが、ゾンビには不要なのである。なぜこちらの最大の弱みと敵の最大の強みとを競わせるような状況に飛び込むのか?

水上での一般則

船に乗って逃げる際、最もやってはいけないことは、これでもう安全と思い込むことだ。こうした誤った安全意識が、しっかり頭を働かせて防御を固めていれば容易に助かったはずの犠牲者として、大勢の人間を死に追いやったのである。

水上での逃亡は、陸上や空中でのそれと違いはない。航海を安全で成功したものにするため、あらゆる警句に留意すべし、あらゆる原則に従うべし、あらゆる教訓を学ぶべし。

1. 移動する水路について知れ

水門はあるか? ダム、橋、急流、滝は? 地上と同じように、旅を始める前に通行する水路についての知識を深めておくことが不可欠だ。

2. 水深の深い場所を移動せよ

12フィート[3.6メートル]以上の深さが望ましい。それより浅いと、ゾンビの手が船まで届くかもしれない。

多くの逃亡者が、特に濁った水域では、水面下にいたゾンビに引きずり込まれて命を落としてしまった。また、スクリューのプロペラ部分や舵の一部を水中のゾンビにぶつけて破損した者もいる。

3. 物資を惜しむな

河川や運河を下って旅をするなら、保存食は不要だろうと考える人間が多い。ともかく、ただ足下で釣りをしてそこの水を飲めばいいのじゃないか？ 悲しいことに、川が豊かで美しかったハックルベリー・フィンの時代は、失われて久しい。工業の大発展時代以降、ほとんどの川が命を支えるだけの力を失った。人工物による汚染に加えて、多くの川や湖には、人間や動物の排泄物によってもたらされた、命に関わる病気を引き起こすバクテリアが大量に存在している。

結論としては、旅の期間に合わせて常に十分な量の食料と真水を持ち運べ。浄水フィルターの水は、調理と洗濯にのみ使用せよ。

4. 錨の鎖に注意せよ!

船に乗って安心を感じている人々はあまりにしばしば、夜間は停泊して錨を下ろし、眠りにつく。そして、そのまま目を覚まさない者もいるのだ。

水底を歩いているゾンビは、船が近づく音も、錨が水底に着いた音も聞きつけることができる。鎖を見つけたら、ボートにたどり着くまでよじ登ろうとするだろう。これを見張るために少なくとも1人を配置し、問題が起きる兆候があればすぐに鎖を切断できるように準備しておけ。

第5章

攻撃法

ON THE ATTACK

1887年7月、ニュージーランド南島のオマラマの町の近くにある農場が、小規模なゾンビ大発生の舞台となった。襲撃の初期段階は不明だが、報告によると、14人からなる武装した部隊が周辺の田舎で3体のゾンビを片付け、残りも楽に退治できるだろうと考えながら、農場の家屋に集結したのだという。

1人が偵察のためその家に送り込まれた。彼が屋内に入ると、絶叫、うめき、銃声が聞こえ、それから何の音もしなくなった。

別の男が家の中に送られた。はじめは何も起こらなかった。彼は2階の窓から身を乗り出し、喰いかけの屍体しか見つからない、と叫んでいるのを目撃された。突然、後ろから腐りかけた腕が現れ、彼の髪をつかみ、家の中に引きずり込んだ。

仲間たちは彼を助けるため中に駆け込んだ。家に入るとすぐ、5体のゾンビが全方向から襲ってきた。斧や鎌のようなリーチの長い手持ち武器は、このような近距離では役に立たなかった。銃身の長いライフルも同様だった。拳銃の誤射で3人が即死し、2人が負傷した。

乱闘の最中、生存者の1人がパニックを起こして家から飛び出し、ランタンをつかむと窓から投げ入れた。後の調査では、炭化した骨しか見つからなかった。

この章は、一般市民による索敵・撃破（サーチアンドデストロイ）作戦の立案を助けるために書かれている。

前述してきたように、多くの政府機関が、従来と違うこの新たな戦いに対処可能な武装と戦術を準備しているはずだ（そう願いたい）。政府機関が現れて対処してくれれば、全く問題はない。ふんぞり返ってリラックスしながら、払った税金が有効に使われている様を楽しめばいい。だがこれも前述してきたように、税金を払ったのに、私たちを守ってくれるはずの彼らがどこにも見当たらないとしたら？ こうしたケースでは、不死者の脅威を根絶する責務は自分や仲間たちの肩にかかってくる。

この章で触れるあらゆる原則、あらゆる戦術、あらゆる道具や武器は、まさにこうした不測の事態にも対応できるよう入念に仕立て上げられている。どれもが実際の戦闘に則ったものだ。逃げ隠れするのは終わりにし、狩る側を狩るときがやってきた場合のために戦闘準備としてすべてテストされ、実証されたものである。

一般則

1. 集団での対処

他のあらゆる種類の戦闘と同様、不死者との戦いにおいても単独での作戦は決して行うべきではない。

前述のとおり、西洋——特にアメリカ——の文化には、1人で闘う超人ヒーローの伝説が存在する。重武装で、高い技能と鋼の神経とを備えた、たった1人の男あるいは女が世界を征服できるというような。現実には、そんなことを信じるような者は、裸になって大声でゾンビを呼び集め、銀の大皿にでも寝転んでいたほうがいい。

1人で戦おうとするのは、自分が殺されることだけを意味しない——ゾンビが1体増えてしまうかもしれないのだ。協力して、常に協力して戦うことが、不死者の軍隊を絶滅させるための唯一成功しうる戦略だと判明している。

2. 規律を保て

もしこの章から他に得るものがなく、正しい武器、装備、通信手段、戦術などが馬鹿げた時間の無駄に見えたとしても、生ける屍者との戦いに際して、たったひとつだけ道具を持っていくなら、それは厳しく、揺らぐことなく、疑問の余地がない鉄の規律だ。自律的な集団は人数に関係なく、ただ重武装しただけの烏合の衆と比べ、無限大に大きいダメージを不死の敵軍に与えることができる。

本書は軍人ではなく民間人に向けて書かれているため、そうした強い規律を守れる人間に出合うことは少ないかもしれない。

チームを組むときには、自分の指揮下にある者たちが指示を理解できるかどうか確認しておくこと。明瞭で簡潔な言葉を用いよ。軍事用語あるいはその他の技術用語は、グループの全員が慣れ親しんでいるのでない限り用いないほうがよい。

リーダーは1人だけであり、集団全体がそのことを理解し、尊敬を寄せているようにせよ。個人的な対立がないかどうか、少なくとも対立を忘れることができるかどうかを確かめろ。

こうした要求でチームの人数が減るとしても、構わない。チームは何としてもひとつの生き物のように機能せねばならないのである。さもなくば、悪夢が束になって待ち構えることだろう。大人数の重装備した部隊が、パニックに陥ったり、逃げ出したり、同士討ちを始めたりする者がいたために全滅してしまった。

映画で見たような、地元の人間が緩い結束を組み、ビールとショットガンを手にゾンビの脅威から世界を守るような話は忘れてしまえ。現実の世界ではそんな烏合の衆は、銃があってもゾンビのおやつにしかならない。

3. 警戒を怠るな

戦闘で勝利を収めて意気揚々かもしれない。1日中眠らずにいて疲労しているかもしれない。何時間も何時間も実りのない捜索を続けたせいで思考が麻痺しているかもしれない。理由は何であれ、決して防御態勢を解いてはならない。不死者はどこにでもおり、足音が聞こえないこともあるし、兆候を見落とすこともある。どれほど安全なエリアにいるように思えても、警戒せよ、警戒せよ、警戒せよ!

4. 案内人を使え

すべての戦闘が自分の家の庭で起こるわけではない。

不慣れな地域に自分や仲間が踏み込むときは、土地勘がある者を雇え。彼あるいは彼女は、あらゆる隠れ場所、障害物、脱出口などを指し示せる。案内人を連れていなかったグループが、ガス管が銃の射線上にあることや、炎上させた建物に毒性の化学薬品が保管されていることを知らなかったせいで、大災害の引き金となったケースが知られている。

歴史を振り返ってみると、成功を収めた軍隊は、征服しようとする地域に入り込むときは常に現地人を雇っているものだ。盲目のまま前進した軍はたいてい敗れている。

5. 基地と補給を確保せよ

安全地点を確立せずにチームを戦闘に送り込むべきではない。こうした拠点は目標地域より十分外側に置くべきだ。戦い続けるために必要な施設を、補給部隊によって管理させろ。形勢が悪化した場合に退避できるようにしておけ。

要塞、病院、補給倉庫、戦闘情報センター――「基地へ帰還せよ」と仲間に命令したら、そのすべてが思い浮かぶような場所にすべきだ。

6. 日光を活用せよ

たいていのホラー映画が夜を舞台にしているのは偶然ではない。たったひとつの単純な理由から、暗闇と恐怖とはずっと結びつけられてきた。ホモ・サピエンスは夜行性動物として作られてはいないのである。夜間視力の弱さ、聴覚と嗅覚の低さが、我々を昼間の動物たらしめている。

夜間におけるゾンビの戦闘能力は我々とそれほど変わらないにも関わらず、夜間戦闘時の安全性は常に低くなることが証明されている。日光は明瞭な視界を与えてくれるだけでなく、仲間に精神的強さを与えてくれるのである。

7. 逃走計画を立てよ

どれほどの数のゾンビを相手にしている? 正確な数を把握できていないなら、逃走路が常に選択、偵察、防御されているか確認せよ。あまりにしばしば、楽観的過ぎるハンターが、のんきに感染エリアに踏み込んで、想像以上の数のゾンビに圧倒されてしまう。

逃走路は安全か、すぐ近くにあるか、何より障害物でふさがれていないかを確認せよ。チームの人数に余裕があれば、数名を脱出路の確保のために割いてもよい。何度か、退却中の部隊が、歩く屍者の群れが逃走路をふさいでいたために窮地に陥ったことがあった。

8. 敵をおびき寄せよ

この戦術においては、他の何よりも人間の知能の高さを有効活用することができる。

敵の接近を知った人間の部隊は、辛抱強く、安全な防壁の後ろで待ち構えるだろう。だからこそ通常の人間同士の戦闘においては、攻撃側の成功を保証するために、防御側に対して常に少なくとも3対1の数的有利が必要とされるのである。

不死者に対してはそうともいえない。なぜならゾンビは本能に突き動かされており、状況に関係なく攻撃を続けるだろうからだ。おかげで、ただ感染域の近くで待ち構えて、奴らをおびき寄せればいいという利点が得られる。

敵を誘い込むためにできるだけ大きな音を立て、炎を燃やし、何なら1人か2人足の速い偵察兵を送り込んでもいい。屍者がやってきたら「能動的防御」の態勢をとり、こちらにたどり着く前に大半を始末するための準備をしておけ。この戦術は最も有効であると実証されているので、この章の後半で様々なバリエーションを紹介しよう。

9. ノックしろ!

カギがかかっているか否かに関わらず、部屋に入る前には内部の動向に耳を澄ませ。ドアの向こうにゾンビがいるかもしれない——おとなしく、静かに、獲物の音を聞きつけるまで待ち構えているのかも。

どうしてそんなことが起きるのだろうか? ゾンビに噛まれた人間がカギのかかったドアの向こうで死亡したのかもしれない。ゾンビについて知識のない者が、愛する者の屍体を守っているつもりで、そこに置いたのかもしれない。理由は何であれ、こうしたケースは少なくとも7回に1回はある。

最初は何も聞こえなかったら、何か音を立ててみろ。息を潜めていたグールが行動を起こすか、部屋が空(から)だとわかるか、どちらかだろう。何にせよ、防御態勢は崩すな。

10. 徹底的に掃討せよ

大発生の初期段階においては、人々は生前知り合いだったゾンビを殺すのではなく、捕らえようとする傾向がある。そうした捕獲者が逃げ出したり食われたりしたあとも、捕まったゾンビは数年はそこに残っているかもしれず、解放されてしまったらまた感染の拡大を引き起こすのである。

あるエリアのグールが一掃されたら、再び端から端まで捜索せよ。そしてさらにもう一度。ゾンビはどこにでもいる——下水道、屋根裏、地下、車内、通気孔、床下、ときには壁の中やガレキの下にもだ。

特に水中には注意を払え。湖や川、ときには貯水池の底をさまようゾンビは、その地域の安全が宣言されたずっとあとで、遅れて水面に顔を出すことが知られている。この章の後半にある、水中における適切な索敵・撃破作戦(サーチアンドデストロイ)の解説に従うこと。

11. 連絡を取り続けろ

チームの全員と連絡を交わし続けることは、作戦を成功させるために最も不可欠な要素のひとつだ。適切な意思疎通が行えなければ、ハンターたちは孤立したり、制圧されたり、あるいは仲間に誤射されることになりうる（従来の戦場と同様、こうした事故は一般に知られているより多く起きている）。

小型のトランシーバー――電器店で手に入る安いものでもいい――は連絡をとり続ける最良の手段である。携帯電話と比べて無線機のほうが、電波を送る衛星や中継局などの外部装置に頼らないため望ましい。

12. 殺せ、そして耳を澄ませ

戦闘後には、さらなるゾンビの群れがいないか常に警戒せよ。

グールを打ち倒したときには、すべての活動を止めて周囲の音に耳を傾けろ。音の聞こえる範囲にゾンビがいたなら、戦闘を聞きつけて自分のところに向かってきている可能性が高い。

13. すべての屍体を処分せよ

ひとたびエリアの安全が完全に確認されたら、不死者と死亡した仲間、どちらの屍体も焼却せよ。

第一に、これによって感染した人間の屍体がゾンビとして蘇る可能性を消し去れる。第二に、腐敗した肉が引き起こす様々な健康被害を防げる。死んですぐの人間の屍体は鳥や屍食動物、もちろんゾンビたちをも引きつける魅力的なエサとなってしまう。

14. 炎のコントロール

火を放つときには、より大局的に考えることを忘れてはならない。燃え盛る炎を制御することができるか？ できなければ、仲間まで危険にさらすことになるだろう。

大量の個人財産を破壊し尽くすことを正当化するほど、ゾンビの脅威は深刻なものなのか？ 答えは明らかなようすに思えるかもしれない、だがライフル射撃で十分しとめられる３体のゾンビを殺すためだけに、街の半分を焼き尽くすのはもったいないだろう。

前述したとおり、敵としても味方としても炎は強力なものである。必要なときにだけ用いよ。

思わぬ火災が起きたときに、チームが逃走できるかどうか確認しておけ。味方を危険に陥れる可能性のある爆発物や毒性の化学物質が保存されている場所を、すべて把握できているか確かめること。戦闘地域に踏み込む前に、発火性の道具（ガストーチ、火炎ビン（モロトフ・カクテル）、発煙筒など）の使い方を練習し、何ができるのかを把握しておけ。

ガス管などからの可燃性物質の漏れには注意を払え。炎を武器として頼らなかったとしても、このようなガス、漏出した化学物質、自動車のタンクから漏れる燃料、その他の災害の原因となるものの危険性は、索敵・撃破（サーチアンドデストロイ）作戦中に禁煙を徹底するには十分な理由だ。

15. 決して１人になるな!

１人でできる仕事にチームの全員を送り込むのは無駄に思えることもあるかもしれない。5人で、それぞれ偵察したほうが、全員で固まっているより広い範囲をカバーできるのでは？ 時間と効率の面では、そのとおり。

しかし、あらゆるゾンビ掃討作戦において最も大切なこと、すなわち安全面から、大勢での行動が必須である。グループから離れた人間はあっという間に取り囲まれ、喰われてしまうだろう。さらにまずいことに、ゾンビの群れに対峙したハンターたちが、数時間前には仲間だった歩く屍者と戦う羽目になる!

武器と装備

一般市民による対ゾンビチームの武器と装備は、軍隊のそれに倣うべきだ。チーム全体で必要とされるものの他に、各人が一般的な「装備一式」を携行したほうがよい。

全員が以下のものを持つべし。

✷主力銃器(ライフルもしくはセミオート・カービン)

✷弾薬50発

✷銃のクリーニング用具

✷予備の銃器(拳銃が望ましい)

✷弾薬25発

✷接近戦用武器(大型もしくは小型)

✷ナイフ

✷懐中電灯

✷発煙筒2つ

✷信号用ミラー

✷トランシーバー

✷2種類以上の着火用具(マッチ、ライターなど)

✷1クォート[約1リットル]の水筒

✷食料

✷携帯用食器一式

✷ハイキングシューズもしくはコンバットブーツ

✷靴下2足

✷睡眠用マットかロールパッド

グループごと(10人以下)に以下のものを所持せよ。

✷音のしない射撃武器2丁(予備の武器として持ち歩いてもよい)

✷爆発物3つ

✷かぎ爪2つ

✷ロープ500フィート[150メートル](直径7/16インチ[10ミリ]のナイロン製)。引っ張り強さ6500ポンド[約3トン]、負荷吸収1ポンド[450グラム]あたり1450フィート[450メートル]。

✷双眼鏡2つ(最低50ミリのレンズで倍率10倍のもの)

✷クギ抜き(バール)2つ(接近戦用武器として持ち歩いてもよい)

✷ボルトカッター2つ

✷工具箱(必需品:クギ抜き付きハンマーと釘4オンス[約115グラム]、4インチ[10センチ]のバネ付きニッ

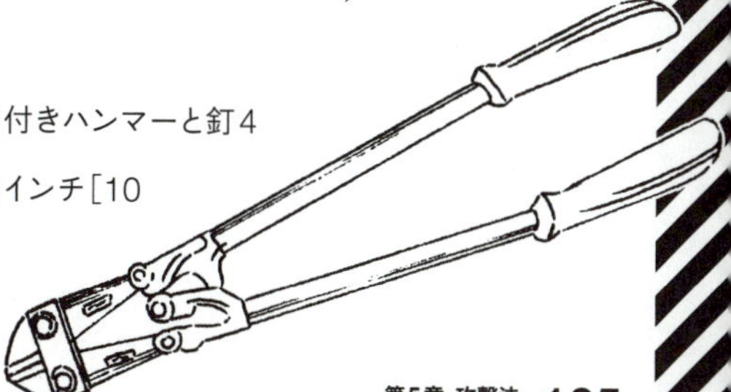

パー、切断部つき4〜6インチ[10〜15センチ]のラジオペンチ、フィリップスのドライバー(3インチ[7.5センチ]、4インチ[10センチ]、小型ドライバー)、付け替え式ドライバー(4〜5インチ[10〜12.5センチ])、宝石細工用小型ドライバーセット、12×1/2インチ[30センチ×1.25センチ]の糸ノコギリ、電器補修用ビニールテープ、モンキーレンチ、2〜5ミリの交換用ドライバー付きハンドドリル)

- ✴斧かナタ(接近戦用武器として持ち歩いてもよい)
- ✴医療キット(必需品:包帯、脱脂綿、三角帯2つ、ハサミ、絆創膏、消毒液、消毒済綿棒、消毒済タオル、薬用せっけん、消毒済ガーゼと眼帯、ワセリン、縫い針)
- ✴運搬用の水を追加で3ガロン[11リットル]
- ✴地図2枚(現在地と周辺域)
- ✴方位磁石2つ
- ✴すべての電気機器用の予備バッテリー
- ✴予備の発煙筒10本
- ✴小型の障害物除去用工具4つ(接近戦用武器として持ち歩いてもよい)

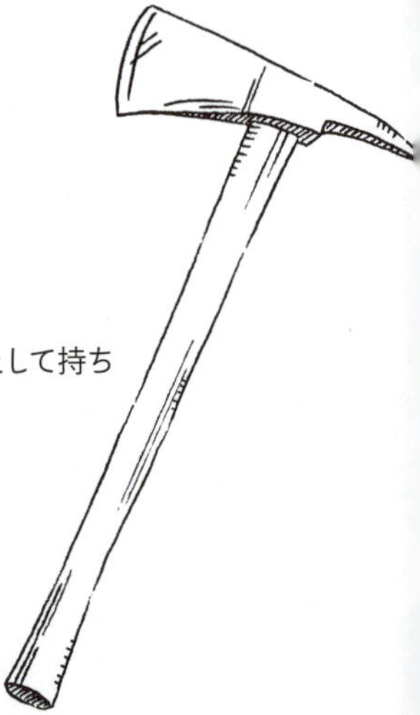

移動手段

《逃亡法》の章で述べた話とは違い、この章の目的は、ある地域から逃げ出すことでなく、そこにいるゾンビを一掃する助けをすることだ。不死者は避けるべきものではなく、戦うべきものなのである。

これも前章とは違い、1人で行動しているのではないだろうし、支援拠点が、車両の燃料補給や調達をより容易にしてくれるに違いない。これを頭に入れて、自動車のエンジンから出る騒音をゾンビをおびき寄せるエサのようにして使え（後述〈戦略〉を参照：203-221ページ）。この場合、タイヤからゴムを取り去った自転車でも同様の効果を上げられる。

車両には頼りすぎるな。後述する特定の戦略に用いるのでない限り、戦場への行き帰り以外の目的では使用するな。ひとたび目標地域に入ったら、車両から降りて徒歩で探索すること。これによって、特に都市部では柔軟な行動が可能になる。

地形タイプ

初めにいっておくが、この節は冗長に感じるかもしれない。

しかし《逃亡法》の章で逃走のために地形を生かす方法を教えたのとは違い、ここでは狩りを行うために地形を生かす方法を教えているのである。今回はただ単にその環境をできるだけ素早く、静かに、簡単に通り過ぎるだけではない。ハンターとしてこの土地を取り戻すために来たのだ――不死者のあらゆる痕跡が消えてなくなるまでとどまり続け、浄化し、掃討せよ。ここではそのために必要な情報のみ述べている。

1. 森林

狩りの最中は、まだ食われて間もない屍体には注意が必要である。

捕食者が動物か、それともゾンビか確認せよ。

また、視界を広げるために樹木を用いろ。どれも監視拠点や狙撃台として使用することができる。火をつけるのは土壇場まで控えること。

2. 平原

広く開けた場所は、非常に高い視認性をもたらし、長距離用の狙撃兵器を最大限に活用できるようにしてくれる。正確に照準を調節したライフルと豊富な弾薬を手にした5人組のチームがいれば、1日のうちに数平方マイルにいるゾンビを一掃することもできる。

もちろん視認性が高いと、こちらと同じように不死者もこちらを見つけやすくもなってしまう。平原や草原で作戦行動をとるハンターの一団が、10マイル[16キロメートル]先からグールに発見され、接近されたと報告している。

可能性は低いがありうるもうひとつの危険は、背の高い草に隠れたままゾンビが思いがけず這い寄ってく

ることである。足や脊髄（せきずい）が損傷したままの不死者が、手遅れになる距離まで気づかれないまま、這って接近できてしまう。自分のチームが背の高い草原を移動する場合、ゆっくり移動し、地面を確認し、草のざわめきやうめき声に耳を澄ませろ。

3. 農地

無防備なハンターが畑でゾンビを追いかけていたが、すぐ近くに潜んでいた別のゾンビに捕まるだけに終わった! 作物を守るよう命じられていたり、重要な食料源でもない限り、炎を優先的に使用すべき場面だ。

本書においてはここ以外の大部分で、焼夷戦術の使用を抑制するよう念を押してはいるが、常識的に言って、1、2エーカー［4000-8000平方メートル］のトウモロコシ畑と引き換えにできる人命などない。

4. ツンドラ

ツンドラ環境でのみ起きる潜在的な危険は、数世代にわたる大発生だ。

保存性が高い低温の気候により、ゾンビは数十年も冷凍され続けるかもしれない。もし氷が溶けたらゾンビが援軍として現れることになり、あるいはゾンビが駆除された場所に現れて、再び感染を広げることになる。凍りついたツンドラでは、他の環境以上に徹底した探索だけではなく、翌年の春の雪解けまでは警戒を解かないことが必要になる。

5. 丘陵地

高低差の大きい地形は、ゾンビにとっても敵である人間にとっても、同じくらい危険で大いなる脅威を引き起こしうる。

可能ならば、常に高所を確保しそこにとどまり続けろ。良好な視界を得られるだろう。目立つ場所に登るのは無茶に思えるかもしれないが、グールの移動力と登攀技術が限られていることを思い出せ。斜面の下に群れ集まってよじ登るのに苦労しているゾンビの群れに、次々と致命的な一撃を与えればよいわけだ。

6. 砂漠

砂漠において作戦行動を行うとき、《逃亡法》の章で述べた問題は倍になる。逃亡者と違い、ハンターのチームは1日で最も日射しが強く、暑く、耐えがたい時間帯に行動することになるのである。

各人が十分な水と日除け装備を持っているか確認せよ。移動に比べ、戦闘にはより多くのエネルギーが必要だろうし、そのため脱水症の危険も高まる。その兆候を無視するな。行動不能のメンバーただ1人がチーム全体を機能不全に陥れ、不死者の反撃を許してしまう。

補給基地との連絡が断たれ、たった一日でも孤立することがあれば、砂漠という命を脅かす環境が牙を剥くだろう。

7. 都市部

目的がただゾンビを殺すことにあるのなら、都市部では爆撃をするか、火を放つかするだけでよい。これでエリアの「安全」は確保されるだろうが、家をガレキの山に変えられてしまった人間たちはどこで生きていけばいい?

様々な理由から、都市部での戦闘は最も難しい。まず、この巨大な迷路の中ですべての建物、部

屋、地下トンネル、車両、下水管、あらゆる陰や隙間などを隅から隅まで探索せねばならないため、膨大な時間がかかってしまう。都市の確保が重要である以上、攻略の際は政府軍と協力して行動できる場合が多いだろう。しかしそうでない場合は、極端に慎重に行動せよ。チームのメンバー、時間、物資（食料、水、弾薬）については常に安全優先の思考をせよ。街はすべてを飲み込んでしまう力を持つ。

8. ジャングル

悪夢の接近戦が待っている。スナイパーライフルなどの長距離武器やクロスボウのようなものはほぼ役立たずとなる。チームの各人をショットガンやカービン銃で武装させよ。草木を切り開くためと近接戦闘のためとの両方に備え、全員に山刀（マチェット）を持たせるべし。

猛烈な湿度のせいで着火の試みは失敗に終わるだろうから、火を放つという選択肢はない。チームを常に寄り集まって移動させ、高度に警戒し、周辺にいる野生動物の音に注意深く聞き耳を立てろ。沼や森と同様に、動物たちが唯一の有効な警報装置となろう。

9. 沼地

湿地では、ジャングルにおける戦術を多くの点で利用できる。常にジャングルほど蒸し暑かったり湿度が高かったりするわけではないが、だからといってより安全なわけではない。水面に周到に注意を払え。水中での戦闘で使う装備と戦術について後述する内容は、沼地での戦闘にも適用できる。

戦略

1. おびき寄せて倒せ

大きめのピックアップトラック、SUVなど、1台もしくは複数の車両を使って感染地域に入り込め。中に入ったら、できる限り大きな騒音を上げて不死者をこちらに引き寄せるのだ。そして追ってくる敵と同じくらいゆっくりとその場所から離れろ。

ハーメルンの笛吹きのように、後ろにゾンビたちが続き、身の毛も

よだつ前屈みの行列をすぐに引き連れることになるだろう。ここまでくれば、車両の後ろに配置したスナイパーが次々と敵を撃ち倒せる。追ってくるグールたちは、原始的な脳では周囲にいる仲間が倒されていくのに気づかないため、何が起きたのかわからないだろう。

敵がいなくなるまでエリア内でこの行列を連れて回れ。都市部（道路に障害物がない場合）や、車両での長い移動が可能な自然環境においてこの戦術を用いろ。

2. バリケード

この戦術は前述の「おびき寄せて倒せ」と似ているが、不死者を何マイルも連れ回すのではなく、あらかじめ準備した場所に誘導するものである。

誘い込む場所はガレキ、急ごしらえの鉄条網、廃車、自分の車両などで作れるだろう。あらかじめ定められた位置で、チームが登場してゾンビがバリケードを破壊する前に殺し尽くせ。

この場合、火炎を用いる武器が理想的だ。やってきたゾンビが自分のところに到達する前に、できるだけ密集したときがよい。火炎ビンや火炎放射器（このケースでのみ使用してよい）で敵の隊列を完全に打ち砕けるだろう。

鉄条網やその種の障害物を用いて敵の到達を遅らせ、一カ所に集中させよ。焼夷戦術が使えないならば、単に銃撃だけでも同様の任務を成し遂げられるだろう。敵までの距離を把握できているか、弾薬の量に余裕があるか、確認せよ。側面にも常に気を配れ。可能ならば、入り口が狭く、閉め切ることができるようになっているか確認せよ。脱出路は常に準備しておかねばならないが、あまりに早く撤退してしまわないようチームをコントロールすること。

バリケード戦術は都市部か、さもなくば見通しのいい環境で使用すること。特にジャングル、沼、深い森林では避けよ。

3. タワー

地上高くそびえる場所を探せ（樹木、ビル、給水塔など）。長時間の戦闘（丸1日以上）に備えて十分な量の弾薬と基本的な物資を運び込むこと。ひとたびこうしたすべての準備が済んだら、屍者の気を惹いて呼び集めるためあらゆることをせよ。奴らが自分の周りに寄ってきたら、虐殺を始めろ。

火炎を用いる場合は、炎がタワー自体を飲み込んだり、煙に

包まれて健康を害したりするかもしれないため注意すること。

4. 動くタワー

ゴミ収集車、トレーラー（セミトレーラー）牽引車など、車高が高い車を感染地域の真ん中まで運転していけ。視界の開けた場所を戦闘域に選んで駐車し、戦いを開始せよ。

この戦術は、既存のタワーのある場所に束縛されないこと、車のエンジン音ですでにゾンビを呼び集めていること、そして（運転席に侵入されていない限り）逃亡手段が確保されていること、といった利点を含んでいる。

5. トリカゴ

動物への虐待行為など思いも寄らないというなら、この戦術は用いないほうがいい。基本的には、動物をオリの中に入れ、チームをそのオリが武器の射程内に入るよう配置し、この動物を食べようと現れたゾンビを片付ける作戦だ。

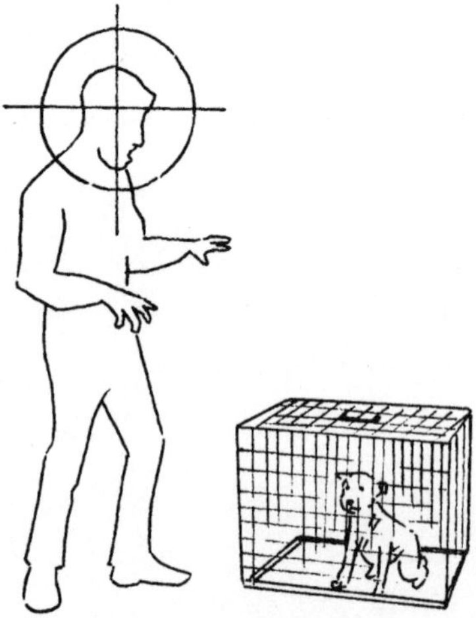

もちろん、この戦術を成功させるにはいくつかの要素を考慮に入れねばならない。生きたエサは周囲のグールの気を惹くほど騒々しい動物でなければならない。オリはゾンビの攻撃に耐えるほど強くなければならず、押されても動かないよう固定して

おく必要がある。自分のチームはゾンビに居場所を気づかれないよう慎重に身を隠す必要がある。また、間違えてオリの中の動物を射殺しないよう注意せねばならない。物言わぬ死んだエサでは、この作戦はすぐ失敗に終わるだろう。

トリカゴ戦術に最も適さない環境は、チームのための遮蔽がほとんど、あるいはまったくない環境である。平原、ツンドラ、広い砂漠などで用いるのは避けよ。

6. 戦車

もちろん、民間人のグループが本物の戦車や装甲輸送車を調達するのは無理だろう。利用できるかもしれないのは、価値の高い商品を輸送するための装甲車両だ。ここでいう商品とは、自分のチームのこととなるだろう。

「戦車」戦術の使用は、ゾンビを特定の場所におびき寄せライフルの銃撃で始末するのが目的、という点で、トリカゴ戦術に非常に似ている。だがトリカゴ戦術とは異なり、戦車の中にいるチームは単なる生きたエサではない。戦車の中で隙間から狙うことで、外にいる狙撃手を上回る火力を得られるのである。

だが注意せよ、寄り集まってきた不死者はチームが乗った装甲車を押し倒すかもしれない。

7. スタンピード

対ゾンビ戦術は数あれど、派手さではこれが一番かもしれない。基本的にその「やり方」とは、仲間をチームに分けて自動車に分乗させ、感染エリア内を運転し、ゾンビを見つけ次第すべて轢(ひ)き殺す、というものだ。

近年の集団暴走(スタンピード)という言葉のイメージからつけられた名前にも関わらず、知識豊富なハンター以外からはほとんど無視されている。グールを車ではねても、即死させられることは稀なのである。どちらかというと、動く屍体は手足を失い、折れた背骨と役立たずの足で這い回るだけだ。「高速鬼ごっこ」を行った後には、車から降りたチームによって数時間かけて残りのゾンビを一掃するよう、常に計画しておけ。

スタンピード戦術を用いると決めた場合、平原、砂漠、ツンドラなどの開けた場所を選ぶこと。都市部には廃車や放棄されたバリケードなど、非常に多くの障害物が存在する。ゾンビを轢きまくっていたハンターが道行きを障害物にふさがれてしまい、状況がまったく一転してしまうことがあまりにしばしばある。沼地や湿地は必ず避けるべし。

8. 車両による掃討

車両による掃討戦術はスタンピード戦術のほぼ真逆に位置し、ゆっくりで、慎重で、理論的な手法である。

ハンターたちを、防御を固めた強力な大型車両で移動させ、時速10マイル[16キロメートル]以下のスピードで感染エリアをパトロールするのだ。狙撃手は敵が残らずいなくなるまで、1発ずつ不死者に銃弾を撃ち込み続ける。屋根の上には狙撃手用の見晴らしがよく安全な場所を確保できるため、トラックが最も役立つ。

この戦術は、スタンピード戦術のときに必要となるあとからエリアの掃除をする手間は省けるが、屍体は確認して処分すべきだろう。車両による掃討には開けた場所が理想的だが、もっとゆっくりしたスピードでなら都市部においても限定的に利用することができる。車両を用いた他の戦術と同様、湿地帯や熱帯は避けよ。

もう一度言っておくが、やはりスタンピード戦術と同じように、広範な一掃作戦を行う時間を設ける必要がある。シボレー・サバーバンの屋根の上から撃った一撃では、池の底に沈んでいたり、クローゼットに閉じ込められていたり、下水道をうろついていたり、地下に潜んでいたりした最後のゾンビを倒すことはできないだろう。

9. 航空機による掃討

空から敵を攻撃するより安全な方法などあるだろうか? ヘリコプターが数機あれば、自分のチームは少ない時間でリスクもほとんどなく、広い範囲を攻撃できるのでは? 理論的には、イエス、実用上は、ノーだ。

一般的な戦争について学んだ者はみな、どれほど強力な航空戦力があったとしても地上部隊は必要不可欠なのだと知っているはずだ。不死者を狩る場合、これは10倍も重要になる。

都市部、森林、ジャングル、沼など、上部に障害物がある地形では空中からの攻撃は無意味となる。敵に対する殺害率は10パーセントにも届かないだろう。開けた場所なら、きれいさっぱり、楽に敵を掃討できそうだなどとも思わないほうがいい。どれほど安全そうに見えても、後始末のためにチームを動かさねばならないだろう。

航空支援にもそれなりの利点はある。前線の偵察と輸送には向いている。飛行機にしろヘリにしろ、広大な開けた地域を偵察することで、ゾンビの位置を複数のチームに同時に教えることができる。飛行船は感染地域に1日中浮かんでいられるという利点を持ち、継続的に情報を流し、隠れているかもしれないゾンビについての警告を発することができる。ヘリコプターは、あるチームを回収して別のチームの救援に送るといったように、トラブルに即座に対処できる。

ただし「空からの目」を遠方に送ることには慎重になったほうがいい。機械的な故障によって、極めてゾンビの多い感染域に不時着する事態が引き起こされるかもしれない。これで危険にさらされるのはヘリの乗員だけではない——救援に向かうチームのメンバーも同様に危険だ。

ハンターたちを感染エリアにパラシュート降下させるという作戦はどうだろうか? これは今まで何度も議論の的となってきたが、一度も実現に移されたことはない。大胆不敵、勇敢、英雄的、そして、まったく馬鹿げている!

着地の際に負傷する、木に引っかかる、風に流され目標から離れる、着地時に道に迷う——戦時下でないときの通常のパラシュート降下においても起こりうる、こうした危険は序の口だ。ゾンビに対してエアボーン戦術を使う真の恐怖を知りたいなら、アリが群れている巣の前に数センチメートル角の肉を落としてみればいい。肉は地面に触れさえもせず喰われてしまうだろう。

簡潔にいって、航空支援はあくまで「支援」に過ぎない。これで戦争に勝利できると信じている者は、生ける屍者と戦うための計画立案にも、作戦指揮にも、携わることすら向いていない。

10. 大火災

炎をコントロール可能で、ゾンビがいそうな地域が可燃物に満たされており、資産を守ることなど問題ではないならば、火を放ってしまうよりよい方法はない。

どこまで焼き払うかの境界線は明確に線引きしておかねばならない。境界線上の全箇所から同時に、一定の速度で内側に向かっていくよう火を放て。どれほど狭くとも脱出できそうな経路は残すな。炎の中からさまよい出てくるかもしれないゾンビに目を光らせろ。理論的には、炎の嵐が屍者を狭い範囲に集め、数分で焼き尽くすだろう。しかし、地下などの空間によって炎から守られたゾンビが残っているかもしれない都市部ではやはり特に、後始末の掃討作戦が必要だろう。

いつもどおり警戒を怠らず、炎は第二の敵であるとして扱い、備えておけ。

11. 水中での戦闘

地域の安全を宣言する前に、近くの水中にグールが沈んでいる可能性を忘れてはいけない。「クリア」になった地域に再び住み始めた人々が、数日後、数週間後、数カ月後にようやく水中から乾いた地上にさまよい出てきたばかりのゾンビに襲われることが、あまりにもしばしばある。

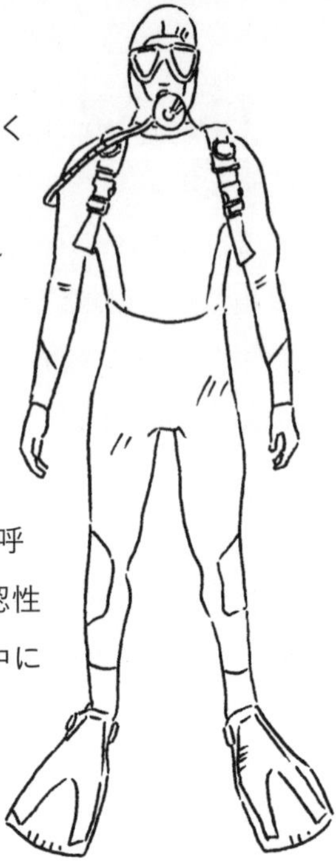

不死者は水中でも存在し、動き回り、殺すことができるため、奴らを狩るには水中での戦術が必要となるだろう。水中は人間に向いた環境とはいえず、極めて危険である。呼吸の問題、意思疎通の難しさ、移動力と視認性が制限されるといった明白な問題点が、水中におけるゾンビ狩りを最も難しいものとしている。利点があった水上での逃走とは違い、この慣れない環境で敵を探し掃討する場合、ゾンビにとって断然有利となるだろう。

とはいえ、水中での狩りが不可能というわけではない。断じて違う。皮肉にも、その難しさがハンターたちをより警戒させ、慣れ親しんだ環境よりも集中させるということが知られているのである。

以下に述べる一般則を、水中での戦いで勝利するため適用せよ。

A. 周囲について知れ　問題の場所の水深はどのくらいか? 水路の幅は? 閉じた水系か(池、湖、貯水池など)? そうでないなら、より広い水系につながっている場所は? 水の透明度は? 沈んでいる障害物はないか?

狩りを始める前にすべての質問に答えてみよ。

B. 水面から探索せよ　ゾンビがいる水中にスキューバ装備を着けてむやみに飛び込むのは、子供時代にあった２つの恐怖「食べられる」と「溺れる」の素敵なミックスにほかならない。

沿岸、船着き場、ボートなどから完全に探索を終えるまで、決して水中に潜ってはならない。水が濁っていたり極めて深い水場だったりして、肉眼での状況確認が妨げられるならば、常に人工の手段を用いよ。音波の反響で探知するソナー探査機は、民間用の釣り船にも搭載されており、人体のような大きな物体なら簡単に発見することができる。

水面からの探索だけでは、感染エリアなのかどうかいつもはっきり確認できるとは限らない。水中の木、岩石、沈んだガレキのような障害物が、ゾンビの姿を隠してしまうこともありうる。だがもし１体でもゾンビを確認したら、次の一般則を見よ。

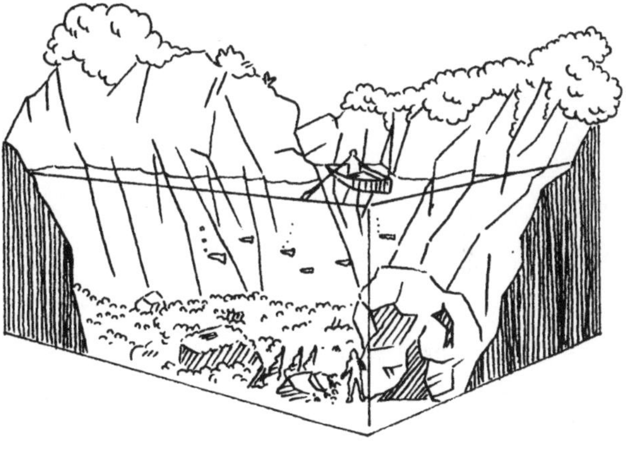

C. 水をくみ上げられるか考えろ　環境自体を動かせるのに、なぜ危険な環境にチームを送り込む？

自問してみろ。この水たまりを空っぽにできないか? もし可能なら、水中での狩りよりも時間や苦労を要するとしても、ぜひやるべきだ。

とはいえ、たいていの場合は実行可能な選択肢ではない。水中にいる脅威を消し去るには、水中にチームを送り込むしかないだろう。

D. 専門家を探せ　チーム内にスキューバダイビングのライセンスを持っている者はいるか? 潜水具を身につけたことのある者は? 休暇中にシュノーケリングをしたことがあるだけの者は?

未経験者を水中に送り込むことで、ゾンビに出くわす前に殺してさえしまうかもしれない。溺れる、窒息、窒素(ちっそ)酔い、低体温症などは、我々のような空気呼吸をする動物が波間に命を散らす数え切れない理由の、ほんの一部なのである。

時間が許せば——たとえば、ゾンビが川などにつながっていない水中に閉じ込められている場合——チームを訓練、指導してくれたり、できれば自ら作戦に参加してくれるような者を探せ。だが、ゾンビが川に流されてどこか下流の町に上陸すると思われるなら、専門家を探す時間はとれないだろう。飛び込む準備をせよ、しかしその結果についても覚悟はしておけ。

E. 装備を整えよ　地上での戦闘と同じく、正しい装備と武器こそが生存のために重要だろう。

最も一般的な呼吸補助具はスキューバ(自己完結型水中呼吸装置(Self Contained Underwater Breathing Apparatus))である。もし手に入らなくとも、完璧な代替品ではないが、応急のコンプレッサーとゴムホースを用いることもできる。

手持ちのサーチライトは不可欠である。たとえ透んだ水の中でも、ゾンビは物陰や光の届かない隅に潜んでいるかもしれない。

モリ撃ち銃は常に主力武器として考えるべきだ。安全な距離からゾンビの頭蓋骨を貫通できる能力は、他の水中武器にはない。もうひとつの強力な武器として、ダイバーが「バン・スティック」と呼ぶ棒がある。これは基本的には金属棒の端に12ゲージのショットガン弾筒を詰めたものである。だが、どちらの武器も沿岸地域以外では入手が難しいだろう。もし手に入らなければ、漁網、フック、手製のモリなどを探せ。

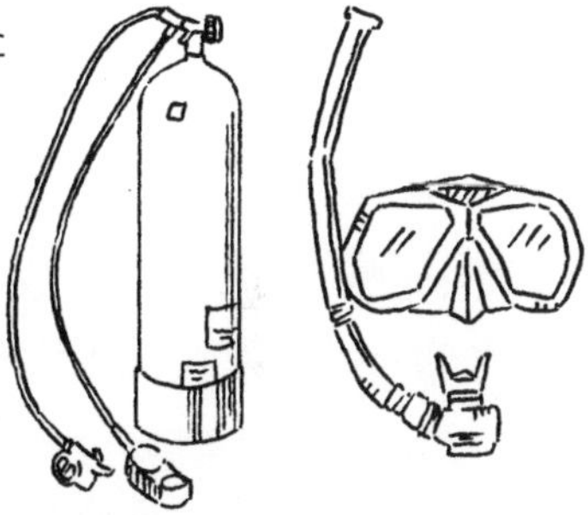

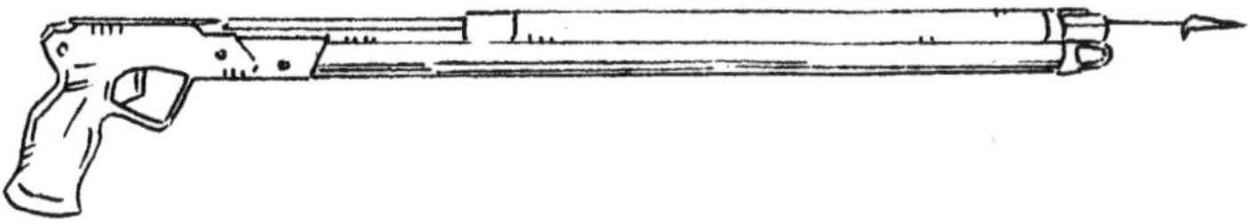

F. 仲間と一体になって戦え　水中での掃討作戦から水面に戻ったら、ボートでゾンビが待っていた。これほど恐ろしいことはない!

常に水上の部隊と協調して動け。もし10人のチームならば、5人を水中に潜らせ、残りは「屋根の上」で待たせておけ。これによって、戦闘状況が悪化しても素早く救出に向かうことができるだろう。水上のチームは探索や殺害、地上部隊に救援を要請することもできる。あらゆる戦略の基本則と同様に、危険な環境であるほど十分な援護が必要になるのである。

G. 野生生物を観察せよ　鳥や動物がゾンビの接近を知らせる警報として使えることはすでに説明した。魚についても同様である。

水棲の野生生物は、ゾンビの体から取れて漂ってきたような、ソラニュウム・ウィルスに冒された肉体のほんのわずかな兆候さえも感じ取れると実証されている。ひとたび感知したら、生物たちは例外なく、即座にその地域から逃げ出す。潜水したハンターたちは、水中でゾンビに遭遇する直前にはそのエリアから完全に魚がいなくなっていた、と常に証言してきた。

H. 殺害方法　以下に述べる戦術を、奇抜すぎ、信用できないとして軽視しないでほしい。いくつかは馬鹿げて見えるかもしれないが、どれも水中での対ゾンビ戦闘の中で繰り返し試されてきたものである。いずれも驚くべき成果を上げている。

❶狙撃　ライフルをモリ撃ち銃に、空気を水に置き換えれば、基本的に地上と同じ戦術である。

モリ撃ち銃はライフルと比べ短い射程距離しかもたないため、ダイバーはより大きな危険にさらされることになるだろう。最初の１発を外しても、その場でリロードしようとしてはならない! 離れた距離まで泳いで逃げ、モリをセットし直してから再び標的に立ち向かえ。

❷一本釣り　ヘッドショットがあまりに難しいと判明した場合、この戦術が用いられる。モリの端に鋼線を結びつけ、肋骨あたりに狙いを定めろ。ゾンビがうまいこと引っかかったら、水面のチームが始末する

ために引き揚げることができる。

こうしたゾンビはまだ攻撃能力を持っていることに十分注意しろ。可能ならば、水上に上がったと同時にライフルで頭を撃ち抜くようにせよ。

この戦術は、ダイバーと水上チームとの緊密な連携が必要だろう。ひとつの手違いのせいで、不用心なチームがすでに始末されたと思いこんだゾンビを、水面に引き揚げるはめになってしまったことがあった。彼らの叫びは水中の無能なダイバーにはまったく聞こえなかった。

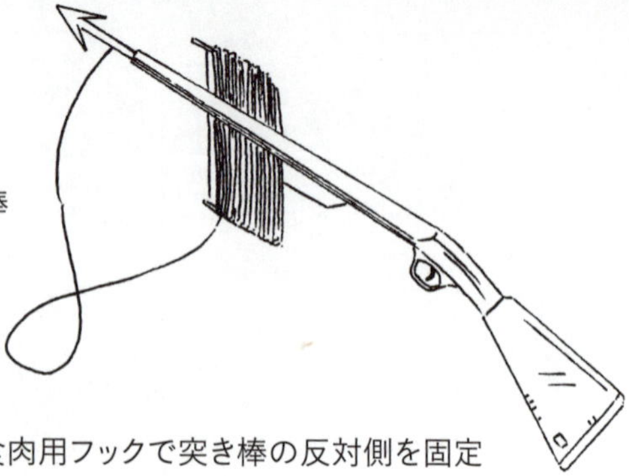

❸釣り針と釣り糸
ロープの片方に突き棒を取りつけろ。目標のゾンビをそれで貫き、水上のチームが引き揚げる。ボートや食肉用フックで突き棒の反対側を固定すれば、引き揚げている最中に標的を逃してしまう可能性を減らせる。水の透明度が高く十分に浅いなら、この作戦は完全にボートの上からのみ行うことも可能である。

　もう一度言うが、一本釣り作戦のときと同様に、「釣り上げた」ゾンビは攻撃してくる範囲に近寄る前に始末せねばならない。

❹投網　この戦術ではダイバーは索敵のみを行い、水上のチームが主要な攻撃を担当する。漁業用や貨物用のネットを目標のグールに投げ落とし、水面まで引き揚げろ。投網作戦の最大の利点は、水面に引き揚げたゾンビは網にひどく絡んでしまっているため、攻撃しようとしてもうまくいかないはずであるということだ。

　もちろん「は

ず」というのはとても危険な言葉だ。多くのハンターが、ゾンビを簡単に殺せる「はず」と思ったばかりに致命傷を負ってきた。

I. 地形ごとの原則　水域を異なる種類の地形として考えてみよう。砂漠と沼とが異なるように、それぞれ独自の性質を持ち、お互いに異なっている。多くの水域に共通していることは、H_2Oによって覆われていること、くらいである。すでに十分危険な敵を相手にしているのに、これ以上脅威を増やさないようにせよ。

❶河川　絶え間ない流れは、祝福とも呪いともなりうる。

流れの強さによっては、川はすべてのゾンビを感染の発生した地域から遠く彼方まで運び去ってくれる。ミネソタ州ウィノナ近くでミシシッピ河に落ちたグールが、1週間後にニューオーリンズのダウンタウンに上陸することも十分ありうる。おかげで、大地にうがたれたプールのような水域にはない緊急性がもたらされてしまう。

可能なら、川の最も狭い部分に網を仕掛けておけ。慎重にそれを監視し、ダイバーを送って調査をさせるときは極めて厳重な警戒をせよ。流れが強いと、「標的」の腕と開いた口が待ち受けるところまで流されかねない。

❷湖や池　（一般的には）閉じた水系であるため、ゾンビが湖や池から逃げ出す可能性は低い。沿岸に上がってきた不死者は発見して殺害することが可能である。水底に残っている奴らはそのうち釣り上げて破壊することになるだろう。水流がほとんどないおかげで、ダイバーには理想的な場所となっている。

凍結する湖や池は、数世代にわたる問題を生み出す。完全に凍ってしまったら、水中のゾンビは冬の間ずっと埋葬されたままで、発見はほぼ不可能になってしまうだろう。水面だけが凍っている場合は、ゾンビはまだ暗い深みをさまよい続けているかもしれない。

❸沼地　水中での狩りを行うにあたって、最もいらだちの募る場所と言っていいだろう。

濁った水のせいで潜るのは不可能に近い。木の根だらけの水底はエコー測定器を混乱させてしまう。たいていの場合、水深が浅いせいで、ゾンビが単に水面に到達するのが簡単になってしまうし、ハンターにしがみついたりボートを転覆させたりできてしまう。

大人数で狩りを行い、サーチライトと長い探査棒を広い範囲で用いることだけが、この環境でゾンビを掃討するために有効な唯一の方法なのだということが実証されている。こうした骨の折れる作戦を行った後ならば、なぜ多くの恐怖物語では沼が舞台になっているのかを理解できるだろう。

❹海　波止場などの半ば閉じられた区画が対象でもない限り、広い海でゾンビ狩りを成功させようなどと思わないほうがいい。単純に、

徹底的に一掃するにはあまりにも広すぎるし、高価な潜水具でもないと到達できないほど深い。

積極的に狩りを行うには問題があるが、海中に潜む不死者によって引き起こされる脅威は、おそらくは取るに足らないものである。ほとんどのゾンビは単に海底をさまよい、やがて腐敗して消滅するまで二度と地上に出てこないだろう。それでも、その脅威を無視していいというわけではない。ひとたびゾンビが海に落ちたと確認されたら、その地域の深海の海流を調べ、陸地の近くまでゾンビを運んでくるかどうか——どこへ運んでくるかも——確かめておけ。

このような事件が起きたら、流れ着く予定の沿岸の住人に警告し、住民は、しばらく沿岸を監視しておくべきだ。ありえなそうな話だが、大発生の数カ月後に波間に消えていったゾンビが、数千マイルの彼方で上陸したこともある。

さて、ここまでの解説に正しく従ってくれたとしよう。戦闘が終わり、地域の安全は確認され、犠牲者は追悼され、ゾンビは焼却された。願わくは、これがゾンビの肉に向けて拳を振り上げる最後の機会となってほしいものだろう。

だが、そうでないときには?

今までの苦難がより大きな、生者と屍者との全面戦争における、ほんの小さな一幕に過ぎないとしたら?

そうならないことを願うが、もし、人類がこの戦争に敗れたら?

第6章

ゾンビの支配する世界で

LIVING IN AN UNDEAD WORLD

考えられないことが起きたらどうする? もしゾンビの軍勢が、惑星すべてを支配下に置くほど大規模になったら? これが「クラス4」あるいは「運命の日(ドゥームズ・デイ)」と呼ばれる、人類を絶滅の瀬戸際へと追い込む大発生だ。

ありそうにない? イエス。

絶対に起きっこない? ノー。

どんな種類の政府も、人間の集まりに過ぎない——恐怖におびえ、近視眼的で傲慢、排他的、そして大体は他の誰とも同様に無能な、人間たちだ。ほとんどの人間が、血に飢えた歩く屍者の攻撃を認識し立ち向かおうとはしないのに、なぜ政府にそれを期待する?

もっとも、クラス1やときにはクラス2の大発生ならともかく、ゾンビが数百も集まれば、我々のリーダーも行動を開始するのではないか、という意見もあるだろう。しないわけがない。

この近代化し、啓蒙の進んだ現在において、致死性の災害が伝染病の様相を呈するまでに拡大するのを、権力の座にある者たちが無視するはずがあるだろうか? 各国政府によるエイズ大流行への対応を見るだけで、その答えがわかるはずだ。

一方で「当局」がこの脅威が何であるのかを認識していながら——制御できない可能性もある。

大規模な不況、世界戦争、社会不安、自然災害などは、急速に拡大するゾンビ大発生から、政府の資産の使いどころを簡単に逸らしてしまうだろう。万全な状態であってさえも、クラス2以上の大発生を食い止めるのは極めて難しい。シカゴやロサンゼルスのような大都市を隔離する場合を考えてみればいい。逃げ出そうとしている数百万人の中には、すでにゾンビに噛みつかれた者もいるだろう。彼らが隔離地域の彼方まで感染を広げてしまうのを防げるのか?

だが、地球の大半を占める広大な海が我々を救ってくれるのでは? 北米で大発生が渦巻いていたところで、ヨーロッパ、アフリカ、アジア、オーストラリアに住む者は安全ではないか? 可能性はある。すべての国境が封鎖され、すべての航路が停止し、全世界の政府が警戒して大発生を封じ込めにかかると仮定して、の話だ。

そうだとしても、不死者の戦列がすでに数千万体までになってしまったとき、ウィルスを抱えた発症前の乗客が乗った航空機や、感染した船員が乗った船舶のすべてを止めることは可能だろうか? 水中からやってくるグールを防ぐために、海岸線をくまなく監視することなどできるだろうか? この時点では、残念だが答えはノーである。時間は不死者たちの味方だ。日ごとに奴らの隊列はふくれあがり、封鎖と根絶はますます困難になる。

ゾンビの軍隊は人間のそれと違い、完全に補給を必要としない。食料、弾薬、治療などは不要。士気の低下にも、戦闘による疲労にも、指揮官の無能にも悩まされることはない。パニック、脱走、反乱にも屈しない。奴らに生命を与えたウィルスと同様に、この不死者の軍勢は成長し続け、もはや喰い尽くすものがなくなるまで、地球全土に広がり続けるだろう。

そうなったらどこへ逃げる? 何ができる?

ゾンビの世界

生ける屍者が押し寄せてきたら、世界は完全な混乱に陥る。あらゆる社会秩序は煙となる。

権力者たちは家族や仲間を連れて、田舎の安全な地域にある避難所に身を潜めるだろう。元々は冷戦のために建造されたこうしたシェルターに立てこもっていれば、彼らは生存できるだろう。政府の指令施設としての体裁を保ち続けるものもあるかもしれない。ひょっとしたら他の政府組織や、まだ安全な他国の指導者と連絡をとるための通信技術が使用可能かも。仮にそうでも、そうした政府の価値は亡命政府と大差ない。

法と秩序が完全に崩壊したら、個々人の小さな組織がその権威を主張し始めるだろう。略奪者、山賊、凶悪犯たちが生存者を餌食にし、欲しいものは手に入れ、見つかる限りの快楽にふけるだろう。多くの文明の終焉時に、人々は大きなパーティーを開いてきた。狂っているように思えるかもしれないが、もはや最後と思い詰めた人々が、乱痴気騒ぎを繰り広げるのだ。

警察や軍隊のなれの果ては、身を隠した政府を守る任務のため残り続けたり、家族を守るために職務を放棄したり、あるいは山賊に身を落としたりするだろう。

通信網と輸送網の完全な崩壊は地球全土に波及する。孤立した都市は戦場と化し、グループに分かれた人々がバリケードを築き、ゾンビと凶悪な人間との両方と戦うだろう。

放置された機械はいずれ故障し、ときには爆発する。核反応炉のメルトダウンやその他の工業事故が頻発し、大地は毒性の化学副産物で汚染される。

田舎や郊外周辺も戦場となる。そこで人々は逃亡したり、あるいはとどまって戦ったり、やがてゾンビの大群に飲み込まれるまで何もせず籠城したりするだろう。虐殺されるのは人間だけにとどまらない。囲いに閉じ込められた農場の家畜たち、ときには勇敢にも主人を守ろうとしたペットが上げる悲鳴までもが、空に響き渡るだろう。

時が過ぎれば炎は収まり、爆発は止まり、叫びは消えていく。要塞化したエリアでは物資が不足し始め、食料調達作戦、避難、自暴自棄な狂気に突き動かされ戦闘などが行われる間に、立てこもっている者たちは敵である不死者たちへの反撃を余儀なくされるだろう。だが、どれほど防御を固めどれほど物資が十分だとしても、純然たる絶望のうちに自ら命を絶つ者もおり、犠牲者は増え続けるだろう。

略奪者たちの運命も、それに比べてましというわけではない。現代の蛮族は、法への不敬、組織への嫌悪、生産よりも破壊を選ぶ性質のためそのようになったのだ。彼らの虚無的で寄生的な生き方が、自分で何かを作り出すよりも他者の財産を食い物にする。こうした精神傾向があるため、略奪者たちはどこかに落ち着いて新たな人生を送ることができない。常に逃げ続け、立ち止まればどこであろうとゾンビと戦う。ゾンビというこの外からの脅威を撃退できたとしても、無政府主義的傾向のある略奪者たちは、最終的には仲間同士で争い出すだろう。こうした組織の多くは、首長の強烈な個性によってまとめ上げられているものだ。ひとたび彼もしくは彼女が死ねば、グループを結びつける力はなくなってしまうだろう。散り散りになった凶悪なギャングたちは行くあてもなく敵だらけの地域をさまよい、長くは生きられない。数年後、こうした冷酷な人間の捕食者たちは一部しか残っていないはずだ。

政府組織の残党がどうなるか、予測するのは難しい。災害に備えた物資の備蓄量や、政府の統治機構のタイプなど、国によって大きく異なるからだ。

民主主義国家や宗教原理主義国家のような思想を持つ社会は、生存の見込みがかなりある。こうした国の生存者は、特定個人のカリスマ(あるいは威圧力)に依存していない。いくつかの第三世界の独裁者たちは、自分が生き残っている間は寵臣(ちょうしん)たちを引き止めていられるだろう。だが野蛮なギャングたちと同様、自身が死ぬか、あるいは弱みを見せただけでも、この「政府」すべてが終わりを迎える。

だが生き延びている人間たちに何が起ころうと、歩く屍者はいつになっても存在し続けるだろう。視線が定まらずアゴは閉まらないままの腐った体が世界を多い、すべての生命がその手に捕まり、狩り尽くされるかもしれない。いくつかの動物種は間違いなく絶滅に瀕するだろう。この運命を生き延びることができた動物は適応する道を見つけ出し、中には激変した生態系の中で繁栄する種すらいるかもしれない。

何もかも破壊された風景こそが、黙示録後の世界だ。焼き尽くされた都市、静かな道路、崩れかけた家、打ち棄てられた難破船、野ざらしの骨などが、いまや歩く屍肉の集団に支配されている世界中に散らばっているのだ。

幸いにも、あなたがその風景を見ることはない。なぜならその頃には、あなたは文明からはるかに離れた場所にいるからだ。

ゼロからのスタート

《防御法》の章において、救助が到着するまでの長い包囲戦に備えた空間を作る方法を学んだ。《逃亡法》の章では、安全な場所まで長距離を旅するためにはどうすればいいか学んだ。さてここでは、最悪の事態を想像してそれに備えるときだ。

このケースでは自分や近しい友人、家族はあらゆる文明から遠ざかり、地球の片隅にある人跡未踏の地（そうした場所は想像以上に多い）を見つけ、新たな生活をゼロから作り上げねばならない。船が壊れて無人島に取り残された生存者のグループや、新たな惑星の人類の移住地を想像してみよ。それが、これからのサバイバルにおけるイメージだ。

誰もやってきてくれず、救助も計画されない。駆けつけてくれる友軍はおらず、背後に逃げ込めるような戦列もない。かつての生活は永久に失われたのである!

新たな生活の質と持ちこたえられる期間の長さについては、すべて自分にかかってくるだろう。責任の重さに恐れをなすかもしれないが、人間は有史以来ずっと適応と再建を行ってきたことを忘れるな。今日のように救いがたいほど軟弱に見える社会においても、生存への意志は我々の遺伝子の中に深く刻まれている。

皮肉なことに、こうした最悪の状況下における最大の難関は日々を生き抜くことであり、生ける屍者との戦いではないだろう。実際、サバイバル戦略が完全に機能したならば、ゾンビを見かけることすらなくなるかもしれない。最終目標は、ただ生き延びることだけでなく、ささやかな文明を持続していくために必要なものすべてを備えた、世界の縮図を作り上げることである。

それでは準備を始めるのはいつが最良だろうか? 今すぐだ!

ゾンビとの全面戦争など決して起きないかもしれない。何年も先のことかもしれない。すぐに起こるかもしれない。

もしクラス1の大発生がすでに起きていて、気づかれていないのだとしたら? クラス2やクラス3の大発生が、マスコミに強い検閲がかかった全体主義国家で始まっていたとしたら? もしそうなら、全面戦争は数カ月後かもしれない。

おそらくそうはならないだろう。だからといって準備をしない理由にはならないのでは? 包囲戦に備えて物資を溜め込むのと違い、ささやかとはいえ文明の再建に備えるのにはとてつもない時間がかかるのだ。時間はあればあるほどいいだろう。

では、世界の終わりに備えるためにこれまでの生活をすべて放棄すべきか? もちろんそうではない。本書は、標準的な一般市民の普通の生活に合うよう整えられているのである。

とはいえ、最小限の準備でも1500時間以上はかかるだろう。たとえ数年がかりだとしても、恐ろしい所要時間だ。もし、夜11時に「詰め込み勉強」することですべてうまくいくと信じているなら、ぜひとも、今から苦労する必要はない。だが、雨が降り出してから方舟(はこぶね)を造り始めても遅いのだ。

一般則

1. 仲間を集めよ

これまでの章で詳述してきたとおり、1人よりは集団で物事に対処するほうが常に望ましい。

複数人ならば経済的余裕が大きくなり、より広い土地や多くの装備を購入することもできるようになる。包囲戦のときと同様、豊富な種類の技能もまた利用可能になるだろう。何かしらの技術の持ち主が見つかれば幸運と言えた包囲戦と違い、最悪の事態に備えることで、仲間たちに必要な技能を何でも学ばせておく時間が持てる。たとえば、鍛冶屋を何人知っている? 野外環境で薬に使えるものを見つけられる医者などどれだけいる? 都会住まいの人間で、少しでも農業について知っている者は? 専門分野を決めることで、準備を素早く進めることもできる(仲間が必要な装備をそろえている最中に他の者が住めそうな土地を探す、など)。大災害の最中にもし状況が悪化してきたら、安全地域として選んでおいた場所に1人あるいは数人のメンバーを、そこを確保するために先行して送り込むこともできる。

もちろん、潜在的な危険もある。防御を固めた地点で比較的短期の包囲戦を戦うのと違い、長期間生き延びることは、近代社会では知られていない社会問題を引き起こすかもしれない。いつか誰かが助けに来てくれると信じる人間に比べて、誰にも頼れないと考えている人間は自暴自棄になりやすい。

不満、反乱、流血の事態すら常に起こりうる。本マニュアルで呪文のように繰り返し主張しているとおり、準備を整えよ! リーダーシップやグループ心理についての講座に通っておけ。基本的な人間心理についての本や教養は常に必須である。こうした知識が、いざ誰を仲間にするか決めるときや、後にその仲間を御するときに役立つ道具となるだろう。

これまでに繰り返し述べているように、個人の集団が長期間協力し続けるのは世界で最も難しい仕事だ。しかしうまくいけば、このグループはどんなことでもできるだろう。

2. 学び、学び、学べ!

ゼロからすべてをやり直す、というのは不正確だ。我々の祖先は、ゼロから始めて、長い時間をかけて知識を発見、蓄積、交換してきた。最初の知的類人猿と比べて大きく勝っている点は、数千年にわたって洗練されてきた豊富な経験が手元にあることだろう。たとえ荒れ果てた厳しい環境にまったく装備もなしでいたとしても、頭に納められている知識のおかげで、最も装備の充実したネアンデルタール人より数光年は先んじている。

一般的なサバイバルマニュアルに加え、非常事態シナリオについての本も読んでおくべきだ。核戦争時に荒野で生存する方法を紹介した本が多く出版されている。できるだけ最新のものであることを確認せよ。

実話のサバイバル体験談もまた大きな助けになるだろう。船が難破した者や飛行機が墜落した者、初期のヨーロッパからの移民の証言さえ、何をすべきで、何をしてはいけないかの大切な教訓を含んでいるだろう。我々の先祖について、そして彼らがいかにして環境に適応していったのかについて学べ。『ロビンソン・クルーソー』のような架空の物語もまた、実話に基づいている限りは役に立つかもしれない。実話も架空も含めたすべての物語から吸収したことが、このような冒険を企てたのは自分が最初でない、と認識する助けになるだろう。「前例がある」という事実は、新たな生活に踏み出すときに心を落ち着ける効果があるに違いない。

3. 贅沢品から距離を置け

我々のほとんどが、シンプルだが栄養価の高い食生活を夢見ている。「コーヒーの量を減らしてるんだ」「砂糖は控えめにしないと」「できるだけ緑黄色野菜をとるよう心がけてる」といった言葉を日常生活の中でもよく話したり耳にしたりする。

クラス4の大発生を生き延びる間は、少ない選択肢しか残されない。理想的な状態にあっても、現在楽しんでいるような食品や化学薬品すべてを育てたり製造したりすることは不可能だろう。そうした贅沢をいきなりゼロにすれば、体に大きな負担がかかってしまうかもしれない。

代わりに、新しい住み処に移ったら手に入らないような食物や贅沢品は、少しずつ摂取量を減らしていけ。そのためには、新しい環境がどのようなものか、何を作り出せるのかを考える必要があるが、いちいち長いリストを記さなくとも、厳密に何がそれなしでも生きていけるもの、生きていけないものかは、常識が教えてくれるだろう。

たとえば、どれほど愛していようとタバコや酒は人間の生理機能に必須ではない。ビタミン、ミネラル、糖分への欲求は、自然から得られる食品で満たすことができる。軽い痛み止めのような薬ならば、指圧療法やマッサージ術、単に瞑想などで代用することもできる。

こうした提案は、実務的な西洋世界においてはどれもいささか異国的に思えたり、「健康フレーク（クランチーグラノーラ）」のようにうさんくさく思えるかもしれない。忘れないでほしいが、こうした食品や療養技術の多くは、北カリフォルニアの贅沢病から生まれたわけではなく、かつて資源が少なく、ときには今も少ない第三世界の国々に端を発するのである。

アメリカ人がどれだけ甘やかされた環境にいるか、世界のどこを見ても比べようがないということを常に頭に留めておけ。「貧困国」と呼ばれる国に学ぶことで、快適さは犠牲になるかもしれないが、よりシンプルに生きる方法を知ることができるだろう。

4. 用心深くあり続けろ

クラス４の大発生に備えた計画は、クラス１の大発生の初期のうちに作り上げておくべきだ。

大発生の最初の兆候（奇妙な殺人事件、行方不明者、珍しい病気、矛盾する報道内容、政府の関与）があったら、仲間全員に連絡を入れろ。避難計画について話し合いを始めること。この段階で、旅行、各種許可、武器所持免許などに関する法律がどれも変わっていないか確認しておけ。

大発生がクラス２にまで拡大したら、移動の準備をせよ。すべての装備品を集めて荷造りしろ。安全地帯を確保するために先行して偵察隊を送れ。仕事を抜ける言い訳の第一段階を始めろ（最愛の人の葬儀に出ると言い訳するつもりなら、今はその人が病気なのだと言っておけ）。一瞬の合図で逃げ出せるよう準備するのである。

ひとたび大発生がクラス３にまで至ったなら、逃げろ!

5. 世界の終わりまで！

荒野に踏み出すよりは、自分の家や、新しく建造した対ゾンビ要塞にずっと残りたいと後ろ髪を引かれる思いかもしれない。これはおすすめできない。たとえ十分に物資を備え、防御を固め、この先数十年にわたって食料や水を生産する手段もある陣地のようなところで生活しているとしても、生存の見込みは極めて低い。

都市部は近い未来に、生者と屍者との悲惨な戦闘の舞台になるだろう。たとえ自分の要塞でこうした路上戦闘を生き延びられたとしても、いずれ集中爆撃のような過激な軍事的措置の巻き添えになるかもしれない。《逃亡法》の章において前述したとおり、都心部は工業事故や大火災などが最も発生しやすい地域である。単純に言うと、都市にいる限り生存の可能性は限りなく低いか、あるいはまったくない。

郊外や静かな田舎もそれよりマシとは言えないだろう。不死者の数がどんどん増えれば、いつかこちらの住み処が発見されるのは間違いない。数ダースほどのゾンビを相手にして始まった包囲戦はあっという間に数百体、数千体、数十万体にまでふくれあがるだろう。一度発見されたら、奴らは決して他に向かったりしない。それどころか、数千体のゾンビが悲鳴のように上げるうめき声は、数百マイルの彼方にいる同類に警報を発してしまうだろう。理論上は、100万体以上のゾンビに包囲されてしまうこともありうる。

もちろん、そうはならないかもしれない。要塞がアメリカ中西部、グレート・プレーンズやロッキー山脈などにある場合、100万体のゾンビに包囲される可能性は低いだろう（ただし、ありえないことではない！）。だがこうした場所では、山賊の襲撃を受ける可能性が高い。

未来の盗賊たちがどのような姿をしているのか正確にはわからない——移動手段はバイクか馬か、携えているのは剣か軍用火器か。確かなことは、いつでも略奪品を探しているということだ。時が経つにつれ、それは女性のことを指すようになるだろう。後には、奴隷にするため、あるいは新たな戦士に育てあげるための子供たちを意味することになる。そして、ゾンビの脅威だけでもたいがいなのに、こうした悪党たちは最終的には、同族である人間の肉を最後の食料供給源と考え始めるかもしれない。

もし自分たちの避難陣地が見つかってしまったら、襲撃を受けることになるだろう。攻撃を退けたとしても、1人でも生存者を逃がしてしまったら、この要塞の場所が永遠に知れ渡ってしまうには十分である。ギャングたちがいつか内部崩壊を起こすまで、標的になり続けるだろう。

よって逃亡するときは、あらゆる文明から離れた場所でなければならない。道路以外何もないところでも、まだまだ逃げ足りない。道路も、電力も、電話線も——何もないところでなければ! それは世界の果て、人間が誰も住んでいない場所でなければならないのである。ゾンビが移動してくることは難しく、

山賊たちの襲撃も現実的ではない、工業飛散物や軍事攻撃の危険性もほとんどない、はるか遠くでなければ。

理想は他の惑星に飛び立ったり、海底に移住することだが、それが不可能な以上、それくらいの気持ちで人類文明から離れたところを探すことである。

6. 避難場所について知れ

いざ逃げ出す段階になったとき、ただジープに荷物を積んで北に向かい、アラスカのユーコン地方の片隅に快適で安全な場所を見つけられると考えるのはよせ。ゾンビから逃亡する場合、特に人の住まない地域に向かうならば、その場所について正確に知っておかねばならない。

時間をかけて最新の地図を調べよ。古い地図では道路、パイプライン、集落などの構造物が記入されていないかもしれない。避難場所を選ぶときには、以下の問いに答えてみること。

A. どんな文明地域からも少なくとも数百マイルは離れているか?

B. 自分たちだけでなく、連れて行くことにした動物の分まで含めた真水の供給源があるか? 水は飲用、洗濯用、料理用、農業用などを含む様々な用途に用いるであろうことを忘れてはいけない。

C. 食料生産量に上限はあるか? 土壌は農業に適しているか? 放牧や釣りはできるか? 枯渇することなく食料の採集を持続できるか?

D. 天然の防御線はあるか? 高い丘の頂上にあったり、周囲を崖や川で囲まれているか? ゾンビや人間の山賊から襲撃を受けている最中に、地形は自分と敵とどちらに与(くみ)しそうだ?

E. どんな天然資源がある? 建材に使える木、石、金属は? 燃料に使えそうな石炭、石油、泥炭、それにここでも木は? 防御陣地を築くためにどのくらいの建材を持っていく必要がある? 近辺の植物相に、薬品の原料として使えるものはあるか?

恒久的な避難所を作る前に、上記の質問に回答してみるべきだ。

建材と自然の防御線については、なくても何とかなる。食料、水、文明から極めて離れているかどうか、についてはそうもいかない! この3つの必須要素のうちひとつでも欠ければ、長期間の生存には深刻な問題が発生する。

新たな住み処を選ぶとき、少なくとも5カ所は候補地を挙げておくこと。そのすべての箇所を、望むべくは最も厳しい季節に訪れよ。原始的な装備のみ持ち、外界と連絡を断って、少なくとも1週間はキャンプ生活をしてみろ。最も目的に見合った場所がどこか決めるのは、それからにすべきだ。

7. 専門家になれ

新たな故郷となるかもしれない場所について徹底的に調査せよ。

その地域について書かれたあらゆる本、あらゆる記事、あらゆる記述を読め。すべての地図や写真を調べろ。選んだ地形タイプによっては、特殊なサバイバルマニュアルがあるかもしれない。すべてを買いこみ、学べ。さらに、似たような環境に昔から住んでいる土着の人間たちの証言も調査せよ。

もう一度言うが、あらかじめその場所を何度も、すべての季節に訪れておけ。少なくとも数週間をそこで過ごして周囲を探索し、エリア内の各所でキャンプを張れ。すべての木、岩、流砂、氷河などの場所を頭に入れろ。最も効率的な食料供給源を考え(農業、釣り、狩り、採集など)、この方法によってその土地では何人くらいの人間を養っていけるか計算してみろ。その答えは、仲間の人数を決めるうえで不可欠な要素だ。

合法的に手に入るならその土地を購入せよ。そうすれば(予算が許せば)実際に住居を建て始められるだろう。恒久的な住み処とはならないとしても、少なくとも将来に防御要塞を築く間までの仮設避難所にはなるはずだ。小さくて機能的ならば、事前に手に入れた物資の保存小屋とせよ。大きく快適ならば、バケーション用の別荘として使うことができる。冷戦中には多くの人間が、全面核戦争時の避難場所としても使える別荘を建てたものである。

近辺の住人と親しくしておけ。言葉が通じないなら学んでおけ。地元の習慣や来歴も同様だ。彼らの知識と専門技術は、本で学んだだけの周辺環境についての知識を補ってくれるだろう。なぜこんなところにいるのかは、絶対に、地元民に話してはならない。

8. 移動経路を計画せよ

《逃亡法》の章における、この節と関係した一般則に従うこと。そしてそれを100倍にせよ。

封鎖された道路や天然の障害といった危険に直面するだけではなく、ゾンビや山賊、その他の崩壊した社会における混沌とした要素が這い回っている中を横切っていくことになるだろう。しかも、それは非常事態宣言が発令される前の話だ! 非常事態宣言が発令されて軍の封鎖が始まれば、自国の軍隊こそが最悪の敵となる。

ただ単にゾンビの感染域から逃亡するのと違い、目的地を選ぶ余地はない。行き先はひとつだけであり、生き残るためにそこにたどり着かねばならないのだ。

これまで何度も述べてきたように、周到に計画してもそのとおり運ぶことなど決してない! 避難場所を探す際にも同じに違いない。

たとえば、サハラ砂漠にある隔離されたオアシスは素晴らしく思えるだろうが、航空路線が停止した状態でどうやってそこまで行くつもりだ? 海岸から数マイルしか離れていない島でさえ、ボートを持っていなければサハラ砂漠と同じくらい遠くだ。

《逃亡法》の章で述べた教訓はこのケースにおいても当てはまる。補足するならば、国際的な視点について考えておく必要がある。たとえばもしシベリアの原野に土地を買い、航空路線はまだ健在だとしても、ロシアが国境を封鎖したらどうする? シベリアを避難場所に選んではいけないということではなく、その国に入り込む手段を(合法であれ違法であれ)準備してあるか確認しておけ。

9. プランB、C、D、Eを準備せよ!

最初に考えておいた移動手段が機能しなくなったらどうする? 道路や水路が封鎖されていたら? 安全だったはずの隠れ家がゾンビ、

山賊、軍、他の避難民などに蹂躙（じゅうりん）されているのを発見したら? その他何千もの出来事が悪い方向に回り出したら、どうすれば?

予備の計画を立てておけ。移動経路上において問題の種となりうる箇所を地図でチェックし、それぞれに対応した方策を練っておくこと。最初に思い描いていた理想的な計画と実際の状況が食い違ってきたとき、予備の車両、経路、ときには安全地帯も用意してあれば、少なくとも新たな戦略を立て直す間は生き延びられるだろう。

10. 必要な装備をリストアップし購入準備をせよ

多くの有用な災害時サバイバルマニュアルには、新たな生活を始めるために必要な物資のリストが掲載されているはずだ。以下の3つに分けたリストを作り、常に更新しておくこと。

❶生存のために間違いなく必要なもの。
❷住居や防壁を建設あるいは増強するために必要なもの。
❸住み慣れた我が家ほど快適ではなくとも、少なくともそれらしくするためのもの。

経済状態が許すなら、必要なものは今すぐすべて購入せよ。無理ならば、どこで購入できるか調べておけ。価格と買える場所は定期的に確認しておくこと。店舗が移転した場合にも移転先を調べ、販売終了に備えて代替品も調べておけ。

第一候補の店での売り切れに備えて、常に少なくとも２カ所は予備の店を考えておいたほうがよい。店まで長くとも数時間のドライブの範囲内かどうかも確かめておくこと。

カタログショッピングやネット通販に頼るな。いわゆる「特急便」は普通の状況においても信頼できないものだ。非常事態時のような場合ならどうなる？ こうした情報もすべてリストに書き加えておけ。必要に応じて調整せよ。

最低限必要なだけの現金は常に手元に置いておくこと（実際の額は必要な装備の量による）。制御不能な社会状況に陥る前ですら、小切手払いやクレジットカードは現金の安心感にはかなわないものだ。

11. 防御線を構築せよ

自分たちを防御するための構造物ほど重要なものなどない。静かな荒野の片隅に仲間たちとの避難場所を設立したら、即座にそこを要塞化し始めろ。いつはぐれゾンビが自分のキャンプまでさまよってきて、うめき声で仲間を呼び集めないとも限らないのだ。

防御のための建物を詳細に設計せよ。基本的な構成は、購入可能な、あるいは近くの環境から手に入る建材によって決めるべきだ。建材、工具、物資などを含めてすべてを到着までに用意しておき、あとは建設を開始するだけにしておけ。

忘れるな。この防壁はゾンビだけでなく、山賊たちからも身を守ることができなければならないのである。また、敵が人間の場合、少なくともはじめのうちは銃器や、ひょっとしたら爆弾も持っているかもしれないことも忘れるな。

敵が防御壁の突破に成功した場合に備え、常に後退陣地を設定しておけ。この第二防衛線は要塞化した家屋、洞窟、あるいは二重防壁でもよい。常に整備を怠らず、行動に備えておけ。強力な後退陣地によって、希望の潰(つい)えそうな戦いを形勢逆転に持ち込むことも可能だ。

12. 逃走路を確保せよ

戦闘中、防御線が突破されたらどうする?

仲間たちに逃走路の位置を周知し、別個に撤退できるようにしておけ。非常用の物資と武器は常に荷造りして準備してあるか確認せよ。戦闘中に散り散りになってしまったときのために、仲間との合流地点を設定しておくこと。

新たな「我が家」を放棄するのは、特にその家を建てるために大きな労力を費したあとでは、精神的にも感情的にも簡単ではないだろう。世界のどこに行っても、政情不安定なところに住む人間はみな、それが、どれほど辛いことかと話してくれるはずだ。いまやその場所を新たな故郷と呼びたくなるほど愛着を覚えるようになるかもしれないが、どんな場合でも、そこを守って死ぬよりはあきらめて逃げ出したほうがマシである。

新たな家に落ち着く前に、いざというときの第二候補地も選定しておくべきだろう。元いた場所からそこまで、ゾンビや略奪者が追って来られないほど遠く離れた場所にせよ。同時に、最も過酷な状況下においても陸路で歩いてたどり着けるほどに、近くなくてはならない(第一の基地を放棄せねばならないときがいつやってくるかはわからないのだ)。

もう一度言っておくが、大発生前に逃走プランを作り上げろ。大発生が始まってしまったら、新たな家の候補地などを探すのは簡単ではない（後述の節も参照）。

13. 守りを固めよ

ようやく定住し、防御柵（ぼうぎょさく）を築き、住居を建て、作物を植え、仕事を割り振ったあとでも、決して本当の意味でリラックスしてはいけない。

見張り役は常に置いておくこと。カモフラージュを施し、仲間に警報を発する信頼性の高い方法を用意せよ。その方法が、攻撃者にとって警報だと分からないようにしておけ。

あらかじめ築いてある防壁の外側にも安全境界線を設定せよ。昼も夜もその境界のパトロールを行うこと。防壁の外側に人間を派遣する場合には、決して１人にせず、決して武装せずに送り出してはいけない。拠点内にいる者は、襲撃を受けた場合に備えて武器庫まで数秒でたどり着ける位置に常にいるべきだ。

14. 身を潜め続けよ

避難場所の地形次第では発見される危険性を最小にできるが、ゾンビや略奪者がいつキャンプ近くまで迫ってくるかはわからない。夜間に明かりが発見されないよう気をつけよ。煙は夜明け前には消しておけ。周囲の自然環境ですでにカモフラージュを得られていないなら、人工的に作り出してみろ。

「騒音規制」は昼も夜も常に実践せよ。大声を上げるのは必要なときだけにしろ。みなが集まる部屋は防音処置を施し、音楽、会話、その他の音が外に漏れないようにしておけ。新しく建設作業をしたり日々の修繕をしたりする間は、見張り役を増員して騒音の届く範囲の外に配置せよ。わずかな音でも風に乗って運ばれ、自分の位置を漏らしてしまうかもしれないことを忘れるな。風が、人の住んでいそうな方向（自分がやってきた方向）あるいは安全と思われる場所（大きな水域、広い砂漠など）のどちらから吹いているか、常に確認しておくこと。もし発電機が大きな音を立てるなら（化石燃料発電機など）防音した部屋に隔離し、使用はできるだけ控えよ。

常に警戒し続けるのは、はじめのうちは難しいかもしれない。だが時が過ぎるにつれ、ほぼ自然なことになるだろう。中世のヨーロッパから中央アジアの平原に至るまで、こうした生活は何百年も営まれ続けてきたのである。

人類の歴史の大半において、人々は混沌の海に浮かぶ小さな島のような空間で、侵略者たちの絶え間ない脅威に常にさらされながら、生きるためにあがいてきた。祖先がこうして数えきれぬほど長い世代を生き抜いてこられたなら、我々も多少の訓練を積めば可能だろう。

15. 孤立状態を維持せよ

どんな状況においても、好奇心に屈してはいけない。隠密術の高度な訓練を積んだ熟練の偵察兵ですら、偶然にも不死者の戦列を後ろに引き連れて防御陣地に戻ってきてしまうこともある。もし斥候（せっこう）が悪党に捕らえられて拷問を受けたなら、山賊たちにこちらの居場所を知られてしまっただろう。

ゾンビや山賊といったより劇的な脅威だけでなく、斥候がよくある病気を持ち込み、他の人間に感染させる危険性も常にある（治療薬の備蓄が少ない場合、いかなる流行病も全滅につながりうる)。

身を潜め続けることは、外の世界を無視し続けることとは異なる。手回し式あるいは太陽電池式無線機は情報を安全に集めるためには最適な手段である。だが、聴くだけにせよ! 電波を送信することは、単純な方位探知機しか持たない誰かにさえ、自分の居場所を知らせてしまいかねない。どれだけ仲間を信頼していても、無線送信機、信号弾など自分の位置を知らせうるものをしまい込み、カギをかけておくのは悪い考えではない。一瞬だけ見せた甘さが全滅へと運命を導いてしまうかもしれないのだ。リーダーシップ講座を受けることが、こうした微妙な問題をいかに扱うかについて最良の教えとなるだろう。

地形タイプ

世界地図を調べ、広い土地と温暖な気候の場所を見つけよ。そこに人口分布の多い場所を重ねてみれば、完全に一致するのがわかるだろう。

初期の人類は共同体を作ろうとする際、何を探せばよいか知っていた。安定した気候、肥沃な土壌、豊富な真水、そして天然資源の豊富な場所だ。こうした優先度の高い土地は初期文明の中心地となり、我々の知る近代の人口集中地へと拡大していったのである。

今回、新たな故郷を選ぶにあたり、こうした考え方、完全に理論的な思考プロセスは、最初に放棄しなければならない。地図に戻ろう。一見しただけで魅力的な土地を見つけたとしよう。いざ逃亡しようとする段になったら、数百万の人間が同じことを考えるだろう。

「厳しいところほど安全」という題目を掲げてこうした考え方と闘い、安全性の許す限りで最も過酷、かつ極限の環境を地球上に見つけ出せ。とうてい故郷と呼ぶつもりにはなれないような、あまり人目を惹かない、荒涼とした土地を見つけ出さねばならない。

以下に挙げた環境についての一覧は、じっくり考えて決断を下すための助けになるだろう。補足的な解説書によって、正確な気候状況、手に入る食物や水、天然資源などについて詳細な情報を得ることができるだろう。この節の解説は、それぞれの地形が、不死者にあふれた世界の中でどういう意味を持つかに絞ってある。

1. 砂漠

極地に次いで過酷な土地であり、そのため世界で最も安全な環境のひとつでもある。

映画でよく見るのとは違い、砂漠が砂の海であることはめったにない。岩石は容易に割ったり整えたりすることが可能で、快適な家の、そしてより重要なことに防壁の建材としても使える。

できる限り人里離れた場所に拠点を設置すればするほど、略奪者の襲撃を受ける可能性は減る。こうした悪党たちは、大規模な避難所があるわけでもない砂漠の奥地まで、わざわざ渡ってくることはしないだろう。意味がないからだ。仮に襲撃を試みた者がいたとしても、上昇する気温や水の不足によって、こちらの拠点にたどり着く前に死んでしまうだろう。

一方ゾンビは、こうした問題に影響されない。熱と渇きは問題には

ならない。乾いた空気は、すでに低下している腐敗速度をさらに遅くするだろう。

もし避難場所として選んだ砂漠が、アメリカ南西部のような人口が多い場所の周辺にあるならば、誰かがキャンプを発見する可能性も考慮に値する。高い丘や岩塊の上に要塞を築くのでない限り、平坦な地形においては人工の防御壁が必要となるだろう。

2. 山地

場所や高度によるが、山岳地帯は生ける屍者に対する素晴らしい防御力を与えてくれる。斜面が急なほど、ゾンビが登るのは難しくなる。道路や広い通り道がなければ、山賊の類も防げるだろう。

高地に位置することは周囲の視界をよくしてくれるが、カモフラージュもまた難しくなってしまう。視覚的な隠蔽手段、特に光や煙が漏れないようにすることを最優先とせねばならない。

高所におけるもうひとつの戦略上の欠点は、使用可能な資源までの距離である。食料や水、建材を調達するために平地まで移動することで、安全性が脅かされてしまう。結論としては、山頂に避難する場合、防御しやすさよりも、生存のために必要なもののすべてが手に入ることを優先すべきだ。

3. ジャングル

砂漠とは対照的にジャングルや熱帯雨林は、水、食料、建材だけでなく、薬の原料となる植物、燃料、即席のカモフラージュなども豊富だ。入り組んだ草木は防音材として働き、開けた土地では何マイルも先に聞こえてしまうような音が外に漏れるのを防いでくれる。《攻撃法》の章では、ジャングル地形はハンターの一団にとって不利に働くだろう、と説明したが、視界の悪さとぬかるむ地面は防御するにはぴったりだ。山賊たちに対しては、容易に待ち伏せしたり撃退したりできる。ゾンビなら周囲の仲間を呼び集める前に個別撃破もできるだろう。

もちろん、この赤道直下の生態系にも不利な点がある。

高い湿度が育む生命には、数百万種の微生物も含まれる。病気は恒常的な脅威となるだろう。どんな切り傷や擦り傷も壊疽(えそ)の原因になりかねない。乾燥した気候と比べ、食物は非常に腐敗しやすくなる。金属製品の錆びつきにも注意せねばならない。ゴム製など対策を施している衣服以外はすべて腐り果てる。

いたる所にカビが生えるだろう。周囲の昆虫の群れは、不断の戦いを強いられる敵となる。迷惑なだけの虫もいれば、苦痛を与える虫、死に至る毒針を持つものすらいる。黄熱病、マラリア、デング熱などの恐ろしい病気をもたらす虫も存在する。

ジャングルの中で生活することの、自然環境の点から見た有利さのひとつは、多数の微生物を活発に活動させる高湿度のせいで、ゾンビの腐敗が加速することだ。実地研究の結果によると、ジャングルに踏み込んだゾンビは乾燥した気候の中に比べ、10パーセントも腐敗速度が速まったそうだ。ときには25パーセントに届くこともあった!

こうした要素は、ジャングルが厳しい自然環境であり、同時に、最悪の状況下で生存するには非常に向いた環境でもあることを意味している。

4. 温帯の森林

世界中に分布するこの地域は、長期のサバイバルには最も快適だ。だが、こうした魅力的な環境こそが問題の種となるだろう。

カナダ北部の原生林はおそらく、避難民であふれかえる。追い詰められ何の準備もしていない、パニックになった群衆は間違いなく北に向かうだろう。少なくとも最初の1年は、避難民は原野を歩き回って食物を喰い尽くし、物資を得ようと暴徒化し、冬季にはもしかしたら食人行為にすら手を出すかもしれない。略奪者たちも間違いなくその中にいるし、さもなくば数年後に、安全な避難所を求めようと決めた者たちが追ってくるだろう。

そしてもちろん、常にゾンビの脅威はある。温帯の森林地域は、文明社会にも比較的近い場所にあり、森林内部にも転々と居留地がある。グールの遭遇率は通常の10倍にも跳ね上がるだろう。避難民が流入すれば、不死者たちまでもが北方に向かってくるのは分かりきったことだ。

そして、冬季に凍結したゾンビが夏季に解凍される問題もまた忘れてはいけない。山や川といった自然の境界に囲まれ隔絶された場所がある場合のみ、この地域を選べ。そうでなければ――どれほど人の住む地域からひどく離れているように思えても――危険すぎる。

シベリアの広大な荒野ならカナダ北部より安全だ、などと考えるな。このまばらにしか人の住まない原野の南には、世界で最も人口の多い地域であるインドと中国が存在することを忘れてはいけない。

5. ツンドラ

避難民はこの不毛の大地が命を支えてくれるなどと考えはしないだろう。敢えて試す者も、豊富な貯蔵量の物資、入念に準備した装備、周辺環境についての深い知識がなければ死んでしまうことになる。山賊たちも同様に生き延びるのは難しいと考えるだろう。どう考えても、この北の果てに踏み出す冒険をする者がいるとは考えられない。

生ける屍者はしかし、あなたがたの避難地までたどり着くかもしれない。避難民を追ってきたゾンビたち、あるいはかつて避難民だったが襲われてゾンビとして蘇った者たちが、避難地を見つけて他のゾンビたちに知らせてしまうかもしれない。だが、その数はたいしたことはなく、自分と仲間たちだけで相手にできる程度だろう。

とはいえ、他の環境と同様に、強固な防壁を築いて恒常的な警戒を怠るべきではない。温帯域の森林と同じように、季節ごとにゾンビの動きに目を配れ。

6. 極地

間違いなく地球上で最も過酷な環境である。

極低温と冷たい強風は、それにさらされた人間を一瞬で殺してしまえる。建材は主に氷か雪を使わねばならない。燃料は不足するだろう。薬品に使えるものや他の種類の植物については言うまでもない。食料は豊富だが、手に入れるには技術と経験を要する。夏ですら常に低体温症の危険がある。毎日を生きるか死ぬかの戦いに費やすことになるだろう。食料、衣服、建物、衛生面ですら、ひとつ間違っただけで死を意味する。

凍ったハドソン湾で生きるイヌイットのアラリアラク族を、彼らを題材にした映画「極北のナヌーク」で知った人も多いだろう。だが、撮影の翌年に「ナヌーク」が飢餓のため死んだことを知る者は少ない。

これは、極北地域における生活が不可能だということを意味しない。人間たちは数千年間にわたってその生活をうまく営んできた。地球の北の頂点と南の頂点で生活を営もうとする際に必要なのは、その他の地域での10倍もの知識と覚悟である。もしそのような環境でひと冬試しに過ごすだけの準備ができていないなら、いざ避難する段階においてはやめたほうがよい。

なぜこんなところに向かうのか? 最終目的は生存だというのに、このような過酷な環境で死ぬリスクを冒すのはなぜか? なぜなら、この場所では環境以外のことを心配しなくていいからだ。

避難民も山賊もこんな遠くまではやってこない。北極圏でさまよっているゾンビに偶然遭遇する確率は、3500万分の1程度だ(統計による推測で実証されている)。森林やツンドラと同様、凍結した後に解凍されたはぐれゾンビと移動中に遭遇する危険はある。

沿岸近くに拠点を構えた場合は、海流で流されてきたゾンビや、感染者を乗せた難破船が岸に打ち上げられていないか注意せよ。沿岸にいる場合、(少なくとも発生初期は)海賊の脅威にも遭遇する(孤島の説明も参照のこと)。他の環境に比べて比較的危険が低いとしても、何らかの防御網を整備し警戒を怠るな。

7. 孤島

全方向を水に囲まれた陸地ほど安全な場所があるだろうか? ゾンビたちは泳げないのである。非常事態時に選ぶべき最適の選択は、孤島での生活だと分かりきっているのでは? いくつかの点からは、そのとおりだ。

地理的に孤立していることで、大量のゾンビに襲われる可能性を無視できる。たとえ海岸から数マイル離れただけの島でも、身もだえし叫びを上げる大群からは無事でいられるだろう。この理由だけでも、孤島は常に望ましい選択肢である。

しかし、水に囲まれた岩塊での生活を決めたからといって、生存を保証してくれるものではない。沖合の島はどの避難民にとってもすぐに思いつく行き先だろう。ボートやいかだを持っている者はそうするはずだ。悪党たちも、本土へ行って略奪を行う際の拠点として使おうとするだろう。沖合の島はまた、十分内陸の河川付近で起きた工業事故によって汚染物質が流出すれば、被害を受けるかもしれない。こうした当面の危険を避けるため、頑強な船と熟練した航海術がないとたどり着けない場所を選べ。

良質な天然の港や着岸しやすい砂浜がない島を探せ。そうすれば、同じように海に逃げ出した他の避難民にとっては魅力的でない島と映るだろう(島を購入したところで、人々を遠ざけておけるのは大発生の前だけだということを忘れるな! 飢え、狂乱した避難民が「立入禁止」の看板に従うわけがない)。高い崖地に囲まれ、できたら広く浅いサンゴ礁を備えた島を探せ。

こうした自然の障壁があるとしても、防壁を築いて手入れを怠るな。危険はまだある! 非常事態の初期段階には海賊が島から島に渡り、生存者から物資を略奪しようとするだろう。水平線に敵の船が現れないか常に見張りをしろ。

ゾンビもまた、様々な手段でやってくるかもしれない。世界中が感染地域となった状態では、かなり多くのゾンビが海底を動き回っていることだろう。可能性はわずかに過ぎないかもしれないが、ゾンビが海中の坂道をたどって、数少ない砂浜に打ち上げられ、上陸するかもしれない。まだ生存していた頃にライフジャケットを着ていたゾンビが、海流によってそのまま島まで流れ着くかもしれない。ゾンビに感染した船も存在しうるし、最悪の場合、海岸で座礁して死の貨物があふれ出すことも考えられる。

絶対に逃亡手段が破壊されないようにせよ。船は浜に揚げるか、沖合から見えないように偽装しておくこと。船を失うのは、島が要塞でなく監獄と化すことを意味する。

8. 海上生活

船と乗組員とを正しく選ぶことができれば、非常事態の期間中を海上でやり過ごすことも可能だ、と前に述べた。理論的には可能だが、うまくいく確率は天文学的に低い。

非常事態時初期には多くの人間が、2人乗りのボートから8万トンの貨物船まで、様々な船に乗って水上にこぎ出すはずだ。彼らは乗船したときに持っていたものや、世界中の感染した港を渡り歩いて調達した物資、捕まえた魚、蒸留した真水などで生き延びるだろう。

武装した高速船に乗った海賊たちは海をうろつき回る。こうした近代の海賊たちは今もすでに存在しており、多くの第三世界の海岸沿いや海上交通の戦略的要衝で貨物船やヨットを襲撃している。非常事態時には海賊の数は数千にもふくれあがり、獲物を選り好みはしないだろう。

軍港が制圧されてしまったら、陸上作戦の支援をしていた軍艦以外は、安全な係留地へ向けて航海するはずだ。そうした孤立した環礁島の基地で、各国の海軍は状況が静まるのをただ待って、待ち続ける。

数年後、時間といくつかの要素が、その場しのぎの海上生活者たちに死の鐘を鳴らしていくだろう。化石燃料を使う船はやがて燃料を使い果たし、助けもないまま漂流し続ける運命にある。放棄された港や燃料庫に寄って燃料を探そうとする者は、ゾンビの食事という終わりを迎えるかもしれない。薬やビタミン剤が底を尽けば、壊血病のような病気で死ぬことになる。荒れた海は多くの船を破壊するだろう。

海賊たちは内乱を起こしたり、略奪しようとした相手に返り討ちになったり、あるいは偶然出合った生ける屍者の餌食となったりしてそのうち自壊するだろう。最後に挙げた不測の事態は略奪者たちを感染させ、海上をさまよう不死者の数を増やしてしまう。放棄されたゾンビ幽霊船は、うめき声を潮風に乗せながら、行くあてもなく世界中の海を漂流するだろう。

潮風はやがて、浄水器や発電機などの複雑な機械を蝕んでいく。

数年のうちに、波間を走るのは専門家の乗った数少ない船だけとなろう。それ以外の船は沈没し、座礁し、ゾンビに侵略され、さもなくばどこか孤立した海岸に錨を下ろして、陸地に戻ることを決断しているかもしれない。

海上生活を考えるなら、以下の資質や物資を備えていなければならない。

A. 少なくとも10年間の商業または軍事上の海洋業務従事経験。ただ単に10年間クルーザーを保有していただけ、というのは含まない。

B. 船体が少なくとも100フィート[30メートル]あるいはそれ以上の長さで、非有機体・非腐食性の素材でできた頑丈な帆船。

C. 雨に頼らずに一定の水準以上の真水を蒸留できる設備。単純で整備しやすいだけでなく、サビに強いもの。さらに予備の設備も必要。

D. 食物を手に入れ、プロパンガスのような再利用できない燃料を使わず調理できる能力。

E. あらゆる水棲植物や動物についての知識。陸上で手に入るビタミンやミネラルは、ほぼ海中のもので代替できる。

F. 船を放棄せねばならないときのための、グループ全員分の非常用装備が必須。

G. 安全な避難地の場所についての知識。どんな船にも、どれだけ原始的でもいいから港が必要である。カナダ沿岸の岩場だろうが、太平洋の荒れ果てた環礁だろうがかまわない。何であれ、嵐に襲われているときに港がどこにあるかわからないなら、文字通りにも比喩的にも「沈む」ほかない。

これだけ全部そろっていたとしても、海だけで暮らすよりは、多少の生活水準の低下を受け入れて陸地で暮らした方がいいだろう。船を動く自宅として考え、小さな島から島へ、あるいは海岸線から海岸線へと渡り歩け。広い海に浮かんでいるよりは落ち着くし安全だろう。そうだとしても、浅い水中にいるゾンビに注意し、常に、常に錨から伸びる鎖に気を配れ!

理論的にはこのような生活も可能だが、推奨はできない。

期間

いつまで原始的な生活に耐え続けなければいけない? すべての歩く屍者が灰へと還るまでどのくらいかかる? 表面上だけでもいいから以前の生活に戻れるのは? 残念だが、正確な答えはない。

最初に発生したゾンビは、冷凍やアルコール漬けなどで保存されたものは除けば、5年もすれば完全に腐敗してしまうだろう。だがゾンビが地上を完全に支配するには、10年はかかるはずだ(忘れるな、逃亡することになるのはこの戦争が始まる前であり、終盤ではない)。

ゾンビが真にこの星を支配しているのならば、そしてもはや感染させる人類が残っていないなら、奴らの大半が腐り落ちていなくなるまでには実際5年ほどかかるだろう。乾いた気候と凍りつく寒さによって多くのゾンビが保存されることを考えると、数十年はかかるかもしれない。山賊、避難民、自分たちのような生存者はまだ餌食になり続け、新しいが小規模な世代が、古く腐りつつある戦列に加えられる。

すべてが塵に還ったとき、残っている不死者は人為的に保存されたものか、冬ごとに凍結されるものだけだろう。これらにはこの先数十年間注意を続けなければならない。子供の世代、孫の世代にまで警戒状態は続くかもしれない。それでは、安全な時代はいつ訪れるのだ?

✴1年目　非常事態宣言が出される。逃亡する。防御壁の建設と拠点の設立。仕事の割り振り。新たな生活の始まり。常にラジオやテレビによって、戦いの行方を監視し続ける。

✴5〜10年目　この時期のどこかで戦争が終結。屍者が勝利。外部の情報が途絶える。世界中がゾンビに蹂躙されたと仮定。自分たちの生活を続け、山賊や避難民が自分の領域に入ってこないか、防御に目を光らせる。

✴20年目　20年の隔離生活の後、偵察部隊を外部に送ることを考慮。そうすれば発見されるリスクを背負うことになる。偵察隊が期日までに戻らない場合、死んで、居場所を漏らされた可能性もあると仮定する。隠遁生活を続行。これ以上の偵察は送らず、戦いに備える。次の偵察は少なくとも5年は後。偵察隊が無事に戻ってきた場合、その報告次第で次の行動方針を決定する。

偵察部隊は、新しい世界がどうなっているか、以下に挙げる3つの状態からひとつを発見して戻るだろう。

❶ゾンビがいまだ地上を動き回っている　人工的に保存されたものから、冬ごとに寒さで凍りつくものまで含め、数百万体がまだ存在している。2平方マイル[3.6平方キロメートル]あたり1体程度とまばらにしか見かけなくても、まだ奴らが地上を支配する捕食者だといっていい。人類の大半は死に絶えた。生存者は隠遁生活を続けている。

❷不死者がわずかに残っている　腐敗の進行と恒常的な戦闘が、奴らを死に追いやっている。数百平方マイルに1体程度のゾンビしか発見できないかもしれない。

人類は力を取り戻しつつある。生存者グループが寄り集まり、社会の再建に向け手を組む。この協力態勢は、法を遵守する調和のとれた集団から、蛮族や軍人による混沌とした封建支配まで、様々な形をとるだろう。後者の存在は、隠れ続けるのには十分な理由である。

可能性は低いが、亡命政府あるいはその一部がようやく表舞台に現れるかもしれない。軍隊や警察の残党によって武力を整え、継承されていた技術と溜め込まれたノウハウで身を固め、彼らはゆっくりと、だが確実に、人類による世界の再支配を実現しようと試みるだろう。

❸生存者なし　生ける屍者の群れは、最終的に腐り果ててしまう前に人類の痕跡を一掃し尽くした。避難民は喰い尽くされた。山賊たちもまたお互いに殺しあうか、グールの襲撃を受けて死亡した。生存者の拠点は襲撃を受けて陥落するか、病気、内乱、あるいはただ絶望して消えていった。ゾンビも人間も活動していない、静かな世界だ。

風が葉を揺らす音、波が浜辺に寄せる音、野生生物たちの声を除いて、地球はこの数百万年かつてなかった、不気味な静けさを取り戻した。

人類が（あるいは不死者が）置かれた状況がどうであれ、野生動物は適応と変化を続けていくだろう。逃げられなかった動物たちはゾンビの餌食となる。これによって、大型捕食動物の主食である草食動物種の多くが絶滅寸前に追い込まれるだろう。猛禽類も、腐食性の鳥たちも同様に飢餓に直面する（ゾンビの肉には死後も強力な毒性があることを覚えているだろうか）。大きさや速さにもよるが、一部の虫すら動き回るゾンビの標的になるかもしれない。

どのような生態系が地球の継承者となるか、正確に予測するのは難しい。言えるのは、不死者に支配された世界は、最後の氷河期が地球全体の生態系に及ぼしたような影響に、勝るとも劣らない変化を与えるだろう、ということくらいだ。

それから、どうする？

崩壊した世界を題材とした物語において、新世代の生存者たちは劇的な手段、たとえば都市全体を再奪取するような方法で世界を復興していく様がよく描かれる。特に映画においては非常に興奮させられるイメージではあるが、これらは地球を復興させる方法としては、あまり安全でも効果的でもない。

マンハッタンに再集結するためにジョージ・ワシントン橋を行進するよりも、少しずつ自分の生存域を拡大していったり、比較的周囲と隔離されてはいるがよりよいエリアに移り住むことのほうがより安全で、より賢く、より堅実だ。たとえば、もし小さな島を住み処にしていたなら、以前は人の住んでいたもう少し大きな島に上陸して、残ったゾンビを一掃し、放棄された家を新たな住居として引き継ぐことが最良の選択だろう。地上において同様のことはたとえば、砂漠の真ん中や凍えるツンドラから、近くの放棄された町に移り住むようなことだ。

非常事態時のサバイバルマニュアルは、多くの歴史書と同様に、完全な社会を再建するための最良のガイドとなってくれるだろう。だがその中でも教えられていない、必ずやらねばならないことは、新たな、より文明的な故郷の安全を保つことだ!

忘れるな。自分たちこそが唯一の政府、唯一の警察組織、唯一の軍隊なのだ。安全は自分たちの肩にかかっている。たとえ当面の危険が去っても、安全が維持されると考えるな。どのような状況に置かれ、どんな困難に直面しようと、あなたがたは恐竜絶滅以来の大惨事である不死者に支配された世界を生き延びたのだ。勇気を持て。

第7章

ゾンビ襲撃記録

RECORDED ATTACKS

これは、歴史を通じたゾンビによる襲撃すべてのリストではない。その情報が記録、残存、あるいは出版されているすべての襲撃記録のうち、著者が発見できたものを年代順にまとめたものである。

口述による伝承を基礎とする社会から史料を得るのはより困難だ。あまりにしばしば、その社会が戦争、奴隷化、自然災害の結果として崩壊したり、あるいは単純に国際的な近代化の波の中で衰退したりして、そうした物語が失われてしまっている。どれほど多くの物語、どれほど重要な情報が――ひょっとしたらゾンビ化の治療法さえ――何世紀もの間に失われてしまったのか、誰が知ろう。

我々の時代のような情報化社会においても、大発生の記録は断片的にしか報告されることはない。これはある部分においては、生ける屍者についてのあらゆる知識を秘密にするよう誓っている、様々な政府組織や宗教団体のせいである。また、ゾンビ大発生に対する無知のせいでもある。また真実を知っていても、不信に晒されることを恐れる者もおり、そうした者たちは多くの場合、情報を公にするのを控えている。そうした事情の結果、ここに記すことのできる裏付けのある事件のリストは、短いものとなっている。

追記：以下の出来事は発生した年代順に並べられており、その記録が発見された順ではない。

［紀元前60000年］

中央アフリカ、カタンガ

最近、考古学調査隊がセムリキ川上流の河岸にある洞窟で、30もの頭蓋骨を発見した。

頭蓋骨はすべて破壊されていた。すぐ近くには大量の化石化した灰が残されていた。研究所で分析した結果、その灰は30人のホモ・サピエンスのなれの果てだと結論付けられた。洞窟の壁には、威嚇するように腕を上げ、恐ろしげに目を見開いた人間の姿が描かれていた。大きく開かれたその口の中には、他の人間の体があった。

ただしこの洞窟が、即、実際のゾンビによる事件現場だとはまだ考えられていない。ある学派は、壁画は警告のために描かれたものではあるが、砕かれた頭蓋骨と焼かれた屍体はグールの屍体を処理したものだと主張している。別の学者たちは化石化したソラニュウムの痕跡のような、ある種の物理的な証拠を求めている。結論はいまだに出ていない。

カタンガの遺跡がゾンビの襲撃によるものと認められたとしても、なぜ次の大発生までの期間が大きく開いているのか、という疑問がわき上がる。

[紀元前3000年]
エジプト、ヒエラコンポリス

1892年、イギリスの発掘隊が史書に記録のない墓所を発見した。ここに埋葬されたのが誰で、どんな地位にあった者なのか、手がかりは見つからなかった。

屍体は玄室にある蓋の開いた棺の外で発見され、部屋の隅でうずくまり、部分的に腐敗しているだけだった。まるで屍体が外に這い出そうとしたかのように、墓の内側にはどの方向の壁にも、何千もの引っ

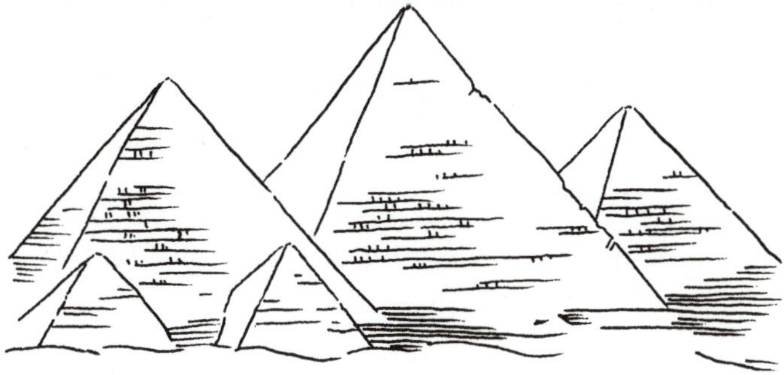

かいた跡があった。法医学の専門家が明らかにしたところによると、この引っかき傷は数年にわたってつけられたものだった!

屍体の右橈骨（とうこつ）にはいくつかの噛まれたような跡があった。この歯形は人間のものに一致した。詳細な検死解剖によっても、乾燥し半ば腐敗した脳の状態はソラニュウムに感染したものと一致していた(前頭葉が完全に溶けてなくなっていた)だけでなく、ウィルスの痕跡元素も発見された。

この事件が、後のエジプトのミイラ職人が脳を摘出するきっかけになったのかどうか、議論がわき起こっている。

[紀元前500年]

アフリカ

西洋文明で最も有名な古代の船乗り、カルタゴのハンノは、アフリカ大陸西海岸の探検と植民地化の航海の途中、日誌に以下のように記している。

その頭を雲に隠された緑の丘を持つ広大なジャングルの浜辺で、

私は真水を得るために内陸に部隊を派遣した……占い師たちはこの行動を危ぶんだ。彼らの目には、ここが呪われた土地、神々に打ち棄てられた悪霊の地だと映ったようである。私はその警告を無視し、高い代償を払う羽目になった……送り出した35人のうち、帰ってきたのは7人だけだったのだ……。

生存者はすすり泣きながら、ジャングルから現れた怪物どもの話を始めた。蛇の牙、豹の爪、地獄の炎のように燃える瞳を持った人間の話だ。青銅の剣がそいつらの肉を切り裂いても、一滴の血も流れ出ない。奴らは私の船員を喰らい、その嘆き声が風に乗って運ばれてきた……。

占い師たちは傷ついた生存者に気をつけるよう言い、彼らの触ったものすべてが不幸をもたらすと主張した……。我々は船を速め、哀れな者たちをこの半人半獣の地に置き去りにした。神々よ、我を赦したまえ。

よく知られたことだが、ハンノの業績については疑問の余地があり、歴史学者たちの間で議論の的となっている。ハンノはまた、彼が「ゴリラ」と称した巨大な猿のような生物（実在のゴリラはこの地域に生息していたことはない）との遭遇についても記しており、この出来事はどちらも、彼自身あるいは後の歴史家による想像の産物ではないかとも推測されている。

それらを考慮し、また、蛇の牙、豹の爪、燃える瞳、といった明らかな誇張は無視するとしても、ハンノの記述は基本的には歩く屍者について述べたものに近い。

［紀元前329年］

アフガニスタン

伝説的な征服者、アレクサンドロス大王の建てた無銘のマケドニア式の円柱を、ソ連の特殊部隊がアフガン戦争中の任務間に何度も訪れた。この記念碑から5マイル［8キロメートル］のところで、ヘレニズム時代の兵舎と思われる遺跡をある部隊が発見した。他の遺物と一緒に、小さな青銅の壷が出土した。その象眼模様は次のようなものだ。

❶ある男が誰かに噛みつく。

❷犠牲者が死の床に横たわる。

❸再び動き出す。

また❶に戻り誰かに噛みつく。

この壷に描かれた絵そのものと同様、その繰り返しという特徴が、不死者の大発生をアレクサンドロス大王が目撃したか、あるいは近隣の部族が大王に教えたことの証拠になりうる。

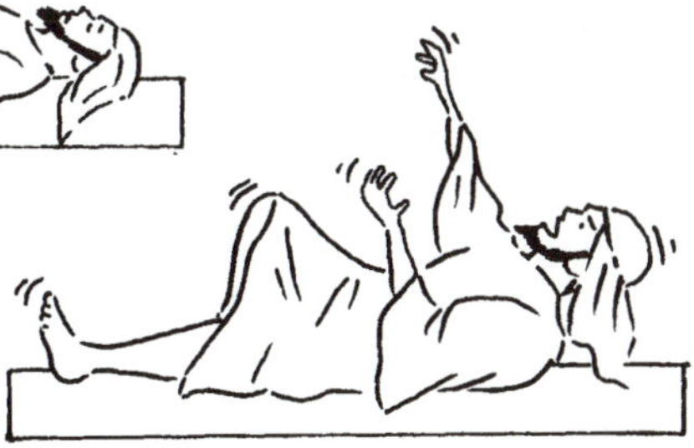

［紀元前212年］

中国

秦王朝時代、農業や建設などの実務的な目的に関係のない書物は、「危険思想」を防ぐためにすべて焼き捨てるよう、皇帝によって命じられた。ゾンビの襲撃記録もまた炎の中に消えたのかどうか、明らかになることはないだろう。以下に示す医療についてのあいまいな記述は、処刑された中国の学者が壁に残したもので、ゾンビによる襲撃があった証左となるかもしれない。

「永遠なる白日の悪夢」の犠牲者に対する唯一の処置は、手足の切断と炎による処理のみである。犠牲者の体の自由を奪い、口に藁を詰め、しっかりと縛り付けねばならない。体液に触れないようにしながら、四肢と内臓をすべて取り去る必要がある。完全に灰になるまで燃やし、それを少なくとも12里［48キロメートル］四方にまき散らさなければならない。この病は不治であるため、他のいかなる治療法も役には立たない……人肉への渇望は止められない。もし犠牲者があまりに多く、拘束することができないなら、即座に首を切り落とすことが必要である……少林刃（シャオリン・スペイド）が、この仕事を最も速やかにこなす武器となろう。

「永遠なる白日の悪夢」の犠牲者が実際に屍者になったかどうかの記述はない。生者の肉に対する切望と、実際の「処置」の部分のみが、古代の中国にゾンビが存在したことを示唆している。

[121年]

カレドニア(現スコットランド)、ファナム・コシディ要塞

発生源こそ不明だが、詳細に記録された事件である。

地元の蛮族の族長は、不死者をただの狂人たちだと思い込み、3000人以上の戦士を「狂人たちの暴動を終わらせる」ために送った。その結果、600人以上が喰い殺され、残りは負傷し、結局は歩く屍者と成り果てた。

このとき付近を旅していた、セクタス・センプロニオス・トゥベロという名のローマ人の商人が戦闘の目撃者となった。トゥベロは不死者が何者なのかは理解できなかったが、ゾンビを食い止めるには首を落とす他にないと心に留めておくほど注意深い男だった。命からがら逃げ出すと、トゥベロは最寄りのローマ・ブリタニア遠征軍駐屯地の司令官、マルクス・ルキウス・テレンティウスに自分が目にしたことを報告した。

1日もかからない距離に、9000体を優に超えるゾンビがいた。逃げる人々の流れを追いながら、グールは南に移動を続け、着実にローマの領地に向かって進んでいた。テレンティウスの手勢はわずかに1部隊(480人)のみ。増援が来るのは3週間も先だ。

テレンティウスはまず、深さ7フィート[2メートル]の長い溝を2列、手前ほど間隔が狭くなり、最後にはお互い平行な長い通路となるように掘れと命じた。北に向けて口を開いたじょうごのように見える溝ができあがった。どちらの溝にも、底には瀝青油(れきせいゆ)(ブリタニアのこの地方で、ランプを灯すのに使われていた未精製油)を満たしてあった。

ゾンビがやってくると、油に火が放たれた。溝に落ちたグールはす

べて深みにはまり、焼き尽くされた。残りもじょうごに追い落とされ、戦列に残っているのは300体もいなくなった。テレンティウスは部下たちに、抜刀し盾を構えて敵に立ち向かうよう命じた。

9時間の戦闘の後、すべてのゾンビは首を切り落とされ、まだ動いている頭部は火葬するため溝に放り込まれた。ローマ軍の損失は150名が死亡、負傷者はゼロだった（戦友たちが噛まれた者を殺害したのである）。

この大発生の経験は、即座に大きな影響を与え、歴史的にも重要なものとなった。

ハドリアヌス皇帝は大発生に関する情報を書物として包括的に編纂するよう命じた。このマニュアルはゾンビの行動パターンや効果的な対処法を解説しているだけでなく、大量の軍勢を割いて「一般市民による避けえぬパニックに対処する」ことを推奨している。この文書の写本は単に「軍令XXXVII[37]」という名で知られており、帝国のあらゆる地域に配布された。こうした理由から、ローマの支配する地域でゾンビの大発生が致命的な数にまで達することは二度となくなり、また詳述されることもなくなった。

この最初の大発生はまた、北カレドニアをブリテン島の他の地域から効果的に分断する「ハドリアヌスの長城」の建設を促したとも考えられている。

これはクラス3の大発生の典型例であり、おそらくは記録上最大の規模である。

［140～41年］
ヌミディア（現アルジェリア）、タムガス

この地域のローマの執政官、ルキウス・ヴァレリウス・ストラボによって、砂漠の遊牧民たちの間で起きた6件の小規模な大発生が記録されている。いずれの大発生も、アウグストゥス第三軍基地の2部隊によって制圧されている。処理されたゾンビは134体、ローマ軍の死亡者は5人。公式の記録の他に、ある重要な発見について軍の技師の日記が残されている。

地元のある家族が、あの野蛮な生物たちが固く閉ざされた扉や窓を引っかき、叩き続けている間、少なくとも20日間は自宅に閉じ込められていた、我々が汚らわしい連中を片付けて家族を救いだすと、彼らは発狂しかけているような有様だった。推測するに、日中も夜間も立て続けに聞こえる獣のごとき叫びは、まるで情け容赦のない拷問のようであったのだろう。

これはゾンビの攻撃による精神へのダメージが最初に確認された例である。この6件すべては年代的に近接しており、1体あるいは数体のグールが「生き残り」、次の感染を引き起こすパターンの信頼できる報告例となっている。

［156年］
ゲルマニア（現ドイツ南部）、カストラ・レギーナ

17体のゾンビによる襲撃を受け、ある著名な神官が感染した。ローマ軍の司令官は新たなゾンビ化の兆候を見て取り、かつての聖者を撃退せよと兵士たちに命じた。地元の住民は激怒し、暴動が巻き起こった。処分されたゾンビは聖者を含め10体、ローマ軍の死亡者はすべて暴徒によるもので、17人。ローマ軍の鎮圧により一般市民198人が殺害された。

［177年］
アクィタニア（現フランス南西部）、トロサ（トゥールーズ）近辺の名もなき集落

旅の商人がカプアに住む兄弟に宛てた手紙が、ある襲撃事件について述べている。

奴は、腐ったにおいをさせながら森から現れた。灰色の肌には傷が山ほどあったが、血は一滴も流れていなかった。

悲鳴を上げた子供を見つけると、奴の体は興奮で震えたように見えた。首がその娘のほうに向き、開いた口からうめき声が上がった……そのとき、ダリウスという名の老いた元軍人が飛びかかった……おびえる母親を押しのけ、片腕で子供を抱え上げると、もう片腕でグラディウスを抜き放った。その化け物の頭は足下に落ちて丘の下へ

転がり、体もその後を追った……。

ダリウスは革のコートを着て、屍体を燃やすように言った……頭はまだしつこく噛みつこうとしていたが、やはり炎に投げ入れられた。

この手紙は生ける屍者に対するローマ時代の典型的な態度を表していよう。ゾンビを恐れたり、迷信に惑わされたりせず、単に解決すべき問題のひとつとして当たるのだ。これがローマ帝国における最後のゾンビ襲撃記録だ。以降のゾンビ大発生は、効果的な対応のため戦闘にまで至ることはなく、上記のように明快な理由のため記録もされなかった。

［700年］
フリージア（現オランダ北部）

この事件は西暦700年頃に起きたと思われる。事件の直接の証拠は、最近アムステルダムの国立美術・歴史博物館の地下で発見されたある絵画である。この絵画を分析した結果、上記の年代が得られた。

絵画自体は、全身に鎧をまとった騎士たちの軍勢が、灰色の肌を持ち、矢などによる傷を全身に負い、口から血を流す怒れる男たちの群れを攻撃している様子を描いたものである。画面の中央でふたつの軍勢が衝突しており、騎士たちは剣を抜き、敵の首を切り落とすため振り下ろしている。3体の「ゾンビ」が右下の隅に見受けられ、倒れた騎士の体に覆い被さっている。騎士の鎧の一部は引きはがされ、片腕がもぎ取られている。ゾンビはむきだしになった肉を食らっている。

第7章 ゾンビ襲撃記録

この絵画に署名はないため、どこから来て、どうやってこの美術館に落ち着いたのか、まだ誰にもわかっていない。

[850年]

サクソン（現ドイツ北部）のある地域、詳細不明

ローマへの巡礼の途上にあったバーン・クンツェル修道士は、以下のような事件を自身の日記に書き留めた。

1体のゾンビがシュヴァルツバルトの森からさまよい出て近隣の農夫に噛みつき、感染させた。犠牲者は死んで数時間後に蘇り、自分の家族に襲いかかった。そこから大発生となり村中に広まった。

生存者のうち何人かは領主の城に逃げ込んだが、自分たちの中に噛みつかれた者がいたことに気づいていなかった。大発生が拡大するにつれ、近隣の村人たちも暴徒と化していった。

地元の聖職者は、不死者たちは悪魔の魂に取り憑かれており、聖水と祈りで悪霊を退散できるのだと信じていた。この「聖なる冒険」は、祈りを捧げた会衆たちがみな喰われるか、生ける屍者となってしまうという虐殺のうちに終わった。

近隣の領主や騎士たちは自暴自棄になり、「悪魔の落とし子を炎で浄化する」ために協力しあうことにした。この寄せ集め軍は、半径50マイル[80キロメートル]以内のすべての村、すべてのゾンビを焼き尽くした。殺戮を生き延びた、感染していない人間たちまでもである。

先ほどの領主の城は人々が不死者とともに自らを閉じ込めてしま

い、すでに200を超えるグールの牢獄と成り果てていた。住人たちは門を固く閉じ、堀の跳ね橋を上げてしまったために、騎士たちが城を浄化するために近づくことはできなかった。結果、この要塞は「亡霊の城」として知られるようになった。その後10年以上、近くを通りがかった農民には、まだ中にいるゾンビのうめき声が聞こえたという。

クンツェルの記述によると、573体のゾンビが確認され、900以上の人間が喰われたという。クンツェルはまたその記述の中で、近くのユダヤ人集落に対して、彼らの「信仰」が足りないせいで大発生が起きたのだとして行われた、大規模な報復攻撃についても述べている。

クンツェルの文書はヴァチカンの書庫に保管され、1973年に偶然から発見された。

[1073年]
エルサレム

ゾンビ生理学の分野における最も重要な先駆者であるイブラヒム・オベイダラ博士の物語は、科学によりゾンビを理解しようとする試みの、偉大な進歩と悲劇的な後退を象徴している。

発生源は不明だが、パレスチナの沿岸都市ヤッファで15体のゾンビ大発生が引き起こされた。この地域の軍隊はローマ軍令XXXVIIの翻訳写本を用いて、最小の人的犠牲のみでこの脅威を押さえ込むことに成功した。

新たに噛まれたある女性が、著名な生理学者にして生物学者であるオベイダラの手に渡った。ローマ軍令XXXVIIによると、噛まれた人

第7章 ゾンビ襲撃記録

間はすべて即座に首を落とし、炎で処分することになっているのだが、オベイダラは自分にこの死んだ女の調査を許可するよう軍を説得した(あるいは、賄賂を握らせていたのかもしれない)。

屍体を市の牢に移し、彼の道具もそこまで持って行くことで妥協に至った。法の監視を受けながら、博士は彼女が息を引き取り、そして再生するまでの様子を観察、研究した。彼は多くの実験を、拘束したグールに対して行った。オベイダラは、生命を維持するために必要なすべての身体機能がもはや働いていないことを発見し、被験者は物理的には死んでいるが、それでもまだ身体機能は失っていないことを科学的に証明した。彼は中東じゅうを旅し、その他の大発生と思われる事例を集めた。

オベイダラの調査は生ける屍者の生理学全体について言及している。神経系や消化器官、環境による分解作用の速さについての研究まで含んでいるのである。生ける屍者の行動パターンもまた研究結果に含まれており、本当ならば特筆すべき業績といえる。

十字軍の騎士たちが1099年にエルサレムに押し寄せると、この驚異的な人物は悪魔崇拝者として皮肉にも断首され、その業績もほとんどすべて破棄されてしまった。その一部は、原文書の断片だけが生き残っているという噂と共に、以後数百年にわたりバグダッドに残されていた。

オベイダラの伝記はしかし、彼の実験の詳細は省かれたが、伝記作家(かつて彼の同僚だったユダヤ人の歴史家)とともに十字軍の脅威から生き延びた。その男はペルシャまで逃げ、そこで写本が作られて出版されると、中東の多くの国にある程度広まった。その写本はテル・アビブの国立文書館に残っている。

［1253年］
グリーンランド、フィスカーホーン

北欧の冒険者の偉大なる伝統に従い、アイスランドの族長、グンボルン・ランダーガルトは人里離れたフィヨルドの河口近くに植民地を建設した。153人の植民者がいたと伝えられている。

ある冬が明けた後、おそらくは物資を調達し新たな植民者を募るため、ランダーガルトはアイスランドに戻った。5年後にランダーガルトが戻ると、島が廃墟と化しているのを目にした。見つけることができた植民者は、肉がきれいに取り去られた3ダースほどの骸骨だけだった。

また、彼は3体の何者か、2人の女、1人の子供に遭遇したとも伝えられている。彼らの肌は灰色のまだら模様で、体のいたる所から骨が飛び出していた。負傷しているのは明らかだが、血が流れた形跡は見られなかった。ひとたび気づくと、ランダーガルトの一団に向き直り、近づいてきた。

どんな言葉も交わされないまま、彼らは即座にバイキングたちに襲いかかったが、すぐにバラバラにされた。北欧人の王は、この遠征行はずっと呪われていたのだと考え、すべての屍体と人工物を焼き払うよう命じた。彼の家族も骸骨の中にあったため、ランダーガルトは彼自身をも殺し、手足を切断して炎に投げ込むように部下に命じた。

この「フィスカーホーン物語」は、ランダーガルトの一団から旅のアイルランド人僧侶に伝えられ、アイスランドのレイキャビクにある国立文書館に収められている。

これは、古代北欧文明における最も正確なゾンビの襲撃についての記述というだけでなく、なぜグリーンランドのバイキング集落が、14世紀初頭のうちにすべて謎めいた消え方をしたのかを説明しているのかもしれない。

［1281年］

中国

ベネチアの探検家マルコ・ポーロは、ザナドゥにある皇帝の避暑宮を訪れている最中に、フビライ・ハンが透明なアルコール液（ポーロはその液体を「ワインのようだが透明で鼻につく」と説明している）で満たされたガラスビンに入っている、切断されたゾンビの頭部を見せた、と日記に記した。

ハンの説明するところによると、この生首は彼の祖父、チンギス・ハンが西洋への遠征から戻ったときにもたらされたのだという。

ポーロは、その頭はこちらがいることに気づいていた、と記している。腐りかけた瞳で彼らを見据えているようにさえ思えたという。彼が触ってみようと手を伸ばすと、指に噛みつこうとした。ハンはこの愚かな行為を責め、同じことをして実際にこの切断した頭に噛みつかれた、低級官吏の話を語った。この官吏は後に「数日の間は死んでいたように見えたが、蘇って自分の従者たちに襲いかかった」のだという。ポーロは、彼が中国にいる間ずっとその頭は「生きて」いたと記している。この遺物の命運は誰も知らない。

ポーロが極東より帰国すると、この話はカトリック教会にとがめられたため、彼が出版した冒険記の公式版の中には見受けられない。歴史家の説によると、モンゴル帝国は当時バグダッドまで版図を広げていたので、この頭はイブラヒム・オベイダラ博士の実験標本のうちのひとつではないかという。だとしたらこの頭部は、保存状態のよい最古の「生きた」ゾンビ標本の記録だということになる。

［1523年］

メキシコ、オアハカ

原住民たちは、魂を曇らせ、同胞の血を欲する病について語った。彼らは、男も、女も、子供でさえも、肉体が腐った灰色に変色し、邪悪なにおいに取り憑かれると話した。ひとたび魂が曇れば殺す以外に術はなく、その体は人の武器を受け付けなくなるため、炎によって死を与えるしかない。

私は、これは異教徒たちに起きる悲劇で、我らが主イエス・キリストを知らぬがためにこそ、この病を治すことができないのだと信ずる。いまや我らは、彼ら愚かな民を光と真の主の愛とで祝福し、曇った魂を見つけ出すため団結し、天の国の力をもってこれを清めなければならない。

この文書はおそらくは、スペイン人の司祭にしてバルトロメオ・デ・ラス・カサスの弟子、エステバン・ネグロン神父の証言からとられたものであり、原典を編集したものが最近になってサント・ドミンゴで発見された。この文章の真正さに対する意見は様々だ。ゾンビに関するすべての情報を封鎖するヴァチカンの政策の一環であると考える者もいる。「ヒトラーの日記」式の精巧ないたずらと考える者もいる。

[1554年]

南米

ドン・ラファエル・コルドザ指揮下のスペイン人探検隊は、伝説の黄金郷エル・ドラドを探すため、アマゾンのジャングルに分け入った。テュピ族の案内人たちは「果てなき眠りの谷」と呼ばれる地域に入らないよう警告した。彼らによると、そこに足を踏み入れれば、風のようなうめき声を上げる血に飢えた怪物の類と遭遇するのだという。大勢の人間がそこに入っていった、とテュピ族は言った。だが戻った者はいない、と。コンキスタドールたちの大半はこの警告に恐れをなし、沿岸に引き返すよう求めた。コルドザは、テュピ族が黄金郷を隠すためにこの話をでっち上げたのだと考え、探検隊を前に押し進めた。夜が来ると、彼らのキャンプは数多くの歩く屍者に襲われた。

この夜に何が起きたのかはいまだ謎に包まれている。コルドザを南米からサント・ドミンゴまで乗せた船、サン・ベロニカ号の乗船者名簿によると、彼は海岸にたどり着いた唯一の生存者だったことがわかっている。彼が最後まで戦ったのか、単に部下を見捨ててきたのか、知る者はいない。

１年後、コルドザはスペインに帰り着き、マドリッドの王立法廷とローマの聖公会の両方に対して、この襲撃についてすべてを報告した。だが、王立法廷では王室の資産を浪費したことを、ヴァチカンでは冒涜的な行いについて話したことを非難されて、このコンキスタドールは称号を剥奪され、貧困のうちにひっそりと死を遂げた。彼の物語は、当時のスペイン史に関する多くの文書の断片を編集したものである。原典は発見されていない。

［1579年］
太平洋中部

後にイギリスの国民的英雄となる海賊フランシス・ドレイクは、世界一周の航海の最中、食料と水を補給するため名もなき島に停泊した。島の住民たちは彼に、「屍者の神」が住むという、近くにある小さな岩礁には立ち寄らぬよう警告した。この地の習俗によると、屍者や回復の望みのない病人はその島に置き去りにされ、神が彼らを永遠に生かし続けるために、肉体と魂を連れ去るのだという。

ドレイクはこの話に興味を惹かれ、調査することに決めた。船上から観察していると、海岸の集落に住む住民がその島の砂浜に瀕死の男を置き去りにするのを目撃した。ほら貝の笛がしばらく吹き鳴らされた後、住人たちは海へと戻っていった。

しばらく経つと、人影がいくつかゆっくりとジャングルから歩み出てきた。ドレイクは彼らが前屈みに歩いて視界から消える前に、屍体を喰らうのを目にした。驚いたことに、半ば喰らわれた屍体は自らの足で立ち上がり、よろめきながら彼らについて行ったのである。ドレイクはこの出来事を、生涯誰にも語らなかった。

この事実は、彼が死ぬまで隠し続けていた秘密の日記の記述の中で発見された。この日記は個人の収集家などの手を渡り続け、最終的に近代王立海軍の父といわれるジャッキー・フィッシャー提督の図書室にたどり着いた。1907年にフィッシャーはこの本の写本を作り、クリスマスの贈り物として友人たち数人に配った。

その正確な座標を記すとともに、ドレイクはこの陸塊を「呪われた島」と名づけている。

[1583年]

シベリア

悪名高きコサックの族長、イェルマーク配下の偵察部隊が凍土の上で道に迷って飢え、土着のアジア民族の集落に助けを求めた。ひとたび気力を取り戻すと、ヨーロッパ人たちは優しげな態度を豹変させ、自分たちが村の統治者となり、イェルマークの主力軍が到着するまで、冬の間はここに落ち着くと宣言した。

数週間で集落の備蓄食料を食べ尽くすと、コサックたちはその飢えを今度は村人たち自身に向けた。野蛮な食人行為により、他の者が原野に逃げ出す間に30人が餌食となってしまった。コサックたちは数日で、この新たな食料供給源も消費し尽くした。彼らは自暴自棄になり、凍える寒さによって屍体の肉が保存されているのではと考えられる、村の墓地に向かった。

最初に掘り出された屍体は20代前半の女性のもので、手足は縛られ、口にはさるぐつわをかまされていた。氷が解けると、死んでいたはずの女は生き返った。コサックたちは仰天した。なぜこんな芸当を成し遂げられたのか知りたがり、彼らはさるぐつわを外した。女は１人のコサックの手に噛みついた。相変わらず先見性がなく、無知で野蛮なコサックたちは、彼女をバラバラにし、火で炙ってその肉を喰った。

２人だけが口にするのをやめておいた。傷を負った戦士（死にかけた男に食料を与えても無駄だ、と仲間に思われた）と、ひどく迷信深く、その肉は呪われていると信じていた男だ。ある意味では、彼は正しかった。ゾンビの肉を喰った者たちはみな、その夜のうちに死んでしまったのである。噛まれた男も翌朝に命を落とした。

１人生き残った男は、屍体を焼却しようとした。火葬のために薪を用意していると、噛まれた屍体が蘇った。新たなゾンビに激しく追い立てられ、ただ１人生き残った男は荒野へと逃げ出した。1時間ほどの追跡劇の後、ゾンビは寒風にさらされ固く凍りついた。生き残ったコサックはイェルマークの送った別の偵察部隊に救助されるまで、数日間さまよい歩いた。

彼の証言はロシア人の歴史家、ピエトロ・グレゴリアヴィチ・バトゥーチン神父によって書き留められた。この文書は誰にも知られないまま、数世紀の間ラドガ湖にあるヴァラーム島の人里離れた修道院に収められていた。現在、英語版のみ翻訳が進んでいる。

アジア民族の集落の末路や、彼らの正確な出自すら不明のままになっている。このあとに、イェルマークが彼らを虐殺し、生き残った者はほとんどいなかったのである。科学的観点から見ると、この証言は、固く凍り付いたゾンビに関する事件について最初に述べたものだ。

［1587年］
ノースカロライナ州、ロアノーク島

欧州からのいかなる支援も受けられなくなったイギリス人入植者たちが、食料を探すために狩猟部隊を何組か大陸本土に送った。ある部隊が3週間もの間、行方不明になっていた。

たった1人の生存者が戻ってくると、彼は「蛮族の群れだ……奴らの腐った肉、虫にたかられた皮膚には火薬も銃弾も効かない!」と襲撃について供述した。はじめは、部隊の11人のうち1人が殺害され、4人が切り裂かれて負傷したに過ぎなかった。4人は翌日命を落とし、埋葬されたが、数時間のうちに浅く掘られた墓より蘇った。部隊はかつての仲間に生きたまま喰らわれ、自分だけが生きて帰ってきたのだと生存者は誓って言った。入植地の行政長官は、この生存者がウソつきであり、そして殺人者でもあると決め付けた。彼は翌朝、絞首刑に処された。

第二次探検隊が「背教者に冒涜的な扱いをされないように」屍体を回収するために送られた。5人組の部隊は発狂寸前の状態で戻り、全身に噛まれたり引っかかれたりした傷跡があった。（今にして思えば無実の罪で）処刑された生存者が言っていた「蛮族」、そして最初の遠征隊たちに、本土で襲撃を受けたという。今度の生存者たちは、医療処置を受けたあとでみな数時間のうちに死んでしまった。埋葬は翌日の夜明けに行うと決められた。だがその夜、彼らは蘇った。

その後の詳細はおおまかにしかわからない。ある説は、最終的に町中が感染し破壊されたことについて述べている。別の説では、ゾンビの危険性がどのようなものかを知っていたクロアトアン族が、島にあるすべての入植者の屍体を集めて燃やしたという。残る説では、この同じアメリカ先住民が生存者を助け、屍者と負傷者にしかるべき処置をしてくれたという。3つの説はいずれも、この2世紀の間に架空の物語や歴史家の記述の中に現れたものである。いずれも、なぜ北米における最初のイギリス人入植地が、文字通り跡すら残さず消えてしまったのか、納得のいく説明はできていない。

[1611年]

日本、江戸

この島国で商いをしていたポルトガルの商人、エンリケ・ダ・シルバは以下のような手紙を兄弟に宛てて記した。

自分のためにもう一杯カスティーリャ・ワインを注ぎながら、メンドーサ神父は、最近我々の信仰に改宗したある男の話をした。この野蛮人はかつて、この異国的な未開の国で最も秘密に満ちた組織「生者一党」の一員だったというのだ。

老聖職者によると、この秘密結社は暗殺者の訓練を、包み隠さず言うなら、悪鬼を退治するために行っているのだという……神父の説明によると、その怪物どもはかつて人間だったのだそうだ。死後、目に見えない禍々しいものが彼らを蘇らせ……生者の肉を喰らい始める。

「生者一党」はこの恐怖に立ち向かうため、メンドーサ神父によれば、将軍その人によって結成されたのだという……。彼らは幼いうちに連れ去られ……殺しの術を叩き込まれる……。彼らは、蛇のようにもがいて悪鬼どもに捕まるのを避ける、素手での奇妙な戦闘訓練に多くの時間を費やす……。彼らの武器は奇妙な形をした東洋のシミターで、首を切断するために造られている……。彼らが本拠を置く寺院はその場所を最重要の秘密とされているが、そこには、いまだ生きていて嘆き声を上げる怪物たちの生首が壁に掲げられた部屋があるという。党の中でより高い地位を得ようと望む者は、この部屋で邪悪な物体たちと一夜を過ごさねばならないのだという……。

もしメンドーサ神父の話が真実ならば、ここは我々が常に疑ってきたとおり、神なき悪魔の地だ……。絹や香辛料さえなければ、関わりを持たないところだが……。

本人の口から詳しい話を聞きだすため、その改宗者はどこにいるのかと、私は老神父に尋ねた。メンドーサ神父は、彼は2週間ほど前に殺されて見つかったと私に教えた。「一党」は秘密が漏れることも、忠誠を捨てることも許さないのである。

封建時代の日本には多くの秘密結社が存在した。「生者一党」は過去も現在も、いかなる文書の中にも登場していない。

ダ・シルバは手紙の中で、歴史的に不正確な記述を、たとえば、日本の刀剣を「シミター」と呼ぶようなことを（大部分のヨーロッパ人は、日本文化についてあらゆる面で無知だった）いくつかしている。うめきを上げる首についての彼の記述もまた、首を斬られたゾンビは隔膜、肺、声帯をなくしては声を出したりできないので、不正確である。

だが、もし彼の話が真実ならば、なぜ日本では世界の他の地域とは異なり、ゾンビ大発生の記録が少ないのかという疑問を説明できるだろう。日本の文化が、起きた大発生の情報をうまく隠したか、さもなければ「生者一党」がその任務を達成したかのどちらかだ。どちらにせよ、20世紀半ばまでは日本と結びつけられたゾンビ大発生の記録は登場しない。

［1690年］

大西洋南部

奴隷たちを乗せたポルトガルの商船マリアルバ号は、西アフリカのビサウを離れてブラジルへ向かった。だが、目的地に着くことはなかった。

3年後、オランダの船舶ジーブルグ号が、南大西洋の真ん中で漂流しているマリアルバ号を見つけた。積み荷を引き上げるため、乗組員たちが送り込まれた。しかし彼らが見たものは、未だ鎖につながれてうめきと吼え声を上げる、貨物室に満載された不死のアフリカ人たちだった。

船員たちの姿はなく、ゾンビにはいずれも少なくともひとつは噛み傷が残っていた。これは呪われた船だと思ったオランダ人たちは、大急ぎでボートをこぎ自分たちの船に戻ると、船長に自分たちの見たものを報告した。船長は即座に砲火によってマリアルバ号を沈没させた。

どうやって船上で感染が広まったのか正確なところを知る術はないため、推測するしかない。救命艇は船上では発見されなかった。拳銃で自らの頭を撃った傷がある船長の屍体は、鍵をかけた自身の船室で発見された。アフリカ人たちは鎖につながれていたことから、最初に感染したのはポルトガル人の乗組員に違いないという推測が成り立つ。もしそうならば、不幸な奴隷たちは、彼らを捕らえた者たちがお互いを喰らい、あるいは感染させて、ウィルスが体内で働き出しゆっくりと生ける屍者になる様を見続けるのに耐えねばならなかったことになる。

さらに悪いことに、乗組員の1人が鎖につながれた奴隷を襲い、感染させた可能性がある。この新たなグールは体をねじり、鎖につながれたままで泣き叫ぶ隣の者に喰らいつく。襲撃は列に沿って、やがて叫びが収まるまで順に続き、貨物室はゾンビで満たされた。この列の端にいた者たち、自分の運命が着実に這い寄って来るところを見続けた者たちのことを想像してみろ。最悪の悪夢をもたらすことは間違いない。

［1762年］
カリブ海、セントルシア島、カストリーズ

この大発生の物語は、カリブ海の先住民とイギリスに住むカリブ系移民の両方の間で、今日においても語り継がれている。生ける屍者の恐ろしさについてだけでなく、人類がゾンビに対して団結する際の、いかんともしがたい障害についての警告としてである。

発生源ははっきりしないが、白人貧困層の狭い居住地から始まり、セントルシア島にあるカストリーズの町じゅうに広まった。何人かの黒人自由人と混血児が「病気」の正体に気づいて当局に警告したが、無視された。大発生は狂犬病の一種に過ぎないと判断されたのである。感染者の最初の一群は町の牢に閉じ込められた。彼らを取り押さえようとして噛まれた者たちは、手当ても受けずに家に帰された。

48時間のうちに、カストリーズ中が混沌に陥った。猛攻撃の根を絶つ方法がわからない地元の駐屯軍は、蹂躙され喰い尽くされた。残った白人たちは町を離れ、周囲の農園に逃げ込んだ。彼らの多くはすでにゾンビに噛まれていたため、やがて感染を島中に拡大させてしまった。10日目には、白人の50パーセント以上が死亡していた。40パーセントほど、数百人以上が蘇ったゾンビとなって島中をさ

まよっていた。生存者たちは見つけた船に乗ってともかく逃げ出すか、ビュー・フォートとロドニー湾の２カ所にある要塞に逃げ込んだ。これによって、残った大勢の黒人奴隷は、自分たちが「自由」であることに気づいたが、同時に不死者の脅威にさらされることとなった。

白人移民と違って元奴隷たちは敵に対して深い文化的知識を持っており、それがパニックを決意に変えてくれた。各農場の奴隷たちは強固に統制の取れた狩猟部隊を結成した。松明と山刀（マチェット）で武装し（火器はすべて逃げ出した白人に持ち去られた）、生き残った黒人自由人や混血児たちとも協力し（セントルシアには小規模ながらどちらの共同体も存在した）、彼らは北から南まで島を一掃し始めた。ドラムを鳴らして連絡を取り合い、各部隊が知識の共有と戦術の連携を行った。ゆっくりと、熟慮した進軍によって、彼らは７日間かけてセントルシア島を掃討し尽くした。まだ要塞に逃げ込んだままの白人たちは、彼らの臆病さにお似合いの人種的偏見から、戦いへの協力を拒んでいた。

最後のゾンビが処分されてから10日後、イギリスとフランスの植民軍が到着した。あっという間にすべての元奴隷たちは鎖につなぎ戻されてしまった。反抗したものはみな絞首刑にされた。事件は奴隷の反乱として記録され、黒人自由人と混血自由市民まですべて、反乱に協力したとして奴隷化されるか、処刑された。

文書化された記録は残っていないが、口頭での伝承は現在まで伝えられてきた。島のどこかに記念碑が残っていると噂されている。その場所を明かそうとする住人はいないだろう。カストリーズでの出来事から前向きな教訓を得られるとすれば、士気が高く統制された、原始的な武器と通信手段しか持たない民間人の一団は、いかなるゾンビの襲撃に対しても手強い相手になるということだ。

[1807年]
フランス、パリ

その男は、狂気に陥った犯罪者たちの「病院」であるロビネ城に収容された。管理責任者であるレナード・ボイジー医師による公式記録は以下のように述べている。

「患者は支離滅裂な行動をしており、まるで野生児のようで、暴力に対する飽くなき欲望に満ちていた。アゴは狂犬のように上下し、拘束されるまでに他の患者の１人に噛みついて負傷させてしまった」

この物語は、「負傷者」が軽い手当てしか受けず（包帯を巻いてラム酒を処方された）、他に50人以上の男女がいる病棟の一室に追い返されたことからはじまる。数日後には暴動が巻き起こった。病棟から放たれる叫び声にひどくおびえた衛兵と医師たちは、1週間ほど経つまでそこに近づくことを拒んだ。そのときまでには、残っていたのは5人の感染者と、半分肉を食われたゾンビと、数多くのバラバラ屍体だけだった。ボイジー医師は即座に任を辞して引退してしまった。

この歩く屍者に、またこの施設に連れてこられた最初のゾンビに何が起きたかは、ほとんど知られていない。ナポレオン・ボナパルトはこの医院を閉鎖して「浄化」するよう自ら命じ、退役軍人たちの回復院に転用した。また、最初のゾンビがどこからきたのか、どのように感染したのか、それどころか、ロビネ城に送られる前に、他に誰かを感染させたのかどうかも不明のままだ。

[1824年]
アフリカ南部

以下の抜粋は、ズールー族の偉大なるシャカ王に謁見し、共に旅し、交渉するために送られた最初のイギリス遠征隊の一員、H・F・フィンの日記よりの抜粋だ。

村(クラール)は騒然としていた……。若き貴族が家畜囲いの正面に歩み出た……。

王に仕える4人の最も屈強な戦士たちが姿を現し、手足で押さえつけながら連れてきた者は……王の紋章が描かれた牛皮で顔を覆われていた。同じ牛皮が衛兵の手と前腕を覆っており、体がその囚人に触れないように隔離されていた……。

若き貴族はアサガイ(4フィート[1.2メートル]の長さがある刺突用の槍)をつかんで、囲いに飛び込んだ……。王が戦士たちに、彼らの連れてきた者を囲いの中に解き放つよう命令を下した。囚人は大地に投げ出され、泥酔者のようにもがいた。皮袋が頭から外されると……彼の顔は、なんということだ、恐ろしいまでに崩れかけていた。まるで罪深い獣に引き裂かれたかのように、大きな肉塊が首から垂れ下がっていた。目玉は飛び出て落ちかけ、残った眼窩で地獄を覗き込んでいた。どの傷跡からも、わずかな血すら流れ出していなかった。

王は手をかざし、騒ぎ立てる群衆を制した。静けさが村中に広がった。鳥たちまでもが強大な王の命に従ったかのような、完全な静けさだった……若き貴族はアサガイを胸の前に掲げ、言葉を発した。彼の言葉はか細すぎ、柔らかすぎて私の耳には届かなかった。あの男、哀れな悪魔はしかし、そのわずかな声を聞きつけたに違いなかった。そいつの頭はゆっくりと貴族に向かい、口は大きく開かれた。ひび割れ、乾いた唇からは、私の全身の骨を震わせるような恐ろしいうめきが発せられた。

その怪物、そうだ、私はいまやそいつが怪物であると確信した。そいつはゆっくりと貴族に向け前屈みで歩み寄った。若きズールー族はアサガイを構えた。彼は前に踏み出し、黒光りする刃を怪物の胸に突き立てた。悪鬼は倒れず、息絶えることもなく、心臓が貫かれたという気配すら見せなかった。ただそれまでどおりに動き、近づき続けた。貴族は後退し、風に舞う木の葉のように震えていた。彼はつまずいて倒れ、汗にまみれた体に土がへばりついた。群衆は静まり返ったままで、幾千もの黒檀彫刻がこの悲愴な光景を見下ろしているように見えた……。

そしてシャカ王が囲いに歩み入り、叫んだ。「ソンデラ! ソンデラ!」。怪物は即座に、うつぶせに倒れた貴族から王に向き直った。シャカ王はアサガイを怪物の胸から引き抜くと、マスケット銃弾のようなスピードでもって、空洞となった眼窩の片方に突き刺した。それから彼はまるでフェンシングの強豪のように武器を扱い、怪物の頭蓋の中で刃を回転させた。憎悪すべき怪物は膝を屈し、前のめりに倒れると、アフリカの赤き大地にその忌まわしい顔をうずめた。

物語はここで唐突に終わっている。フィンは貴族の運命や倒されたゾンビについて語ることはなかった。当然、この通過儀礼の儀式についてはいくつかの差し迫った疑問が浮上する。こうしたゾンビの用い方は何に由来するのか? ズールー族はこのために何体ものグールを確保しているのか? もしそうだとしたら、どのようにして手に入れているのか?

[1839年]
アフリカ東部

ナイル川の源流を求めて探検していた何人もの無能なヨーロッパ人のひとり、ジェイムズ・アシュトン=ヘイズ卿は日記の中で、ゾンビの襲撃と思われる出来事と、組織立ち、文化的に受け入れられている対処法について明かしている。

腕に傷を負った若い黒人が、その朝早くに村にやってきた。この蛮族は、槍による攻撃をしくじり、夕食にするはずの獲物に逆にかじられたというところだろう。こう言えば笑い話だが、続く出来事は、あまりにも野蛮だった……村の呪術医師と族長はともに、傷を調べて若者の話を聞き、無言の決意を込めてうなずきあった。負傷した男は涙を流しながら、自分の妻と家族に別れを告げた……彼らの風習では、明らかにお互いに触ることを禁じていた。そして族長の前にひざまずいた……。

老人は、鉄片の埋め込まれた大きな棍棒を持ち出し、哀れな男の頭部に打ちつけ、巨大な黒い卵のようにしてしまった。ほぼ同時に、10人もの部族の戦士たちが槍を突き立て、原始的な短刀を鞘から抜き放つと、奇妙な祈りの言葉を発した。

「ナガンバ・エクワガ・ナー・イーレーアー・エンゲ」

言い終えると、彼らはサバンナに足を向けた。不運な野蛮人の屍体はそこで、おお恐ろしい、バラバラにされて、部族の女たちが煙の柱に向けて嘆く中で焼却された。案内役の男に説明を求めたところ、小柄な体で肩をすくめ、こう答えるだけだった。「今夜、彼に蘇ってほしいのですか?」。まったくの変人だ、この野蛮人どもは。

ヘイズはこの部族が正確には何者か記述していない。また、さらなる研究によって彼の地理的な調査データがひどく不正確なことが明らかになった(ナイルの源流など発見できなかったのも無理はない)。幸い、この雄叫びは「ンジャンバ・エゴアガ・ナ・エラ・エンゲ」というキクユ語の言い回しで「共に戦い、共に勝ち、さもなくば共に死す」という意味だと後に判明している。これにより、彼は少なくとも現在のケニアのあたりにいたという手がかりが歴史家たちに残された。

[1848年]

ワイオミング州、アウル・クリーク山地

これは、アメリカ合衆国における初のゾンビによる襲撃ではないかもしれないが、初めて記録に残されたものだ。

「ノッドハンセン隊」として知られる56人の開拓者グループが、カリフォルニアに向かう途中、ロッキー山脈中部で行方不明になった。1年後、第二次探検隊が、彼らが最後に休息をとったと思われる場所でベースキャンプ跡を発見した。

戦闘があったのは明らかだった。焦げた荷馬車から、壊れた道具があたりに散らばっていた。我々はまた、少なくとも45体の遺体を発見した。どれもひどく負傷し、頭蓋骨に似たような損傷を負っていた。頭部に開いた穴は、いくつかは銃弾によるもの、それ以外はハンマーあるいは岩のような鈍器によるもののようだ……。

近辺の荒野で何年も過ごした経験がある、熟練した我々の案内人は、荒野に住むインディアンの仕業ではないと断じた。結局の所、ここまでの殺戮をしておきながら馬も牛も盗まなかったのはなぜなのか?彼はそう主張した。我々は家畜の骨の数を数え、彼の意見が正しいことに気づいた……。その他に我々が理解に苦しんだのは、どの屍者にもいくつもの噛み傷があることだ。雪原に吠えるオオカミや小さなアリに至るまで、どんな動物も屍体に触れた痕跡がないため、この問題の共犯からは除外した。

食人の話も辺境ではまだ現実的であったが、我々はそのような神をも恐れぬ野蛮な行いが起きたかもしれないと考えるのを怖れた。特に、ドナー隊の恐ろしい話を聞いたあとでは……。しかし我々が腑に落ちなかったのは、まだ食料が尽きていないのになぜ、彼らがこれほど早くお互いに向けて牙をむいたのかだ。

この一節は、第二次探検隊の一員で、開拓農民に転じた元教師、アーン・スヴェンセンの手によるものだ。この物語それ自体では、必ずしもソラニュウム・ウィルスの大発生があったことを証明しえない。後に動かぬ証拠が現れたが、これより40年先のことだ。

［1852年］

メキシコ、チアパス

ボストンから来たアメリカ人のトレジャーハンターたち、ジェイムズ・ミラー、ルーク・マクナマラ、ウィラード・ダグラスは、マヤ時代の遺跡の噂を聞きつけ、盗掘しようと人里離れたジャングル地帯に踏み入った。

チンティルの町にいるときに、彼らは「サタンの血を飲んだ」と告発された男が埋葬されるのを見た。彼らは、その男が縛られさるぐつわをかまされていたが、まだ生きているのに気づいた。蛮族に伝わるある種の処刑法だろうと考えた北米人たちは、この哀れな男をうまく助け出した。鎖とさるぐつわが外されると、捕縛されていた男は即座に、救出してくれた者たちに襲いかかった。

銃撃は効果がなかった。マクナマラは殺害され、残り２人も軽傷を負った。1カ月後、彼らの家族は襲撃翌日の日付がある手紙を受け取った。その中で２人は、殺されたはずの友人が襲撃後「生き返った」という誓いを含む、冒険の詳細について説明していた。彼らはまた、浅い噛み傷がひどく痛み、恐ろしく熱を持ってきたとも書いている。メキシコシティで手当てを受けて数週間過ごし、できるだけ早くアメリカに帰るつもりだと約束していた。

彼らのその後の消息は不明だ。

［1867年］

インド洋

137人の囚人をオーストラリアに搬送していたイギリスの蒸気郵便

船ロナ号は、砂浜に打ち上げられた船籍不明の船を助けるため、ビジャテア島に錨を下ろした。上陸部隊は背骨の折れたゾンビがぼろぼろの甲板上で這いずり回っているのを発見した。彼らが助けの手を差しのべようとすると、ゾンビはよろめきながらある船員の指を噛みちぎった。もうひとりの船員が短刀でそのゾンビの首を切り落とす間に、他の船員は負傷した仲間を自分たちの船に連れ戻した。

その夜、負傷した船員は自分の船室に寝かされて痛み止めにラムを飲まされ、船の外科医は夜明け頃また様子を見に来ると言った。夜のうちに、彼は新たなゾンビとして蘇り、仲間の船員を攻撃し始めた。船長はパニックのうちに、貨物倉の扉を木で打ち付けて囚人たちとグールを一緒に閉じ込めろと命じ、オーストラリアへの旅を続けた。

航海の残りの間、貨物倉には叫び声が響き渡っていたが、やがてうめき声へと変わっていった。数人の船員が、ネズミたちが生きたまま共食いをしているようなキーキー言う音が聞こえると断言した。

6週間の航海の後、船はパースに錨を下ろした。士官と乗組員たちは、この地の行政長官に何が起きたか報告するために上陸した。明らかに、誰もこの船乗りたちの話を信じていなかった。正規軍の歩兵が派遣されたが、単にいつもどおり囚人たちを搬送する目的のためだけだった。

ロナ号は錨を下ろしたまま、歩兵たちが到着するのを5日間待った。6日目、嵐が錨のチェーンを引きちぎり、船は沿岸から数マイルまで流され暗礁に乗り上げた。町の住人と船の元乗組員たちは、不死者の痕跡は何も見ていない。残されたのは人骨と、内陸に向かう足跡だけだった。

ロナ号の物語は19世紀後半から20世紀初頭まで、船乗りの間では有名な話であった。海軍本部の記録では、ロナ号は海上で行方不明になったとされている。

[1882年]
オレゴン州、ピエモンテ

2カ月間孤立していた小さな銀鉱山の町に調査のため送られた救援部隊から、襲撃を受けた痕跡があったと情報がもたらされた。彼らは荒れ果てたピエモンテの町を発見した。多くの家屋が焼失していた。まだ建っている家は銃弾の跡がそこかしこにあった。奇妙なことに、この穴はまるで家の中で戦闘が起こったかのように、どれも壁の内側から撃たれた跡に見えた。より衝撃的だったのは、叩きつぶされ、半ば喰らわれたような27体もの骸骨が発見されたことだ。町の倉庫に冬を越せるだけの十分な食糧が蓄えられていたとわかると、最初に唱えられた食人説は否定された。

鉱山自体を調査した際、救援部隊は最後の、最も恐ろしい発見をした。坑道の入り口は内側から爆破され、ふさがっていた。合計48人の男、女、子供たちが発見されたが、みな飢餓のために命を落としていた。救援隊の調査によると、数週間は生き延びられるだけの食糧が存在し、食べ尽くされていたため、避難民はそれ以上の期間をここで過ごしたことになる。食らわれたものや餓死したものなど、すべての屍体が調べられた結果、少なくとも32人の町人が行方不明になっていることがわかった。

いくつかの理由から最も広く受け入れられている説は、グール、あるいはグールの群れが原野から現れてピエモンテを襲撃したというものだ。短く、激烈な戦いの後、生存者たちはできる限りの食糧を鉱山に運び込んだ。自ら入り口を封鎖すると、この人々はおそらく、決して来ることのなかった救助を待ち続けたのだろう。

鉱山に避難しようという決断が下される前に、何人かの生存者が周辺の原野に踏み出して、近隣の集落に救助を求めたのではないかと考えられている。何の記録も残っておらず、彼らの屍体もこれまでに発見されていないため、この伝令役は荒野で野垂れ死んだか、あるいは原野でゾンビに遭遇して喰らい尽くされたと推測するのが論理的だろう。もしゾンビがいたのだとしても、その痕跡はどこにも残されていない。

ピエモンテの事件においてこれ以上の公式な調査は行われていない。原因についての噂は、疫病、雪崩、内乱、そして「荒野のインディアン」の襲撃にまで及んでいる(ピエモンテあるいは周辺のどこにもアメリカ先住民は生活していない)。

鉱山自体は二度と再開されなかった。パターソン採掘社(鉱山と町の所有者)は、ピエモンテの住人の近親者たちに口をつぐませるため、20ドルずつの賠償金を支払った。この取引の証拠は会社の会計簿に残されていた。これは1931年に会社が破産した際に発見された。それ以上の調査は行われていない。

[1888年]
ワシントン州、ヘイワード

この一節は、北米初のプロのゾンビ・ハンターの登場について述べたものだ。

事件は、ガブリエル・アレンスという名の毛皮猟師が腕に深い傷を負って町によろめきこんだところから始まる。

「アレンスは、石のような灰色の肌と生気のない目をした、悪魔に取り憑かれたような男と遭遇した話をした。アレンスはその哀れな男に近づいたが、そいつは恐ろしいうめきを上げながら彼の右前腕に噛みついた」

これはアレンスが襲撃を受けた後に手当てをした町の医師、ジョナサン・ウィルクスの日記からの一節だ。どうやって最初の犠牲者から町の他の者に感染が広まったのかはほとんどわかっていない。断片的なデータから推測すると、次の犠牲者はウィルクス医師で、彼を取り押さえようとした3人の人間もまた続いて感染したと考えられる。

最初の襲撃から6日後、ヘイワードの町は包囲されていた。ゾンビが絶え間ない攻撃を防壁に向けて繰り返している間、大勢が自宅や教会に避難して立てこもっていた。火器は豊富にあったが、誰もヘッドショットの重要性に気づかなかった。食料、水、弾薬があっという間に減っていった。さらに6日間を持ちこたえられるだろうとは、誰も予想していなかった。

7日目の夜明け、エリア・ブラックという名のラコタ族の男がやってきた。馬に乗ったまま、アメリカ陸軍の騎兵隊のサーベルによって、ブラックは最初の20分の間に12体のグールの首を切り落とした。それからブラックは焼け焦げた棒を拾い上げ、街の給水塔の周りに円を描くと、その頂上に登った。叫び声、古い進軍ラッパ、エサとするためつないだ馬などによって、彼は町じゅうのゾンビを自分のところにどうにか呼び集めようとした。給水塔周りの円を越えたゾンビは、彼のウィンチェスター連発銃でヘッドショットを食らった。

この慎重で秩序だった戦術によって、ブラックは6時間のうちに残りのゾンビすべて、49体を片付けた。生存者たちが何が起きたかに気づいたとき、救世主はすでに去っていた。

後の証言によって、エリア・ブラックの出自の全貌が明らかにされた。15歳の少年のとき、彼とその祖父は狩りの最中に、ノッドハンセン隊の虐殺現場に出くわした。少なくとも1人があらかじめ感染しており、ひとたびゾンビに変じると、残りの仲間に攻撃を加えていたのだ。ブラックと祖父はトマホークをゾンビの頭部に叩き込み、首を切り落とし、焼却した。

「生存者」の1人、30代の女性が、どうやって感染が広まったかを、そしてまだゾンビ化していない負傷者の半分がどうやって原野に逃げ出したかを説明した。彼女はそれから、自分も負傷していること、他の者も治る見込みのない呪いに侵されていることを告白した。全員一致で、死を望んだ。

この慈悲ある殺戮の後、ラコタ族の老人は、戦いの間に噛みつかれたことを隠していたと孫に明かした。エリア・ブラックがその日最後に殺したのは、自身の祖父だったのだろう。

そのとき以来彼は、ノッドハンセン隊の残りのゾンビを狩り立てることに命を捧げた。何度もゾンビと遭遇するたびに、彼は知識と経験とを成長させてきた。ピエモンテまでには行かなかったものの、町から原野に迷い出たゾンビの9体を始末してきた。ヘイワードにたどり着いたときにはすでに、ブラックはゾンビについてはほぼ間違いなく世界で最高の実務学者、追跡者、処刑者となっていたのである。

彼のその後の生涯とどのような終焉を迎えたかについては、ほとんど知られていない。1939年に彼の伝記が書籍として出版され、またイギリスの新聞に連載記事として掲載された。どちらの版も残っておらず、ブラックがどれだけの戦いをくぐり抜けてきたのか、正確に知ることはできない。消失した彼の本はいまだ必死の捜索中だ。

[1893年]

フランス領北アフリカ、ルイ・フィリップ要塞

フランス外国人部隊のある下士官の日記に、史上最も深刻な大発生の記録が残されている。

夜明けから3時間ほどして彼は現れた。徒歩でやってきた1人だけのアラブ人で、照りつける太陽と渇きのせいで死にかけていた……。治療して水を与え、1日ほど休むと、彼は犠牲者を食人の怪物へと変えてしまう疫病について説明し始めた……。

村への遠征隊が組まれる前に、南の防壁の見張りが、地平線上の動物の群れのように見えるものを発見した……双眼鏡を通して獣ではなく人間だとわかったが、その肉には色がなく、服はぼろぼろに破

れていた。風向きが変わると、まず震え上がるようなうなり声が、それからすぐ腐乱屍体のにおいが届いた……。

その哀れな男たちは助けたアラブ人を追いかけてきたのだと我々は考えた。食料も水もなくどうやってこの距離を旅してこられたのか、我々は言葉を失った……。呼びかけにも警告にも、何の反応もしなかった……。大砲の音でもおびえることはなかった……。長距離からのライフル射撃も効果なし! ……乗馬したストロム伍長がバル・エル・サイブに即座に派遣されると、我々は門を閉じて襲撃に備えた。

この襲撃が、不死者の包囲に対する記録上最長の防御戦へと転じた。外国人部隊たちは彼らの敵が死んでいるとは露知らず、胴体に対する射撃で弾を無駄に消費してしまった。偶然命中したヘッドショットも、有効な戦術だと彼らに確信させるには至らなかった。

救援を呼ぶため送られたストロム伍長の消息はそれきり不明だった。彼は敵対的なアラブ人か、砂漠それ自体によって命を落としたと推測されている。

要塞に残された彼の僚友たちは、3年間も包囲されたままだった! 幸運なことに、補給部隊が到着した直後だったのである。水は要塞内にすでに掘られている井戸から手に入った。家畜や馬は土壇場になってついに殺され、食料となった。その間ずっと、優に500体以上の不死者の軍勢が防壁を取り囲み続けていた。

日記が何度も述べているところによると、手製爆弾、即興の火炎ビン、あるいは単に大きな石などを胸壁の向こうに投げ落として大勢を倒したが、それでも包囲を解かせるのには不十分だった。絶え間ないうめき声で何人かが狂気に陥り、そのうち2人が自殺に追い込まれた。

何度か、壁の向こうに飛び降りて安全なところまで逃げようという試みがなされたが、すべて失敗に終わって包囲され、喰い尽くされた。暴動未遂により彼らの兵数はさらに減少し、生存者の数はわずか27人だけとなった。このとき、部隊の指揮官がもう一度自暴自棄ともいえる計画を試そうと決意した。

全員が、持てるだけの水と少しばかり残った食糧を携行した。胸壁に登るためのハシゴと階段はすべて破壊された……。

我々は南の防壁の上に集まり、我々を苦しめている連中のほとんどを、大声で門の前に呼び集めた。この上なく勇敢なドレクス大佐は、閲兵場に降り立ち、自らの手で門の錠を外した。途端に、あの臭い連中が大量に要塞に入り込んできた。大佐は自分が十分にエサの役になっていることを確認すると、閲兵場、兵舎、食堂、診療所を通り抜けながら連中を誘導した。彼は裂けて腐った腕が強くブーツをつかんだところで、危うく安全な場所に引き上げられた。

我々は騒いだり叫んだり、野生の猿のように飛び跳ねたりしながら怪物どもを呼び集め続けた。今だけはあの怪物どもを我々自身の要塞内に呼び集めているのだ!……ドーセットとオトゥールが北側の壁へと降り立ち……全力で駆け抜けると門を閉じた!……中にいる怪物どもは知能を持たず怒りのまま動き回るだけで、ただもう一度門を引っ張るだけのことも思いつかないのだ!……内開きの門を押していても、この先ずっと閉じ込められたままだ!

外国人部隊は砂漠に降り立ち、壁の外に残った数体のゾンビを苛烈な白兵戦で殺害すると、最も近くにあるバル・オウナンのオアシスまで240マイル[380キロメートル]の旅に出た。

この包囲戦について陸軍には何の記録も残っていない。なぜ、いつごろルイ・フィリップ要塞からの定期連絡が途絶えたのか、調査隊が送られなかったのか、何の説明も得られていない。この事件に関係した人間が残した肯定的な唯一の公式記録は、ドレクス大佐の軍法会議と投獄についてだけだ。彼の罪状を含む審理についての記録はいまだ封印されたままだ。

数十年の間、外人部隊、陸軍、フランス人社会の間で大発生についての噂は生き続けた。「悪魔の包囲戦」について多くの創作談が書かれた。フランス外国人部隊は事件の発生を否定したにもかかわらず、その後調査隊をルイ・フィリップ要塞に派遣することはなかった。

[1901年]
台湾(フォルモサ)、廬山(ルーシェン)

海軍アジア艦隊で任に就いていたアメリカ人水兵、ビル・ワコウスキーによると、廬山(ルーシェン)出身の農夫数人が墓から蘇り、村を攻撃し続けていたという。廬山(ルーシェン)は人里離れており、有線通信は(電話も電信も)つながっていないため、台北(タイペイ)に通信が届いたのは7日後だった。

アルフレッド牧師の率いるアメリカ人伝道師たちは、これはキリストの言葉を信じない中国人たちに対する神の裁きだと考えた。信仰心さえ持てば、聖なる父が悪魔たちを追い払ってくれるだろう、と。司令官は、武装護衛団を招集するまで待つよう伝道団に命じた。アルフレッド牧師は聞く耳を持たなかった。司令官が増援を要請している間に、彼らは川の上流に向かっていった……。

俺たち上陸部隊と国民歩兵大隊は正午頃に村に着いた……屍体、もしくはその一部がそこら中にあった。地面はネバネバとしていた。そしてにおい、おお全能の神様、あのにおい……! そのとき、霧の中からあの恐ろしい怪物、人形(ひとがた)の悪魔が現れた。俺たちは100ヤード[90メートル]以内から奴らに銃撃を浴びせた。効果なし。クラッグ・ライフルでも、ガトリング砲でも……。

ライリーの奴、俺が思うに正気を失ってしまった。銃剣を装着すると、あの野獣どもの1匹を串刺しにしようとした。奴らは1ダースほど群れになって襲いかかった。稲妻のような速さで、俺の相棒をバラバラにしてしまいやがった。あいつの肉を、骨になるまでかじり尽くしちまった! なんて恐ろしい光景だ!

……そして彼が現れた。小柄な禿げた男で、まじない師か坊さんか、まあなんと呼んでもいいが……三日月形の刃を後ろに付けた、平らなスコップみたいなものを振り回して……彼の足下には10から12は屍体があったに違いない……彼は走り寄り、気が狂ったように何かしゃべりながら自分の頭を指差し、そして奴らの頭を指差した。司令官は、どうしてその中国人のしゃべっていることがわかったかは神のみぞ知るところだが、あの野獣どもの頭を狙えと命じた。俺たちは狙い撃ちで奴らを片付けた……。

屍体を確認していると、死んだ中国人の中に白人も交じっているのがわかった。伝道師たちだ。仲間の１人が、胴体に弾丸を撃ち込まれた怪物を見つけた。そいつはまだ生きていて、腕を振り回し、血にまみれた歯を鳴らし、あのぞっとするようなうめきを上げていた! 司令官はそいつがアルフレッド牧師だと気づいた。彼は祈りの言葉を唱え、牧師のこめかみを撃った。

ワコウスキーは、彼の全証言録を「テイルズ・オブ・ザ・マカブル」というパルプ雑誌に売ったが、その結果即座に任を解かれ、投獄されてしまった。釈放後、ワコウスキーはそれ以上のいかなる取材も拒んだ。今日に至るまで、アメリカ海軍はこの事件を否定している。

［1905年］

ドイツ領東アフリカ、タンガニーカ、タボラ

審理記録によると、ただ「ジーモン」とだけ呼ばれていた現地の案内人が、カール・ジークトという名の著名な白人の狩猟家の首を切り落としたとして逮捕、告発された。ジーモンの弁護についたガイ・フォルスターという名のオランダ人農園経営者は、ジーモンは自分が英雄的な行為を引き受けたと信じている、と説明した。フォルスターによると……。

ジーモンの部族は、人間から生命力を奪ってしまう病の存在を信じている。命を失った屍体は、自己も他者もわからないまま、ただ食人の

衝動のみを原動力として、死してなお生き続ける……。さらに、この不死の怪物による犠牲者もまた、さらなる犠牲者を喰い尽くすために死から蘇るのである。このサイクルは、恐ろしい人喰い怪物を除いて地上に誰もいなくなるまで、何度も何度も繰り返されるだろう……。

依頼人によると、ジークト氏がベースキャンプに戻ったのは予定を2日も過ぎてからであり、彼は狂乱状態に陥っており、原因不明の傷が腕にあったという。その日遅くに彼は命を落とし……それから依頼人は、ジークト氏が死の床から蘇り、仲間たちに牙を向けたと語った。依頼人は部族の刀剣によってジークト氏の頭部を切り落とし、焚き火でその頭部を焼却した。

フォルスター氏がすぐに付け加えたところによると、ジーモンの証言を完全に信用しているわけではなく、彼はただ錯乱して犯行に及んだだけであり、処刑するには当たらないと具申した。だが錯乱時の無罪則が適用されるのは白人だけであり、アフリカ人には適用されないため、ジーモンは絞首刑を宣告された。審理記録のすべては、タンザニアのダルエスサラームに、ひどい保存状態ではあるがまだ残っていた。

［1911年］
ルイジアナ州、ヴィトレ

アメリカ深南部一帯のバーや高校のロッカールームで噂にのぼるこの有名な伝説は、記録が残っている歴史的事実に端を発する。

ハロウィンの夜、数人の南部人（ケイジャン）の若者が「肝試し」のために深夜から夜明けまで沼地にとどまっていた。地元の言い伝えによると、最初のゾンビは農園主の家族から身を堕とした者たちで、沼地をうろつきながら、目の前を通る者すべてを喰い尽くし、あるいは蘇らせるのだという。

若者たちは翌日の昼になっても肝試しから戻ってこなかった。沼地を調べるために捜索隊が編成された。彼らは若者たちを含む少なくとも30体のゾンビに襲撃された。捜索隊は退却し、結果としてヴィトレの町に不死者を導いてしまった。

町人たちが家に立てこもっている間、アンリ・デ・ラ・クロイツという市民が、ゾンビに糖蜜を浴びせかけたら何百万匹もの虫たちを引き寄せて喰い尽くしてくれるのではないか、と考えた。この作戦は失敗し、デ・ラ・クロイツは命からがら逃げ出した。

不死者は今度は灯油を浴びせかけられ、火を放たれた。その行動が導く結果をしっかり認識していなかったヴィトレの住人が恐怖のうちに見たのは、燃えるグールが触れるものすべてを引火させていく様だった。数人の犠牲者が立てこもった建物の中で焼死し、その間に他の者たちは沼地に逃げ出した。

数日後、救助部隊が58人の生存者を救出した(もともとの町の人口は114人だった)。ヴィトレの町は完全に焼け落ちていた。不死者の数と犠牲者の数は、一致しなかった。発見されたゾンビの屍体の数にヴィトレの犠牲者数を足してみても、少なくとも15体の屍体の行方がわからなかったのである。

バトン・ルージュ市に残っている州政府の公式記録によると、この襲撃は「黒人住民による暴動」だと説明されている。ヴィトレには白人しか住んでいなかったというのに、妙な話だ。このゾンビ大発生についての証拠はすべて、生存者の子孫の手にある個人の手紙や日記からのものだ。

［1913年］

スリナム、パラマリボ

イブラヒム・オベイダラ博士は、不死者に関する人類の科学的知識を広げた先駆者かもしれないが、彼が最後では（感謝すべきことに）なかった。当時すでにヨーロッパでハンセン病研究の権威として尊敬を集めていたヤン・ヴァンダーヘイブン博士は、このお馴染みの病気の奇妙な大発生を調査するために南米の植民地に到着した。

感染者たちはみな、地球のどこででもよく似た症状を見せる。化膿による痛み、肌の斑点、肉の腐敗といった症状だ。しかし一般的な病気との共通点はここまでである。哀れな患者たちは完全に狂気に陥るように見える……。合理的な思考も、慣れ親しんだものを認識することも、その兆候をも見せない……。眠りもせず、水も飲まない。生きた動物の肉以外はいかなる食物も食べなくなる……。

看護士が昨日、冗談のつもりで、私の指示を無視して負傷したネズミを患者の隔離房に放り込んだ。患者の１人は、ネズミをつかむと文字通り丸ごと飲み込んだ……。感染者は常に過激なまでの攻撃性を見せる……彼らは近づいたものすべてにつかみかかろうとし、動物のように牙をむく。

ある患者の面会人は地域の有力な女性で、病院の規定に反して感染した夫に近づき、その後噛みつかれてしまった。あらゆる手当てを尽くしたが、傷はあっという間に悪化し、その日の遅くに他界した……屍体は農園の家族のもとに戻された……。私の嘆願に反して、解剖は丁重に拒否された……。その夜、屍体が盗まれたという報告があった……。

組織をアルコール、ホルマリン、90度の加熱で処理した結果わかったのは、感染源はバクテリアではありえないということだ……。ここから演繹するに、病原体は伝染性生体液しかない……「ソラニュウム」と名づけることにした……。

(「伝染性生体液」とは、後にラテン語からウィルスという言葉が適用される前の一般的な技術用語である)以上の抜粋は、この新たな発見についてヴァンダーヘイブン博士が長年の調査結果をまとめた200ページにも及ぶレポートからのものだ。

この研究において博士は、ゾンビの痛みへの耐性、明らかな呼吸行動の欠如、腐敗の遅さ、素早さの欠如、限られた敏捷性、回復能力がないことなどについて言及している。研究対象の凶暴な性質と看護士たちがあからさまに恐がっていたため、ヴァンダーヘイブン博士は結局詳細な解剖を行えなかった。こうした理由により、博士は生ける屍者が本当に死んでいるということを解明することはできなかった。

1914年、彼はオランダに戻り研究結果を出版した。皮肉なことに、これによって科学界で彼が得たのは、賞賛でも嘲笑でもなかった。彼の話は当時の多くの研究と同じく、第一次世界大戦の勃発でかすんでしまったのである。研究報告の写本はアムステルダムで忘れ去られたままになっていた。

ヴァンダーヘイブン博士はオランダ領東インド(インドネシア)に戻り、従来の医療活動を行っていたが、後にマラリアで命を落とした。ヴァンダーヘイブンの最大の新発見は、ゾンビ生成の背後にいる容疑者がウィルスであると見抜いたことと、何より、そのウィルスに初めて「ソラニュウム」と名づけたことである。なぜ彼がこの言葉を選んだのかは知られていない。

彼の研究はヨーロッパの同時代人たちには評価されなかったが、今では世界中で読まれている。不幸なことに、ある国がこの善良な医師の発見を恐ろしい目的に転用してしまった(〈1942-45年 満州国、哈爾浜(ハルビン)〉の章を参照:318-320ページ)。

[1923年]

セイロン(現スリランカ)、コロンボ

以下の話は、インド洋周辺の植民地に在住するイギリス人向けの新聞「ジ・オリエンタル」に掲載された記事からのものだ。

英国インペリアル航空の副操縦士クリストファー・ウェルズは、救命いかだで14日間も海を漂流した後、救出された。強烈な太陽光にさらされて死ぬ前に、ウェルズは、イギリスの探検隊がエベレスト山で発見した屍体を輸送していたのだと説明した。その屍体はヨーロッパ人のもので、100年も前の衣装を身につけており、出所不明の文書を携え

ていたという。探検隊のリーダーは、屍体が氷漬けになっている間にさらなる研究のためコロンボに航空輸送することに決めた。

輸送中に氷が溶けて屍体が蘇り、飛行機の乗組員を襲った。3人の男が、消火器で殴って襲撃者の頭蓋を破壊した(ゾンビが相手とは知らなかったわけで、単に相手を無力化するために行ったのだろう)。当面の危機は去ったが、今度は飛行機の故障と格闘する羽目になった。操縦士は救難信号を発したが、現在地を送信する時間はなかった。

3人の乗組員がパラシュートで脱出し海に着水したが、主任乗組員は、噛まれた傷が後に恐ろしい結果を招くとは思っていなかった。翌日、彼は命を落としたが、数時間後に蘇り、すぐに残り2人に襲いかかった。操縦士が不死者と格闘している間に、パニックに陥ったウェルズは両方とも船から蹴り落とした。自分の話を当局に説明――あるいは告白――した後、ウェルズは意識不明になり、翌日亡くなった。

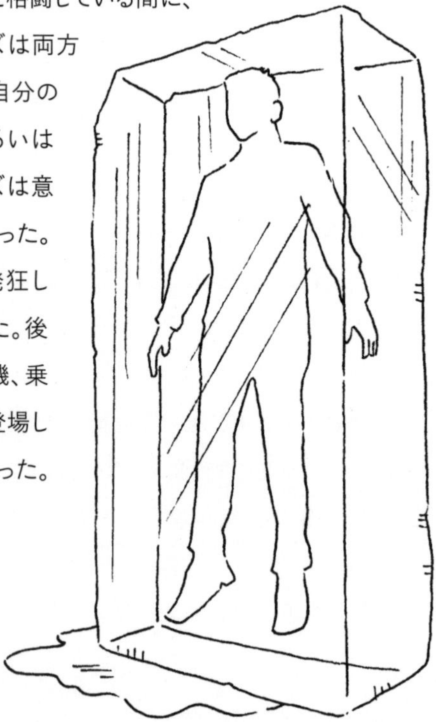

彼の話は、日射病で発狂した末のものだと報じられた。後の調査によっても、飛行機、乗組員、ウェルズの弁明に登場したゾンビの消息は不明だった。

［1942年］
太平洋中部

戦争初期の日本優勢の間、帝国海軍陸戦隊の歩兵部隊がカロリン諸島にあるアトック島の駐屯地に派遣された。上陸の数日後、部隊は内陸のジャングルから現れたゾンビの群れに襲撃を受けた。初期段階での損失は甚大だった。襲撃者の正体も適切な対処方法も知らなかったため、陸戦隊は島の北端にある要塞化された山頂に追いこまれた。負傷者が死に行くままに置き去られたおかげで、皮肉なことに、生き残った陸戦隊は感染者を内部に入れる危険を免れることができた。

陸戦隊は山頂の要塞に数日間立てこもり続けたが、食糧が欠乏し、水は減り、外界と隔絶していた。この間ずっと、グールは彼らを包囲し続けていたが、切り立った崖を登ることはできず、しかしいかなる逃亡の見込みも妨げられていた。

2週間の包囲状態の後、部隊の狙撃手、中村敦志が、ヘッドショットがゾンビにとって致命傷であることを発見した。この知識によってようやく、日本人たちは敵に立ち向かうことができた。

取り囲むゾンビをライフル射撃で始末した後、彼らは島中を一掃するためジャングルに分け入った。目撃証言は、自身の士官用軍刀（本当にこの武器が使われたのかは議論の余地がある）のみで11体のゾンビの首を斬り落としたという、部隊指揮官の友永弘中尉のものだ。

戦後の調査と記録の照合によると、アトック島はフランシス・ドレイク卿が「呪われた島」と記述したのと同じ島であるとわかった。戦後のアメリカ当局に対する友永自身の証言によると、ひとたび東京との間の無線通信が回復すると、日本の大本営は、残っているゾンビを殺さずに捕獲しろと特別命令を発した。これが成功すると（4体のグールを拘束し、うまくさるぐつわをかませることができた）、帝国海軍の潜水艦I-58号が、捕らえた不死者を連れ帰るために派遣された。

友永は、その4体のゾンビがどうなったかは自分の知るところではないと告白した。彼と部下たちは体験について語ることを禁じられ、違反すれば死刑だと言われていた。

［1942〜45年］
満州国、哈爾浜（ハルビン）

1951年に出版された『地獄に登る太陽』の中で、退役したアメリカ陸軍の情報将校、デビッド・ショアが、戦中に日本軍の「黒龍」と呼ばれる部隊の指揮の下に行われた、生物実験の詳細について詳述している。

「桜花」計画と名づけられたある実験は特に、ゾンビを繁殖させ、軍隊として訓練するために計画された。ショアによると、日本軍が1941-42年にオランダ領東インドを侵略した際、ヤン・ヴァンダーヘイブン博士の著作がスラバヤの医療図書館で発見されたのだという。さらなる研究を行うため、その著作は哈爾浜（ハルビン）にある「黒龍」の司令部に送られた。

理論的な計画は準備できたものの、ソラニュウムのサンプルを発見することができなかった（過去から続くゾンビ暗殺集団「生者一党」が非常にうまく任務を果たしていた証拠といえよう）。だが6カ月後、アトゥク島での事件とともにすべてが変わった。4体の拘束されたゾンビが哈爾浜（ハルビン）に送り届けられた。実験はうち3体に対して行われ、残り1体は特別に、新たなゾンビを生み出す目的で使われたのである。

ショアの言うには、日本軍内の「反体制派」(軍事政権に賛同しない者すべて)たちがモルモットとして使われた。ひとたび40体のゾンビ「小隊」が蘇ると、「黒龍」部隊の隊員たちは彼らを従順な遠隔操作機のように訓練しようとした。これは惨めな結末を迎えた。訓練教官16人のうち10人が噛みつかれてゾンビとなった。2年にわたる無為な試みの後、今や50体となったこのゾンビを、その状態はどうあれ敵に向けて解き放ってやろうという決定がなされた。

10体のグールが、ビルマ(現ミャンマー)のイギリス軍に向けてパラシュート降下させられることになった。目標に到達する前に輸送機が対空砲に撃ち落とされて爆発炎上し、不死者を載せた貨物も痕跡なく消滅した。

2度目の試みは、アメリカの支配下にあるパナマ運河に、潜水艦によって10体のゾンビを送り込むことだった(混乱を引き起こせば、大西洋岸で建造された軍艦が太平洋側に出てくるのを妨害できると期待されたものだ)。潜水艦は途中で沈没してしまった。

3度目は、20体のゾンビを(またも潜水艦で)アメリカ西海岸近くの海に解き放つつもりだった。北太平洋横断の半ばほどまで航行したところで潜水艦の艦長が、ゾンビが拘束を解いて乗組員を攻撃しており、もはや自沈するしかないという無線連絡を送ってきた。

戦争が終わりに近づいた頃に立てられた、4度目にして最後の計画は、残りのゾンビを中国のゲリラの巣窟となっている雲南省にパラシュート降下させるものだった。降下したゾンビのうち9体は、中国の狙撃手たちにヘッドショットで始末された。この腕利きたちはその射撃の重要さは理解していなかったろう。彼らは常に頭部を狙うよう命じられていただけだった。最後のゾンビは捕らえられて拘束され、研究のために毛沢東の司令部に連れて行かれた。

ソ連(当時)が1945年に満州国に侵攻すると、「桜花」計画に関するすべての記録と証拠は消え去った。

ショアによると、彼の本は「黒龍」部隊の隊員2人の目撃証言に基づいており、終戦時に彼らが韓国のアメリカ陸軍に降伏して出頭したときに、ショアが個人的にインタビューしたものだという。ショアは自身の本を出版するためまず、グリーン兄弟出版という独立系の小さな出版社を見つけた。だが本が書店に並ぶ前に、政府はすべて回収するよう指示を出した。グリーン兄弟出版社はジョセフ・マッカーシー上院議員から直接「猥褻で暴力的なものを」出版したとして訴えられた。罰則金のあまりの重さに、この出版社は倒産してしまった。デビッド・ショアは国家の治安を乱したとして告訴され、カンザス州のレブンワース連邦刑務所での終身刑が言い渡された。

彼は1961年に減刑されたが、釈放された2カ月後に心臓発作により亡くなった。彼の未亡人、サラ・ショアは彼の著作の写本を1984年に死ぬまで秘密で、違法ながらも所持していた。2人の娘、ハンナはつい最近、再出版の権利を得る裁判に勝利した。

[1943年]

フランス領北アフリカ

以下の抜粋は、アメリカ陸軍でB-24爆撃機の後部銃手を務めていたアンソニー・マルノ上等兵の任務報告からのものだ。彼の乗った機は、イタリア半島に集結していたドイツ軍歩兵部隊への夜間爆撃から戻る途中、アルジェリアの砂漠上空で航路を見失ったことに気づいた。燃料が少なくなる中、操縦士は眼下に集落らしきものを見つけて、乗組員たちにパラシュート脱出するよう命じた。彼らが見つけたのは、ルイ・フィリップ要塞だったのである。

まるで、子供の悪夢から出てきた光景みたいだった……。我々は門を開いた。かんぬきはかけられていなかったのか、最初からなかったのか。我々は中庭らしきところに歩み入ったが、そこにあったのは、骸骨だけだった。山ほどの骸骨、冗談じゃない! そこら中に積み上がっていて、まるで映画のシーンだ。指揮官は首を振ったりしながらこう言うばっかりだった。「秘密の財宝がそこらに埋まってそうな雰囲気じゃないか、なあ?」。助かったことに、井戸の中には屍体がなかった。我々はどうにか水筒を水で満たし、いくつか物資を持った。食料はなかったが、あったとしてもここのはゴメンだ、だろ?

マルノと乗組員たちは、要塞から50マイル[80キロメートル]のところでアラブ人の隊商に救助された。その場所のことについて聞いても、アラブ人たちは何も答えなかった。その当時、アメリカ陸軍は砂漠の真ん中にある打ち棄てられた遺跡について、調査するだけの財力もなく、興味も示さなかった。その後も調査隊が編成されることはなかった。

[1947年]
カナダ、ブリティッシュコロンビア州、ハービー

5紙の新聞に別個に載せられた一連の記事が、カナダのこの小さな村で起きた悲惨な事件と、ある人物の英雄的行為について物語っている。

大発生の原因はほとんどわかっていない。歴史家は、ある夜、肩に謎の噛み傷を負って帰ってきた地元の猟師マシュー・モーガンだと考えている。翌朝の夜明けまでには、21体のゾンビがハービーの通りを徘徊していた。9人の住人が完全に喰い尽くされた。生き残った15人は保安官事務所に立てこもった。

戦闘中、包囲されていた住人の幸運な一撃が、脳への銃弾は効果があると証明した。しかしそのときまでにはすでに、ほとんどの窓は板で打ち付けられてしまっており、狙いを定めることのできる者はいなかった。屋根に登って逃げ出し、電信電話局までたどり着いてビクトリアの町にある当局に救難信号を送るという計画が立てられた。生存者たちは通りの半ばまで来たところでグールに気づかれ、襲撃のチャンスを与えてしまった。

彼らの1人、レジナ・クラークが、自分が不死者を引きつけているうちに先に行け、と他の者に言い放った。クラークはアメリカ製M1カービン銃だけを持ち、ゾンビを袋小路まで誘導した。目撃者は、彼女は一度に4体以上を相手にしなくていいような狭い場所に不死者を集めるためそうしたのだと主張した。

冷静な照準と衝撃的なほど素早い再装填によって、クラークは群

れすべてを片付けた。数人の目撃者が、彼女が１発も外すことなく、15発の弾倉をわずか12秒で空にするのを目にした。さらに衝撃的だったのは、彼女が最初に片付けたゾンビは、彼女自身の夫だったことである。

当局はこの事件を「集団暴行の説明不可能な発露」と位置づけた。すべての新聞記事はハービーの住人への取材を基にしていた。レジナ・クラークは取材を拒んだ。彼女の回想録は、家族によっていまだに秘密のうちに守られている。

［1954年］
フランス領インドシナ、タンホア

以下の一節は、旧植民地に住んでいたフランス人ビジネスマン、ジャン・バート・ラクトーの書いた手紙からの抜粋だ。

そのゲームは「悪魔のダンス」と呼ばれていた。生きた人間とあの怪物とを一緒にオリに入れるのだ。人間にはせいぜい刃渡り８センチメートルばかりの、短いナイフだけしか持たせない……彼は生きた屍者とのワルツを生き残れるか？ 無理だとして、倒れるまでどのくらいか？ そういった様々な要素について賭けを募る……。俺たちは、この狂った闘士たちの頭数をそろえた。ほとんどはゲームで負けた犠牲者だ。他にも街で誰かをさらってくるとか……家族に多めの金を渡すとか……神よ、この想像もできない罪に赦しを。

この手紙は、ホー・チ・ミンの共産ゲリラ部隊によってフランス領インドシナが陥落した3カ月後、かなりの財産と共にフランスのラ・ロシェルに着いた。ラクトーの言う「悪魔のダンス」がどうなったのかは誰も知らない。これ以上の情報は明らかになっていない。

1年後、ラクトーの屍体がフランスに帰り着いたが、ひどく腐敗しており、頭部に弾丸を撃ち込まれていた。北ベトナムの検視官は自殺だと説明した。

［**1957年**］
ケニア、モンバサ

以下の抜粋は、マウマウ団の乱で逮捕されたキクユ人の叛徒に対して、イギリス陸軍の士官が行った尋問からのものだ（すべてのやりとりは通訳を通してのものだ）。

Q　何人見た？

A　5人。

Q　説明しろ。

A　白人だが、肌が灰色でひび割れてる。何人かは負傷を、体のどこかに噛み傷を負ってた。どいつも胸に銃弾の跡があった。奴らはよろめき、唸りを上げていた。目は焦点が合ってなかった。歯は血にまみれてた。腐ったにおいは奴らが近くにいる印だ。動物たちは逃げ出してった。

囚人とマサイ族の通訳との間に何か言い合いが起こった。囚人は口数が減った。

Q　何が起きた?

A　奴らはこっちに向かってきた。俺たちはラレム(山刀(マチェット)に似たマサイ族の武器)を抜いて奴らの頭を切り落とし、埋めた。

Q　頭を埋めたのか?

A　そうだ。

Q　なぜ?

A　火を焚けば発見されてしまうからだ。

Q　お前は負傷しなかったのか?

A　もしそうならここにはいないだろう。

Q　恐ろしくはなかったか?

A　怖いのは、生者だけだ。

Q　奴らは悪霊というわけか?

(囚人はくすくす笑い出した)

Q　なぜ笑う?

A　悪霊とは、子供を怖がらせるための作り話だ。奴らはまさに、歩く死なのだ。

囚人はこれ以上の尋問に対して、ほとんど情報を明かさなかった。もっとゾンビがいるのかとの質問には、彼は口を閉ざしたままだった。

第7章 ゾンビ襲撃記録

その年のうちに、イギリスのタブロイド紙にこの全文が掲載された。これといって反響はなかった。

[1960年]
ソ連(現ロシア)、バイルゴランスク

第二次世界大戦の終結以来、満州国に侵攻したソ連の部隊が、「黒龍」部隊の特殊作戦に関係したほとんどの日本人科学者、研究データ、そして実験体(ゾンビ)を捕縛・接収したと考えられていた。近年の発見によって、この噂は真実だったと確認された。

ソビエトの新たな計画の目的は、いずれ避けられぬ第三次世界大戦で用いるため、歩く屍者による秘密部隊を生み出すことだった。「スタージョン(チョウザメ)」と再命名された「桜花」計画は、他には政治犯のための刑務所しかない東シベリアの小さな町の近くで実行に移された。この場所は完全に機密を守るためだけでなく、実験台を簡単に調達できることもあって選ばれたのである。

最近の発見によると、何らかの理由から実験は失敗に終わり、数百体のゾンビ大発生を引き起こしたことが分かった。残されたごく少数の科学者は、どうにか刑務所に逃げ込んだ。安全な壁の中で彼らは、救援が到着するまでの短い包囲戦で済むだろうと考え、安堵した。

そうはいかなかった。何人かの歴史家は、この町の隔離された環境(外に通じる道路はなく、補給は空路に頼っていた)が素早い対応を妨げたのだと考えている。またある者は、この計画はヨシフ・スターリンによって開始されたため、KGBは、ニキータ・フルシチョフ首相にその存

在を知らせるのは気が進まなかったのだと考えている。3番目の説は、ソビエトの首脳陣が災害に気づいて、この地域を兵士で取り囲んで脱走者を防ぐと共に、包囲戦の結末を見届けようとした、としている。

刑務所の塀の中では、科学者、軍関係者、受刑者たちが極めて快適に生き延びていた。温室が建てられ、井戸が掘られ、風力および人力による即席の発電機が設置された。無線による救援要請さえ毎日続けられた。彼らは現在の状況、自分たちの位置、そして冬まで、望むべくはゾンビが凍りつくだろう時期まで立てこもれそうなことを報告した。

秋の初霜が降りる3日前、ソビエトの飛行機が未完成の熱核兵器をバイルゴランスクに投下した。1メガトンの爆風が町、刑務所、周辺地域をすべて消滅させた。

数十年の間、これは通常の核実験だとソビエト政府によって説明されてきた。1992年に西側に情報漏れが始まるまで、真実は明らかにされなかった。また、ロシアの新しい自由主義メディアが、シベリアの古老たちに初めて行ったインタビューでも、大発生の噂があった。

ソビエトの上級将校の回想録には、大破壊の真の姿がほのめかされていた。バイルゴランスクの町がかつて存在したことを大勢が認めた。他の者は、そこには政治犯収容所と生物研究所の両方があったと述べた。ある種の「大発生」が起きたことすら認めた者もいたが、とはいえ何が発生したのかについては、誰も正確には述べなかった。

最も衝撃的な証拠は、ロシアの新興ギャングにして元KGBの公文書管理人アルティオム・ゼノビエブが、政府の公文書のすべての写しを、匿名の西側の情報源に渡したときにもたらされた(これによって彼は十分な謝礼を手に入れた)。公文書には無線通信の内容、航空写真

(爆撃前と後の両方)、「スタージョン(チョウザメ)」計画の認可の下で発せられた、陸上部隊と爆撃機の飛行士に対する配置命令などが含まれていた。このレポートには、643ページにわたる不死者の実験体についての生理学的、行動学的研究データも含まれていた。

ロシア当局は、この公開をでっちあげだと発表した。それが真実であり、なおかつゼノビエブが想像力あふれるいたずら者に過ぎないのだとしたら、なぜリストに責任者として名を連ねている者たちが、バイルゴランスクが焼き尽くされた1カ月後にKGBによって処刑された、高位の科学者、軍の指揮官、政治局のメンバーたちと一致するのだろうか?

[1962年]

ネバダ州、無名の街

地球上でも比較的平和な地域で20世紀後半に起きたにしては、この大発生の詳細は驚くほどおおまかなものだ。

二次的な目撃証言や黄ばんだ新聞の切り抜き、疑わしげで曖昧な警察の報告書などの断片によると、小規模な大発生が起きてハンク・デービスという地元の農家と3人の雇い農夫をゾンビが襲撃し、5昼夜に渡って包囲したらしい。州警察がグールを始末して納屋に踏み込むと、全員が死亡して発見された。後の調査により、4人はお互いに殺しあったと結論された。もう少し具体的にいえば、3人が殺されたが、4人目は自ら命を絶ったのだという。

何が起きたのかについて、確たる証拠はない。納屋は襲撃にも十分に耐えられたようで、少しばかりあった食糧や水の備蓄も、半分しか減っていなかった。今のところの仮説は、ゾンビのおぞましいうめき声と、完全な隔離と絶望の予感とが、彼らの精神を崩壊させてしまった、というものだ。大発生についての公式見解は発表されていない。この事件は「いまだに調査中」である。

［1968年］
ラオス東部

この物語は、麻薬中毒患者にして特殊部隊の元狙撃兵、ピーター・スタブロスによって述べられたものである。1989年、ロサンゼルスの陸軍退役軍人病院で精神病治療を受けていたとき、彼はこの物語を担当の精神科医に語った。

スタブロスは、彼の部隊はベトナム国境で通常の索敵・撃破（サーチアンドデストロイ）作戦に就いていたと話した。彼らの目標は、パテート・ラオ（共産ゲリラ）の活動地域と疑われる山中の村だった。彼らが村にたどり着いたのは、住人たちが何ダースもの歩く屍者に包囲されている最中だった。

理由は不明だが、部隊の指揮官は撤退を命じ、航空攻撃を要請した。ナパーム弾を積んだ飛行攻撃隊が周囲を焼き尽くし、ゾンビと生存者の両方を皆殺しにした。

スタブロスの話を裏打ちするような文書記録は存在しない。部隊の他の隊員はいずれも、作戦中に死亡もしくは行方不明となったか、アメリカ国内で行方不明になったか、あるいは単に取材を拒んだ。

［1971年］
ルワンダ、ノングオナ峡谷

「リビング・アース」誌の野生動物ジャーナリスト、ジェイン・マッシーは、絶滅の危機に瀕しているシルバーバック・ゴリラの取材のために当地に派遣された。以下の抜粋は、珍しく風変わりな霊長類についての記事中にある、小さな逸話である。

私たちが切り立った谷の上を通り抜けていると、下の方に何か動くものが見えた。ガイドもそれを目にし、もっと歩くペースを上げるよう私たちをせき立てた。

そのとき、私はこの地域では非常に珍しいある音を聞いた。まったくの静寂である。

鳥も、動物も、虫すらも声を上げたりしない。この地域の虫は本来、かなりうるさいのだが。私はガイドのケンゲリにどういうことか尋ねたが、彼は静かにするよう言うばかりだった。谷の下の方から不気味なうめき声が聞こえてきた。ケビン（遠征隊の写真家）はいつもより青ざめた顔をしながら、風の音に違いないと言い続けた。私はサラワク、スリランカ、アマゾン、ネパールに吹く風すら聞いたことがある。だが、あれは風の音なんかじゃない!

ケンゲリは山刀（マチェット）に手を伸ばし、我々に黙るよう促した。谷に下りて確認してみたい、と彼に言ってみた。彼は拒んだ。私が粘ると、彼は「屍者がそこを歩いている」と言って先を急いだ。

マッシーは谷を探索したり、うめき声の源を突き止めたりすることはできなかった。ガイドの話は地元の迷信かもしれない。うめき声はただの風の音だったのかもしれない。しかし、地図によると谷は全方向を深い崖に囲まれており、グールが逃げ出せないようになっている。論理的にはこの谷は、周囲の部族が歩く屍者を退治せずに追い落とすには都合のいい場所だと言える。

[1975年]

エジプト、アル・マルク

この大発生については様々な情報源に由来する。町の住人の目撃証言、エジプト陸軍の下級軍人による9通の宣誓証言、ガシム・ファールーク(最近アメリカに移住した元エジプト空軍情報将校)の供述、匿名を希望した数人の国際ジャーナリストなどからだ。これらの情報源すべてが、この小さなエジプトの村を襲い、蹂躙した、発生源が明らかでない大発生についての物語を裏付けている。

他の町の警察への、そしてたった30マイル[48キロメートル]しか離れていないガバル・ガリブに駐留していたエジプト陸軍第二武装師団への救援要請は無視された。奇妙な運命のねじれか、ガバル・ガリブにいた電話オペレーターはイスラエル諜報特務庁(モサド)の潜入工作員であり、彼はテル・アビブのイスラエル防衛軍指令部に情報を伝達した。

モサドとイスラエル軍司令部の両方とも、通報はいたずらの一種と考え、ゴルダ・メイヤ首相の側近であるヤコブ・コルサンスキー大佐がいなければ、そのまま無視されていただろう。アメリカ系ユダヤ人であり、亡くなったデビッド・ショアの元同僚であったコルサンスキーは、ゾンビの存在と、それが確認されぬまま放置された場合に引き起こされる脅威についてよく知っていた。驚いたことに、コルサンスキーはメイヤ首相に、アル・マルクへの偵察作戦の招集を了承させた。

すでに感染発生から14日目だった。生存者9人は水が残り少なく食糧もないまま、町のモスクに立てこもっていた。コルサンスキー指揮下の落下傘兵がアル・マルク中心部に降下し、12時間の戦闘ですべてのゾンビを片付けた。

この話の結末には、乱暴な推測がつきまとっている。アル・マルクを包囲したエジプト陸軍がイスラエル兵を捕縛し、その場で処刑しようとしたという説がある。生存者がゾンビの屍体を見せて兵士に嘆願したおかげで、エジプト軍はイスラエル兵が母国へ帰ることを許可したのだという。

さらには、この事件がエジプトとイスラエルの緊張緩和の一因になったという説もある。この話を実証する確かな証拠は存在していない。

コルサンスキーは1991年に他界した。彼の回想録、個人の談話、陸軍の公式声明、関連する新聞記事、モサドのカメラマンが撮影したと噂されている戦闘時の映像さえもが、イスラエル政府によって封印されている。もしこの話が真実ならば、興味深いが不穏当な疑問が浮かび上がる。なぜエジプト陸軍は単に目撃証言を聞いたり、一見したところ人間のものらしい屍体を見たりしただけで、ゾンビが存在することを納得したのか? ひょっとしたら、この奇妙な話を信頼するに足る、まだ動いていたゾンビが(もしかして複数)間違いなく存在したのでは? もしそうなら、そのゾンビは今はいったいどこにあるのか?

［1979年］
アラバマ州、スペリー

地元の郵便配達員チャック・バーナードは、いつもの配達路の途中でヘンリック農場に寄ったとき、昨日配達した手紙が郵便受けから取り出されていないのに気づき、足を止めた。これまでそんなことは一度もなかったため、バーナードは郵便物を持って家に上がってみようと考えた。

玄関から15フィート［4.5メートル］のところで、彼は銃声のような音、苦痛の叫び、そして助けを求める声を聞いた。バーナードはその場から逃げ出し、最寄りの公衆電話まで10マイル［16キロメートル］車を走らせると、警察を呼んだ。

保安官代理2人と医療班が到着し、残虐なやり方で殺害されていたヘンリック一家を発見した。唯一の生存者であるフレダ・ヘンリックは、明らかに感染が進行中の症状を見せていた。保安官代理が拘束する前に、彼女は医療班のうち2人に噛みついた。3人目の、遅れて到着した応援の保安官代理はパニックに陥り、彼女の頭を撃ち抜いた。

噛みつかれた2人の男は郡の病院に搬送されて手当てを受けたが、間もなく命を落とした。3時間後、彼らは司法解剖の最中に蘇って検視医と助手に襲いかかり、街にさまよい出た。真夜中までには街じゅうがパニック状態となった。少なくとも22体のゾンビが自由に動き回り、15人の人間を完全に喰らい尽くしていた。多くの生存者たちが自らの家に避難所を求めた。街から逃げ出そうとした者もいた。

3人の子供たちが街の給水塔の上にどうにか登った。ゾンビに囲まれてしまったが（数体のゾンビが登ろうとしたが、地面に蹴り落とされた）

子供たちは後に救出されるまで無事だった。

ハーランド・リーという名の男が、改造したウージー・サブマシンガン、2連装の短銃身(ソードオフ)ショットガン、44マグナム拳銃2丁(1丁はリボルバー、1丁はオートマチック)で武装して自分の家を出た。目撃者によると、リーが12体のゾンビの群れに攻撃を仕掛け、まずウージーを、それから他の武器も順に撃ちまくるのを見たという。リーはそのたびにゾンビの胴体に狙いを定めていたため、深刻なダメージを与えはしても殺すことはできなかった。銃弾が少なくなって廃車の山の上に追い詰められると、リーは両手に持った拳銃でヘッドショットを狙おうとした。恐怖で手がひどく震えてしまっていたため、1発も当てることができなかった。自称・街の救世主は、あっという間に喰い尽くされてしまった。

朝までには近隣の町々の保安官代理たちが、州警察と急ごしらえの自警団を連れてスペリーの街に集結した。照準つきライフルで武装し、ヘッドショットで致命傷を与えられるという新たな知識(地元の猟師が自らの家を守っているときに学んだ)を携え、彼らは素早く脅威を撃退した。公式発表(農務省からのものだ)は「近隣の水源に多量の農薬が流入したために起きた集団ヒステリー」だった。民間機関が解剖を行う前に、屍体はすべて疾病予防管理センター(CDC)によって処理されてしまった。ラジオ放送の録音、ニュースの映像、個人の撮った写真の大半が、即座に押収された。175件の訴訟が様々な生存者たちから申し立てられた。92件は棄却され、48件はいまだに係争中だが、証言者の数は謎めいた減り方をしている。ある訴訟では押収されたニュース映像の閲覧について争われている。判決にはまだ数年かかるという。

［1980年10月］
ブラジル、マリセラ

この大発生のニュースは、土地を押収、破壊されている地元のインディアンたちの苦境について注目を集めたがっていた環境団体「母なる緑」によって初めてもたらされた。

牧場経営者たちは暴力も辞さない構えで武装し、インディアンの村に狙いを定めていた。しかし熱帯雨林の奥で、彼らはもっと恐ろしい敵に襲撃を受けた。30体以上のゾンビの軍団である。牧場主たちの一団はみな喰い尽くされるか、あるいは歩く屍者として蘇った。

2人の生存者が近くにあるサンタレムの町にどうにかたどり着いた。彼らの警告は無視され、公式記録ではこの戦闘はインディアンの暴動によるものだと説明されている。陸軍の3旅団がマリセラに進軍した。ゾンビの痕跡などどこにも発見できぬまま、彼らはインディアンの村に踏み入った。

その後に起きたとされる事件は、ゾンビの襲撃とともに、ブラジル政府によって公式に否定されている。目撃者の証言によると、それはまさに大虐殺だった。政府軍は動く者すべて、ゾンビも人間も皆殺しにした。皮肉なことに、「母なる緑」のメンバーもゾンビの存在を否定し、ブラジル政府がゾンビ発生の作り話をインディアン虐殺の口実のしたのだ、という説をとっている。

後に、興味深い証拠の一片がブラジル陸軍補給部隊の退役少佐からもたらされた。彼が言うには、あの戦闘に至る数日の間に、国中のほぼすべての火炎放射器が徴発されたのだという。作戦後、燃料は空になって戻ってきたそうだ。

［1980年12月］
ブラジル、フルティ

マリセラの事件から5週間後、300マイル［480キロメートル］以上川を下った場所にあるこの集落が数件のゾンビの襲撃の舞台となった。水から上がったゾンビはボートに乗った漁師に襲いかかったり、数カ所から河岸に這い上がったりしていった。この襲撃の結果は——ゾンビの数、対応、犠牲者数——いまだに不明のままだ。

［1984年］
アリゾナ州、カブリオ

この大発生は極めて小規模で、関与した範囲と人数を考えれば、どうにかクラス1に値する程度だ。しかしその影響力は、ソラニュウム・ウィルスの研究にとって最も重要な出来事たりえた。

ある小学校で火災が発生し、47人の子供たちが、いずれも煙による窒息で命を落とした。唯一の生存者、9歳のエレン・エイムスは割れた窓から飛び降りて難を逃れたが、深刻な裂傷を負い、出血多量に陥っていた。彼女の命を救うためには、病院に保存されていた血液を即座に輸血するしかなかった。

30分以内に、エレンはソラニュウム・ウィルスの感染による症状を見せ始めた。輸血した血液が何か他の病気に汚染されていたのでは、と疑った医師たちには、この症状を理解できなかった。検査が行われている最中に、この子は命を落とした。医師、立会人、両親が見つめる中、彼女は蘇って付き添いの看護士に噛みついた。エレンが拘束され、看護士は防疫室に隔離されると、ある医師がフェニックスにいる同僚にこの事件の詳細を伝えた。

2時間後、疾病予防管理センターの医師が、地元の警察と「特徴のない連邦捜査官」に伴われて到着した。エレンと感染した看護士は「万全の治療」を施すためにどこか非公開の場所に航空輸送された。病院にあるあらゆる記録が、すべての輸血用血液と同様に押収された。エイムス一家は、子供に同行することを許されなかった。1週間何の連絡もなかったあとで、彼らは娘が「他界した」こと、遺体は「衛生上の理由により」火葬されたことを知らされた。

これは、ソラニュウム・ウィルスが輸血用血液を通じて伝染することを証明した、記録上最初の事例だ。ここで疑問が浮かび上がる。誰が感染した血液の提供者であり、どうやって自身が感染していると知られずに採血されたのか、そしてこの感染者のことが二度と話題に上がらないのはなぜか? さらに、疾病予防管理センターはなぜこれほどまでに早くエイムス家の事件を知りえたのか（フェニックスにいる医者は取材を拒否した）、そしてなぜ連邦捜査官がこれほど早く対応できたのか?

言うまでもなく、陰謀論がこの事件の周りに渦巻いている。エレンの両親は疾病予防管理センターに対して、真実をすべて明らかにするという唯一の目的のために訴訟を起こしている。彼らの陳述が、この事件についての著者の情報源となった。

[1987年]

中国、和田（ホータン）

1987年の3月、中国の反体制派グループが西側諸国に、新疆（シンチャン）にある原子力発電所で災害が発生寸前だと知らせた。数カ月間この情報を否定してきた後、中国政府は施設に「故障」があったと公式に発表した。1カ月のうちに、この発表は「反革命テロ組織による破壊活動未遂」へと変わった。

8月、スウェーデンの新聞「ティッカ!」紙が掲載した写真記事には、和田（ホータン）上空のアメリカのスパイ衛星が捉えた、原発に逃げ込もうとする大勢の市民たちを戦車をはじめとする武装車両が狙い撃ちにしている光景が写されていた。他の写真は、孤立した人間を取り囲んだ何人かの「市民」が、手足をバラバラにして屍体を食おうとしている様を明らかにしていた。アメリカ政府は、このような写真を撮った衛星はないと否定し、「ティッカ!」紙も記事を撤回した。

和田（ホータン）でゾンビ大発生が起きたのだとしたら、答えきれないほどの疑問が浮上する。大発生はいかにして始まったのか? 発生期間は? どうやって収拾されたのか? どれだけのゾンビが現れたのか? 彼らは本当に原発に入り込んだのか? どれほどの損害が? なぜチェルノブイリほどの規模のメルトダウンが起きなかったのか? 逃げ出したゾンビはいたのか? それ以降、ゾンビの襲撃はあったのか?

大発生の記事について信憑性を与えてくれる情報の一端が、中国の反体制派グループの一員で、アメリカに亡命していたクワン・チョウ教授からもたらされた。クワンはこの事件に関与したある兵士を知っていた。その他の目撃者全員とともに再教育収容所に送り込まれる前に、その若い兵士は、作戦の暗号名は「永遠なる白日の悪夢」だと話した。

まだ疑問がひとつ残っている。大発生はいかにして始まったのか? デビッド・ショアの著作を、特に「黒龍」部隊のゾンビが中国共産党軍に囚われた部分を読めば、中国政府がかつて、ひょっとしたら今も、不死者の軍隊を作るために彼ら自身の「桜花」計画、「スタージョン」計画を持っていた、という説が論理的に導かれる。

[1992年12月]

カリフォルニア州、ジョシュア・ツリー国立公園

この砂漠公園に向かった数人のハイキング客や日帰り旅行者が、主要道路のすぐ近くに、テントとキャンプ用具が放り出されているのを見たと通報した。その通報を調査するために出かけた公園管理官(パークレンジャー)は、放置されたキャンプ跡から1.5マイル[2.4キロメートル]ほどのところでぞっとする光景を目にした。20代半ばの女性が屍体で発見されたが、頭は岩で砕かれ、全身に人間の噛み跡があった。

近隣の警察や州警察による調査で、犠牲者はカリフォルニア州オクスナードのシャロン・パーソンズだと確認された。彼女とボーイフレンドのパトリック・マクドナルドは前週、公園内でキャンプをしていた。即座にマクドナルドが指名手配された。

パーソンズの詳細な解剖によって、担当の検死官を驚かせる事実が明らかになった。彼女の肉体の腐敗の程度は、脳の腐敗の程度と

一致しなかった。さらに彼女の食道には、マクドナルドの血液型と一致する人間の肉が詰まっていたのである。

しかし、彼女の爪から採取された皮膚組織は第三者、1カ月前に自転車で公園を訪れていたデヴィン・マーティンという名の一匹狼の自然写真家のものと一致した。彼は友人が少なく、家族もおらず、フリーで仕事をしていたために、行方不明の届けが出ていなかったのだ。公園中捜索されたが、何も見つからなかった。

ダイアモンドバー市にあるガソリンスタンドの監視カメラによって、マクドナルドがそこに一時立ち寄ったことが明らかになった。当番だったスタンドの店員は、マクドナルドは興奮し、げっそりして見え、血にまみれた衣服を肩にかけていたと説明した。マクドナルドは西へ、ロサンゼルス方面に向かうところを目撃されたのを最後に消息を絶った。

[1993年1月]

カリフォルニア州、ロサンゼルス、ダウンタウン

この調査は、大発生の初期段階に関してや、いかにして初めのうちから周辺地域に感染が広まったかも含め、まだ継続中だ。

この大発生は、「VBR」または「ベニス・ボードウォーク・レッズ」として知られるストリートギャングの若いメンバーたちによって最初に感知された。彼らが街のこの地域に立ち入ったのは、「ロス・ペロス・ネグロス」として知られるライバルのギャング団に殺された仲間の復讐をするためだった。

午前1時頃、彼らは「ペロス」がたまり場とする、今では放棄され荒れ果てたかつての工業地帯に踏み込んだ。まず彼らが気づいたのは、ホームレスたちが見当たらないことだった。この地区は空き地だらけの広いスラム街として知られているところのはずなのだが。段ボール、ショッピングカート、その他様々なホームレスの身の回り品が通りに転がっていたが、人の気配はどこにもなかった。

脇道に注意していなかった「レッズ」の運転手は、突然出てきたのろのろ歩きの歩行者をはね飛ばしてしまった。運転手はシボレー・エル・カミーノを制御できず、スピンして脇のビルに突っ込んだ。車の故障を修理したり、下手くそな運転手に文句を言ったりするより前に、「レッズ」ははね飛ばした歩行者が動き出すのに気づいた。背骨が折れているというのに、事故の被害者はストリートギャングたちに向け這いずってきた。

「レッズ」の1人が9ミリ拳銃を抜いてその男の胸を撃った。この攻撃では這いずる男を止められなかっただけでなく、響き渡った銃声が何ブロックも先まで届いてしまった。さらに何発も発射し、すべて命中したのだが、どれも何の効果もなかった。最後の弾丸が頭蓋に命中し、ようやく息の根を止めた。

「レッズ」たちには、自分たちが撃ち殺したのが何者なのか確かめる時間はなかった。突然、あらゆる方向からうなり声が聞こえた。彼らが街灯の明かりの下に見たものは、40体以上のゾンビの群れが四方八方から襲いかかってくる光景だった。

車は故障してしまったため、「レッズ」は通りを駆けだし、生ける屍者の列が最も薄いところを文字通りかき分けた。数ブロック先で彼らは皮肉にも、たまり場から逃げ損ねた「ロス・ペロス・ネグロス」のメンバーの生き残りが、ゾンビたちに車を押しつぶされてやはり徒歩で逃げているところに遭遇した。

生き残るためにライバル関係をいったん破棄し、両ギャングは休戦を宣言して、脱出手段や安全な避難場所を探しはじめた。しかし、ほとんどの建物——頑丈で窓の少ない倉庫——は素晴らしい要塞として機能しそうだったが、どれも強固にカギがかけられているか(空き家になったものは)固く入り口を打ちつけられて中に入れなかった。

地の利があった「ペロス」は、走って行ける距離にある小さな建物、デ・ソト中学校に一行を導いた。生ける屍者がほんの数分先まで迫る中、両ギャングたちは2階の窓を壊して学校に入った。これによって盗難警報が鳴って近くにいるゾンビすべてに知らせてしまい、奴らの戦列は百体以上にふくれあがった。

しかし警報など、この強固な砦の唯一の弱点に過ぎなかった。要塞として見るなら、デ・ソト中学校は素晴らしい選択だったのである。強固なコンクリート構造、鉄格子と網入りガラスで補強された窓、鉄で覆われた固い木製ドアのおかげで、この2階建ての建物は容易に防御可能だった。ひとたび中に入ると、ギャングの各人は賞賛すべき先見の明とともに動き、撤退区域を作り、すべてのドアと窓の安全を確認し、使えそうな容器に水を溜め、手持ちの武器と銃弾の残量を確認した。

両ギャングは、不死者よりも警察のほうが恐ろしい敵だと考えていたため、当局ではなく仲間たちに電話で救援を要請した。連絡を受けた者は誰も耳にしたことを信じなかったが、ともかく、すぐに助けに向かうことは約束してくれた。

この最後の一幕は、またも皮肉な運命のねじれか、これまで滅多になかった、不死者の大発生に対する過剰防衛となった。

十分な防御壁と武装に恵まれ、統制がとれ、団結し、そして極端に士気の高いギャングメンバーたちは、上階の窓から、誰も倒されることなくゾンビを倒しまくった。増援(助けを約束した仲間のギャングたち)は、不幸なことにロサンゼルス市警と同時に到着してしまった。最終的に、彼らを含む全員が逮捕された。

この事件は公式には「地元ストリートギャング同士の銃撃戦」と説明されている。「レッズ」と「ペロス」は共に、聞いてくれる誰に対しても真実を話そうとした。だが彼らの話は、当時流行していた「アイス」という麻薬によってもたらされた妄想だと考えられてしまった。警察と増援にきたギャングたちはすでに撃ち倒された屍体しか見ておらず、歩くゾンビを見たという者はいなかったため、本当の目撃者に数えられる者は誰もいなかった。不死者の屍体は運び出され、火葬された。ほとんどがホームレスだったため、誰の身元も確認できず、誰も惜しまれなかった。

関係したギャングメンバーはみな第一級殺人罪で有罪になり、終身刑を宣告されると、いくつかあるカリフォルニア州立刑務所のひとつに送られた。全員が、おそらくは敵対するギャングのメンバーによって、収監されて1年以内に殺されてしまった。

この物語は、匿名を条件に取材に応じてくれたロス市警の刑事の話がなければここで終わっていただろう。彼あるいは彼女は、数日前にパーソンズ−マクドナルド事件のファイルを読んでおり、奇妙な部分に興味をそそられた。そのせいでギャングメンバーの話も、部分的には信じるに足ると思われた。検死官の報告もまた説得力のある内容だった。パーソンズの解剖結果とも完全に一致したのだ。

最後の決め手となったのは、平均的なホームレスと比べいい服を着て、身だしなみのよかった、30代前半とおぼしき不死者の持っていた財布だった。財布はパトリック・マクドナルドのものだったのである。持ち主は12ゲージのスラグ弾で顔面を撃ち抜かれており、彼本人かどうか正確に判別する方法はなかった。

この匿名の刑事は、懲戒処分を恐れてこの問題を上司に持ち込むよりもいい方法を知っていた。代わりに、調査資料すべての写しをとって、本書の著者に渡してくれたのである。

［1993年2月］

カリフォルニア州、ロサンゼルス東部

午前1時55分、小さな肉屋を営んでいるオクタビオ・メルガーと妻のローザは、2階にある寝室の窓の下からものすごい叫び声が聞こえてきて起こされた。店が襲撃されているのではないかと恐れ、ローザが警察に電話する間に、オクタビオは拳銃をつかんで階段を駆け下りた。

開いたマンホールの近くを這いずっていたのは、震えながら嗚咽（おえつ）をあげる男で、泥にまみれた公衆衛生局の長靴ズボンをはいて、彼の右足がかつてあったところから、おびただしく出血していた。名前を名乗らなかったその男は、マンホールを閉めろとオクタビオに向けて繰り返し叫んでいた。

他にどうしたらいいかもわからず、オクタビオは言うとおりにした。金属製の蓋を元の位置に戻す前に、オクタビオは遠くから響くうなり声のような音を聞いた気がした。ローザが負傷した男の足に包帯を巻き付けると、彼は、自分と他の5人の衛生局職員は豪雨時の非常用水路を調査していたときに大勢の「気の狂った奴ら」に襲われたのだと、半ばささやき、半ば叫ぶように話した。彼は攻撃してきた男たちについて、様々なゴミを体にまとわりつかせ、負傷していたが、話すというより叫びを上げながら、ゆっくり整然と近寄ってきた、と説明した。

その男の言葉は次第によくわからない言葉の羅列へと弱まっていき、意識不明になるまでうめきを上げ、震えていた。警察と医療班は90分後に到着した。そのときまでには、負傷した男は明らかに死んでいた。

彼の屍体が運び出されると、ロス市警はメルガー夫妻の証言をとった。オクタビオは彼の聞いたうめき声について述べた。警官たちは無言でそれを書き留めた。

6時間後、メルガー夫妻は朝のニュースの中で、屍者を運んでいた救急車が郡の病院に向かう途中で事故を起こし、爆発したと聞いた。医療班からの無線通信(どうやってニュース局がそれを入手できたのかはいまだに謎だが)は主に、死んだ搬送車が屍体袋を破って出てきた、という混乱した叫びで満たされていた。

その放送から40分後、警察のトラック4台、救急車、州軍のトラックがメルガーの肉屋の前に横付けした。オクタビオとローザは、近辺一帯がロス市警によって封鎖され、巨大なオリーブ色のテントがマンホールの上に立ち上げられ、トラックとの間にも同じテントで通路が作られるのを見ていた。メルガー夫妻は他の少ない群衆とともに、マンホールからの、間違いなく銃撃と思われる響きを聞いた。1時間のうちにテントは撤去され、バリケードは運び去られ、車両はみな素早く去っていった。

この事件が、ロサンゼルスのダウンタウンで起きた事件の余波であることにほぼ疑問の余地はない。州政府の対応の詳細や、地下の迷路の中で何が行われていたのかを知る術はなさそうだ。メルガー夫妻は「個人的な法規上の理由」を引き合いに出して、これ以上のいかなる照会も行わなかった。ロス市警はこの出来事を、「定期的な安全点検と保守検査」だと説明している。ロサンゼルス公衆衛生局は、いかなる雇用者の死亡も否定している。

[1994年3月]

カリフォルニア州、サン・ペドロ

もしこの南カリフォルニア港のクレーン技師、アリー・グッドウィンがいなかったら、そして彼女の24枚撮りの使い捨てカメラがなかったら、世界がこのゾンビ大発生の真実を知ることはなかっただろう。

フィリピンのダバオ市から到着したパナマ船籍の貨物船、マーレ・カリビ号から、標識のないコンテナが陸揚げされた。コンテナは数日間ドックヤードに置かれたまま引き取りを待っていた。ある夜、港の監視員がコンテナの中からの音を聞いた。彼と数人の警備員は中に不法移民があふれているのではと疑い、即座にコンテナの扉を開けた。46体のゾンビがあふれ出した。

近くにいた者たちは喰い尽くされてしまった。他の者は避難する場所を倉庫、オフィスビルなどの建物に求めた。こうした建物のいくつかは十分な隠れ場所を与えてくれた。そうでない建物は死の罠となってしまった。

グッドウィンを含む４人の勇敢なクレーン技師は自分たちの機械に乗り込み、コンテナを積み上げて即席の要塞を作り上げるためにクレーンを使った。このプレハブ・シェルターは13人の労働者を、この夜の生き証人となるまで守り続けた。クレーン技師たちは自分たちの機械を武器としても使い、手の届くところにいるすべてのゾンビの上にコンテナを落下させた。

警察が到着するまでには（施設の入り口はカギがかかった門いくつかで封鎖されていた）、最大でも11体のゾンビが残っているだけだった。それも銃撃の嵐の前に倒された（幸運なヘッドショットも含む）。人間側の被害者数は12人と推測された。死んだゾンビは39体を数えた。確認できなかった７体は水路に落ちて海に流されたのだろうと考えられた。

すべてのニュース記事が、この事件は強盗未遂であると報道した。公式声明は、郡当局、州政府、連邦政府からも出されなかった。港の管理会社、サン・ペドロ警察署――８人もの犠牲者を出した民間の警備会社までもが――沈黙を守ったままだった。マーレ・カリビ号の乗組員、船長、船を所有する企業自身さえも、問題のコンテナの出所についての情報はないと否定し、またコンテナ自体も謎めいた消え方をした。港では偶然にも、襲撃の翌日に火災が発生した。

この事件の隠蔽を難しくしたのは、サン・ペドロがアメリカでも最も人口が集中している地域にある、大規模で非常に多忙な港であることだ。情報源をすべて黙らせた政府の手はずは、実にたいしたもの

第7章 ゾンビ襲撃記録

だった。グッドウィンの写真と手記は関連するすべての組織から、でっちあげだと非難された。彼女は精神的に未熟な人間だという理由で、仕事を解雇されてしまった。

［1994年4月］
カリフォルニア州、サンタモニカ湾

パロス・ベルデスに住む3人の男、ジム・ファン、アンソニー・チョウ、マイケル・キムは、湾で釣りをしているときに襲われたと警察に通報した。

3人の男が誓って間違いないという話によると、ファンが水底に糸を垂らしていると彼の竿がしなり、かなり大きな獲物がかかったという。釣り上げられたのは、裸で、体の一部に火傷を負っており、半ば腐っていたのにまだ生きていた人間だった。

その男は釣り人たちに襲いかかり、ファンの腕をつかむと首筋に噛みつこうとした。チョウが友人の腕を引っ張って引きはがし、キムが船のオールで怪物の顔面をひっぱたいた。釣り人たちが大急ぎで岸まで逃げ出す間に、襲撃者は水に沈んでいった。

3人はすぐさま、パロス・ベルデスの警察署でドラッグとアルコールの検査を受けさせられ（検査ではどちらの痕跡も見つからなかった）、ひと晩拘束され質問攻めにされた後、翌朝には解放された。この事件は公式にはいまだに「調査継続中」である。襲撃を受けた場所と時間から、その怪物はサン・ペドロの大発生で逃げ出したゾンビのうちの1体だろうと論理的に推測できる。

［1996年］

インド、シュリーナガル国境地帯

以下の抜粋は、国境警備軍のタゴール中尉による作戦後報告書からのものだ。

目標は、毒に侵されているか、それとも病気にでもかかっているかのようにふらふらと、ゆっくりこちらに向かってきた。（双眼鏡を通して）私には彼がパキスタン軍レンジャー部隊の制服一式を身につけているのが見えたが、この地域で活動している者の報告など何も受けておらず、奇妙に感じた。

300メートルまで近づくと、我々は目標に対して立ち止まり身分を明らかにするように命じた。彼は答えなかった。再度の警告を行った。やはり反応はなし。彼は支離滅裂なうなり声を上げているようだった。我々が呼びかける音で、彼の歩みが少しばかり早くなったように思えた。

200メートル地点で、彼は最初の地雷、アメリカ製の「跳躍地雷（バウンシング・ベティ）」に引っかかった。我々は、彼が上半身にも下半身にも破片を食らってひどい裂傷を負ったのを目撃した。彼はよろめき、顔から地面に倒れ、それからまた立ち上がって前に進み続けた……。私は、彼が何らかのボディアーマーを身につけているのではと推測した……。同様のことが150メートル地点でもまた起こった。今度は、破片が目標の下顎を頭部から吹き飛ばした……。この距離まで来てはじめて、傷口から出血していないことに私は気づいた……。

私たちの方に向かって風向きが変わった……。我々は、目標から漂ってくる、まるで腐った肉のようなひどいにおいを感じた。100メートルまで近づいたとき、私はティラク上等兵（部隊の狙撃手）に、目標を殺害せよと命じた。ティラクは目標の前頭部に直撃させた。目標は即座に倒れた。それきり立ち上がることも、動くこともなかった。

後の報告によると、その屍体は回収され、シュリーナガルの軍病院で整復と初期剖検が行われた。そのすぐ後、屍体は国家保安警備隊によって運び去られた。それ以上の情報は、たとえ何か発見があったとしても発表されていない。

［1998年］
シベリア、ザブロフスト

カナダの放送会社に所属している著名なドキュメンタリー映像監督、ジェイコブ・タイラーは、ザブロフストというシベリアの小さな町を訪れた。ほぼ無傷の、クローンを作れるかもしれないサーベルタイガーの屍体を撮影するためだ。16世紀のコサックにそっくりな衣装を着た、20代後半の男の屍体も発見された。撮影は7月の予定だったが、タイラーは先乗りチームとともに2月のうちに現地に入り、周辺の地理と撮影対象に習熟しておくつもりだった。タイラーは、男の屍体はせいぜい数秒しか使わない被写体と考えていたが、自分が戻るまでサーベルタイガーと一緒に保存しておくよう指示した。

タイラーと撮影チームはトロントに戻り、しばし休息をとった。6月14日、彼の撮影チームのうち数人が、凍った被写体と発掘現場を撮影する準備をするためザブロフストに戻った。彼らの消息はこれきり途絶えてしまった。

7月1日、タイラーがチームの残りのメンバーと共にヘリに乗ってザブロフストに着くと、彼は目に入る12棟の建物がいずれも荒れ果てているのに気づいた。割れた窓、ひっくり返された家具、床や壁に飛び散った血と肉片を含む、暴力と侵入の痕跡があった。タイラーが悲鳴を耳にしてヘリに戻ると、そこでは村の住人と行方知れずだった先乗りチームを含む36体のグールの群れが、パイロットを餌食にしていた。タイラーは自分の見ているものの意味を理解できなかったが、必死で逃げた方がいいことは十分わかった。

状況は厳しそうだった。タイラーとカメラマン、音響技師、現地調査員は、武器も補給品もなく、助けを呼ぶ場所などどこにもないシベリアの荒野にいるのである。撮影チームは村にあった2階建ての納屋に避難所を求めた。ドアや窓を固く打ちつける代わりに、タイラーは2箇所ある階段を破壊することにした。

彼らは食料はなんでも集められるだけ集め、そして井戸からバケツにくみ上げた水を2階に運び上げた。斧、解体用ハンマー、その他のより小さな道具がひとつ目の階段を破壊するため用いられた。ゾンビの到着がふたつ目の階段の破壊を妨げた。タイラーは素早く行動し、2階のバスルームのドアを外すと、ふたつ目の階段の途中に寝かせた。これによって、登ろうとするゾンビが何の足がかりも得られない坂道が生まれた。ゾンビは次々と坂道を這い登ろうとしてきたが、タイラーたちによって押し戻された。この緊張感の薄い戦いは2日間も続いた。仲間の半分が眠っている間に(綿で作った耳栓を詰めて、ゾンビのうめき声が聞こえないようにした)、残りの者が水際で敵を食い止めていた。

3日目、奇妙な事故がタイラーに、最終的な救いにつながる思いつきを与えた。坂の下にグールを蹴り落とそうとすると足をつかまれる恐れがあるので、撮影チームはゾンビを突き落とすために、柄が長い木製のホウキに頼っていた。使い込まれてすでに弱っていたホウキの柄は、攻撃してくる悪鬼の1体につかまれたときに、ついに折れてしまった。

タイラーは何とかゾンビを蹴り落とし、滑り落ちていく怪物がまだつかんでいた、折れた取っ手の鋭い断面が、グールの眼窩に突き刺さったのを見て驚いた。タイラーは思いがけず初めてゾンビを殺すことができただけでなく、ゾンビを片付ける適切な方法に初めて気付いたのである。

攻撃してくる相手を無理やり坂道に追い落とそうとする代わりに、撮影チームは積極的にゾンビを呼び寄せた。攻撃できるほど近づいた相手にはいずれも、撮影チームの斧によって頭部に致命的な一撃が与えられた。斧が失われると(ゾンビの頭にめり込んでしまった)、解体用ハンマーに切り替えた。その柄も折れてしまうと、次はクギ抜き(バール)を用いた。この戦闘には7時間かかったが、疲れ果てたカナダ人撮影チームはとうとう、襲撃者をすべて殺害した。

ロシア政府は今日まで、ザブロフストで起きた事件についての公式声明は出していない。事件について尋ねられた役人はみな「現在、調査中」と答える。とはいえ、新たなロシア連邦は、多くの社会、経済、政治、環境、軍事上の問題を抱えており、数人の外国人と辺境のシベリア人たちの死には大して興味を持っていない。

驚いたことに、タイラーはこの事件の最中ずっと2台のカメラを回し続けていた。その成果は、ローソン・フィルムなど足元にも及ばない、これまでにない最も刺激的な42時間のデジタル映像であった。ここ数年間、タイラーは少なくともその一部だけでも一般公開しようとしてきた。この映像を見た国際的な「専門家」たちはみな、極めて手の込んだでっちあげだと決めつけた。タイラーは、業界で有数の腕利きだというかつての信用を失ってしまった。彼は今では、離婚調停およびいくつかの訴訟の最中である。

［2001年］
モロッコ、シディ・ムッサ

この襲撃に関する唯一の証拠は、フランスの新聞で裏面に掲載された小さな記事だけである。

「モロッコの漁師町で集団ヒステリーが発生」——情報筋によると、これまで知られていなかった神経病理学的症状によって、5人の住人が自分の友人たちを襲撃し、肉を喰いはじめた。地元の住人たちはロープで彼らを拘束し、重しをつけて海に沈めた。政府の調査はいまだ棚上げとされている。告訴の範囲は殺人罪から過失致死罪までに及ぶ。

結局、政府による訴訟は行われず、これ以上の報告も得られていない。

［2002年］
アメリカ領ヴァージン諸島、セント・トーマス島

ゾンビが――膨れ上がり、びしょぬれになり、完全に皮膚が腐ったものが――島の北東の岸に流れ着いた。

地元の住人はどうすればいいかわからず、距離をとりつつ当局に連絡した。ゾンビはよろめきながら砂浜に上陸し、見物人を追いかけ始めた。好奇心から近くにはいたものの、群衆たちは寄ってくるグールから逃げ続けた。

セント・トーマス警察の署員2人が到着し、「容疑者」に止まれと命じた。何の返事もないと、彼らは威嚇射撃を行った。ゾンビは反応しなかった。署員の片方が胸に2発の銃弾を撃ち込んだが、何の効果もなかった。次の射撃が行われる前に、6歳の少年がこの出来事に興奮してしまい、危険を認識しないままゾンビに向かって突っ込み、棒でつつき始めた。歩く屍者は即座に少年を捕まえ、持ち上げて噛みつこうとした。2人の警官は突進し、少年をゾンビの手から奪い取ろうとした。その瞬間、ドミニカ島から最近移住して来たジェレマイア・ドウィットという男が群衆の中から歩み出て、警官の1人の銃をつかむと、ゾンビの頭に向けて撃ち放った。

驚いたことに、このグールに感染させられた人間は1人もいなかった。公判では、ドウィットは正当防衛として無罪放免になった。

ゾンビの屍体を写した写真は、恐ろしいほど腐っていたにも関わらず、中東か北アフリカの出身であることを示していた。衣服の断片とロープから、この怪物はモロッコの海岸で海に沈められたうちの1体だ

ろうというのが有力な説となった。理論的には、不死者が海流に乗って大西洋を横断するのも可能だが、記録上はこれが唯一の例だろう。

大発生の隠蔽や報道規制がひどく奇妙にねじれるうちに、この事件はセレブの地位を占めるようになってきた。アメリカ太平洋岸北部のビッグフットやスコットランドのネス湖の怪物のように、旅行者は「セント・トーマスのゾンビ」の写真、Tシャツ、彫刻、掛け時計、腕時計、子供向けの絵本にいたるまでシャーロット・アマリー(島の首都)のダウンタウンにある店の多くで買うことができるのである。何十人ものバス運転手が、新たに到着した旅行者たちをシリル・E・キング空港から有名なゾンビが上陸した現場まで乗せていく仕事にありつくため、毎日(ときには激しく)競いあった。

公判が終わった後、ドウィットはアメリカでの第二の人生のため島を離れた。セント・トーマスにいる友人とドミニカにいる家族は、それ以降の彼の消息を知らない。

歴史的分析

20世紀後半まで、生ける屍者について研究する者たちは、ゾンビの大発生の頻度は歴史を通じて一定であり続けたと確信していた。他より多くの襲撃を受けていた社会は、しっかり記録を残し続けていたためそう見えるのに過ぎない、というわけである。最も一般に支持されている例は、古代ローマ帝国時代と中世初期との比較だ。この考え方は、人類全体が文字記録にどんどん依拠するようになったため、まるで大発生の頻度がどんどん上がっているように見えるのだ、という言説によって「心配性たち」を落ち着かせるためにも用いられた。

この考え方はまだ一般的ではあるが、しばらく前から通用しなくなりつつある。

世界の人口は増加している。その中心は田舎でなく都市に移ってきた。輸送網は地球中をつなぎ、その速度は上がり続けている。こうした要因すべてが、何世紀も前にほとんど根絶されたと考えられていた感染災害の再流行を招くのだ。論理の上からは、このような成熟した社会ではソラニュウム・ウィルスが拡散すると考えられる。

かつてないほどの情報が記録され、共有され、保存されるようになっているとはいえ、ゾンビの襲撃がこの惑星の「発展」に比例した頻度で増加しつつある事実は隠すことができない。このままではゾンビの襲撃は増加する一方で、次のふたつの可能性のうちどちらかにたどり着くだろう。

ひとつ目は、世界中の政府が公式にも非公式にもゾンビの存在を認めざるを得なくなり、脅威に立ち向かうための特別組織を立ち上げることである。このシナリオにおいては、ゾンビは日常生活の一部だと受け入れられるようになるだろう——重要視されず、容易に抑制でき、ひょっとしたらワクチン接種すらできるような。

ふたつ目のより不吉なシナリオは、生者と屍者との全面戦争を引き起こすだろう。今、あなたが準備を終えた戦争を。

付録 大発生記録帳
APPENDIX : OUTBREAK JOURNAL

このスペースは、起こりうるゾンビ大発生の兆しかもしれない疑わしい出来事の記録帳として用意したものだ（大発生の兆候については〈大発生の探知〉の節を参照:52-54ページ）。

忘れるな。早期の発見と事前の準備こそが、生存の見込みを確実にしてくれるだろう。以下に記入例を示す。

✷日付　2005年7月14日

✷時刻　午前3時51分

✷場所　アメリカ、スモールタウン（仮名）

✷自宅からの距離　約290マイル［約460キロメートル］

✷詳細

朝のニュース（地元局、チャンネル5）が、ある家族が一種の「狂人」もしくは「狂人たち」によって惨殺され、体の一部を喰われていたと報じた。屍体はいずれも激しい暴力を受けたようだ。打撲、切り傷、骨折など。いずれも体に大きな噛み傷があった。全員が頭部への銃撃によって死亡した。カルト宗教に殺害されたと言われているそうだ。なぜ？ どんなカルト宗教が？ いったいどこから来たカルト？ そう言ったのは誰だ？ どのレポーターも言っていたのは、説明は「公式の情報源」からのものだということだ。現在は山狩りが行われている。警察のみによる捜索であり（志願した市民の参加はなし）、警官の半分は優秀な射撃手であることに気づいた。報道機関は、警察が「安全を保証できない」ために捜索に帯同することを許可されなかった。レポーターによると、「詳細な解剖」が必要なため、屍体は近所の屍体置き場でなくラージシティー（仮名）に移されたということだった。運び込まれた病院は、ここからわずか50マイル［80キロメートル］しか離れていない！

＊対応

チェックリストを引っ張り出した。トム、グレッグ、ヘンリーを招集。今晩7時半にグレッグの家で会議を開く。山刀（マチェット）を研いだ。カービン銃を清掃して油を差し、明日の仕事前に射撃場での練習予約を入れた。バイクのタイヤに空気を入れた。公園管理局に連絡し、川の水位は通常どおりかを念のため確認した。もし解剖が行われる病院で事件が起きたなら、より深刻な対応へと移行するつもりだ。

✷日付

✷時刻

✷場所

✷自宅からの距離

✷詳細

✷対応

✱日付

✱時刻

✱場所

✱自宅からの距離

✱詳細

✱対応

＊日付

＊時刻

＊場所

＊自宅からの距離

＊詳細

＊対応

✳日付

✳時刻

✳場所

✳自宅からの距離

✳詳細

✳対応

✳日付

✳時刻

✳場所

✳自宅からの距離

✳詳細

✳対応

✳日付

✳時刻

✳場所

✳自宅からの距離

✳詳細

✳対応

謝辞
ACKNOWLEDGMENTS

何よりもまず、信じていてくれたエド・ヴィクターに感謝を。

翻訳をしてくれたデビッド、ヤン、セルゲイ、ジェイコブ、アレックス、カーリー、
サラ、フィキリニ、ルネ、パウロ、ジャンに。

実地調査を行ってくれたゼイン博士とそのチームに。

ジェイムス・ロフトン「大佐」の戦略的視点に。

データを提供してくれたソマーズ教授に。

蔵書を利用させてくれたイアン卿に。

地図作成を手伝ってくれたレッドとスティーブに。

古い博物館の地下を見学させてくれたマンフレッドに。

アルチョームの正直さと勇気とに。

彼らの国でよそ者が歓迎されていると感じさせてくれた「ジョセフ」と「メアリー」に。

写真を提供してくれたチャンダラ、ユセフ、ヘルナン、タイラー、モシェに。

記録をとってくれたアヴィに。

映像を撮ってくれたメイソンに。

イラストを描いてくれたM・Wに。

辛抱強く待ってくれたタツミに。

お役所仕事を取り仕切ってくれた「マローン夫人」に(ありがとう!)。

旅程を調整してくれたジョシーンに。

「どこへでも」運転してくれたトロンに。

検証に協力してくれたソ・トメ号のアシュリー船長と乗組員たちに。

取材に協力してくれたアリス、ピョートル、ヒュー、テリー、アントニオ、ヒデキ、シン博士に。

「例のアレ」をしてくれた研究室の少年たち(と少女)に。

文武の才に優れたアニックに。

そしてもちろん、匿名を希望した多くの人たちに。あなた方が救おうとした命こそが、
あなた方の名声となるだろう。

MAX BROOKS

謝辞

ゾンビサバイバルガイド

2013年8月19日 初版発行
2024年2月5日 第11刷発行

著者
マックス・ブルックス

翻訳
卯月音由紀

翻訳監修
森瀬繚

イラスト
越井隆

発行者
山下直久

編集
ホビー書籍編集部

担当
藤田明子

装丁
木庭貴信+角倉織音（オクターヴ）

発行
株式会社KADOKAWA
〒102-8177 東京都千代田区富士見2-13-3
電話 0570-002-301（ナビダイヤル）

印刷・製本
図書印刷株式会社

●お問い合わせ
https://www.kadokawa.co.jp/（「お問い合わせ」へお進みください）
※内容によっては、お答えできない場合があります。
※サポートは日本国内のみとさせていただきます。
※ Japanese text only

定価はカバーに表示してあります。

ISBN:978-4-04-728955-0 C0095
Printed in Japan